자연친화적 해양관광을 위한 크루즈산업의 새로운 도전

해양관광과 크루즈산업

김천중 저

CRUISE TOURISM

백산출판사

Preface
머리말

관광산업은 산업혁명의 성과로 자리를 잡고 발전하여 단일분야로는 세계 최대의 산업으로 자리매김하였고, 미래에도 이러한 위치는 변하지 않을 것으로 예견하고 있다. 오랜 세월 체계적인 변화의 과정을 겪어온 서구 관광선진국의 관광산업과 달리 한국의 관광산업은 단계적인 발전과정을 겪으면서, 경영의 노하우를 쌓지 못한 까닭에 기반이 허약한 것 또한 사실이다. 특히, 자연자원이나 역사적 자원 및 인공자원이 조화롭게 발전해야 함에도 불구하고, 단계적 과정을 밟지 못하고, 정치적 논리에 휘둘려온 한국의 관광산업은 그 기반이 매우 취약하여 외부의 변화에 신속히 대응하지 못하고 있다.

관광산업은 모든 산업의 총체이며 그 나라 문화의 열매라고 할 수 있다. 그러나 한국은 이러한 굳건한 토양 위에서 장기적인 계획하에 단계적으로 발전해야 함에도 불구하고, 정치적 판단이나 부처 간 이기주의에 의하여 기본적인 발전원칙을 지키지 못했다. 또한 경영능력에 의하여 자유롭게 발전해야 하는 관광사업 분야가 과거의 관련법규에 의하여 균형을 이루지 못하고 발전해 온 것이 사실이다. 이러한 결과 관광사업의 다양성과 혁신성이 탄력을 잃게 되면서, 관광시장이 축소 또는 정체되어 청년실업과 관광서비스 분야의 일자리 창출 저해의 원인이 되고 있다.

세계의 관광산업은 그 이익이 고루 분배되도록 중소기업형 관광사업에 정책적 관심을 집중하여 교통이나 통신, 정보기술 등과 같은 기반시설을 장기적 · 국가적인 관점에서 끊임없이 구축하고 있다. 이러한 결과 그 열매를 향유하는 관광사업의 형태는 공정한 이익의 분배와 안정적 기반 아래 발전할 수 있도록 중소기업형으로 육성하는 것이 세계적인 추세이다. 이러한 분야에 대한 이해와 정책의 선택에 있어 혼란의 양상을 보이는 한국의 현실에서 크루즈산업은 새로운 도전과 발전을 위한 나침반 역할을 할 것이다.

세계의 관광시장은 최고의 상품을 최저의 가격으로 시장에 내놓기 위해 총력을 기울이고 있다. 이러한 관광상품의 대표적인 사례가 크루즈여행상품이라고 할 수 있다. 가격이 비싼, 꿈 같은 상품으로 알려진 크루즈여행은 크루즈선사의 선박이 날로 대형화되면서 가격 또한 저렴해지고 있는데 이는 이러한 세계시장의 동향을 웅변적으로 보여주는 것이다. 삼면이 바다로 이루어진 전통적 해양국가인 한국도 이러한 경쟁에 돌입하기 위한 절호의 시대를 맞이하고 있다. 바다를 가지지 못한 국가에서는 감히 상상도 못할 크루즈여행이 우리에게 자연친화적 해양개발이나 국토를 아름답게 개조할 수 있는 최고의 기회를 부여하고 있다.

관광산업은 인류의 꿈과 미래를 실현하는 산업으로서, 여러 가지 기술을 총동원하여 전 역량을 기울인다면, 과거에는 상상하지 못했던 성과를 이룩할 수 있을 것이다. 한반도 대운하사업의 성과와 함께 한강에 크루즈선이 접안을 하고, 4대강 하류를 거슬러 오르내리는 크루즈선의 모습도 상상할 수 있을 것이다. 이러한 변화의 바람이 불어와 한반도를 중심으로 세계 크루즈시장이 재편되는 날이 올 것임을 의심할 필요가 없다.

필자는 이러한 세계시장의 대변혁을 앞두고 1999년에 『크루즈사업론』, 2008년에 『크루즈관광의 이해』를 편찬하여 강의해 오면서 이 분야의 발전에 많은 관심을 가지고 연구와 교육을 병행해 왔다.

본서에서는 일반인도 크루즈여행에 쉽게 접근할 수 있도록 크루즈선 선택방법이나 크루즈여행 시 준비해야 할 사항, 선상생활에 관한 내용 등을 보완하였다.

부록에는 크루즈선사와 관련한 직업선택의 기회를 제공하기 위하여 구직정보와 함께 크루즈선에 대한 구체적 자료나 크루즈선사의 운영에 필요한 전문정보를 참고할 수 있도록 전문업체의 주소를 수록하였다.

용인대학교 크루즈&요트마리나 연구소에서

Contents

차 례

CHAPTER_1

크루즈사업의 의의와 전망

CHAPTER 1 크루즈사업의 의의와 전망

제1절 크루즈의 의의와 분류

1. 크루즈의 개념 및 정의

1) 크루즈의 정의

크루즈란 '숙박이 가능한 선박을 이용하여 비교적 장거리의 항해를 하면서 때때로 경치가 수려한 항구나 관광지에 하선하여 여행하는 것'을 말한다. 주로 선내에서 숙식을 해결하기 때문에 비교적 고가의 경비를 요하므로 선사의 수익도 높고, 정박하는 지역에 대한 경제적 기여도가 높은 여행상품으로 인력고용, 조선사업, 관광산업 등으로의 파급효과가 큰 관광상품으로 인식되고 있다. 숙박이 가능하고 편의시설이 완비된 선박을 이용하여 경치가 수려한 항로를 항해하면서 주변경치를 즐기거나 때때로 항구나 관광지에 하선하여 상륙여행을 실시하는 종합여행시스템이다.

표 1-1 | 크루즈의 정의

구분	연구자	크루즈의 개념
사전적 정의	–	• 여러 항구를 방문하여 항해하는 것 • 여행목적이나 목적지 없이 여행하는 것 • 신속하고 평온하게 또는 힘들이지 않고 움직이는 것
법적 정의(국내)	「해운법」	• 국내항 간, 국내항과 외국항 간, 또는 외국항 간을 13인 이상의 여객 정원을 가진 5톤 이상의 선박으로 정기 또는 부정기적으로 운항하는 해상여객운송사업(「해운법」 제2조 1항 및 2항, 「해운법」 제7장 보칙 제51조) ※ 국토해양부에서는 크루즈 관련 항목을 신설할 계획
	「관광진흥법」	• 관광유람선업에 해당하며 「해운법」에 의한 해상여객운송사업 면허를 받은 자 또는 유선 및 도선업법에 의한 유선사업의 면허를 받거나 신고한 자로서 선박을 이용하여 관광객에게 관광을 할 수 있도록 하는 업(「관광진흥법」 시행령 제2조 3항) ※ 국제적으로 통용되는 크루즈선박 기준의 상세화가 필요함
협회 연구 기관의 정의	CLIA(1995)	• 떠다니는 리조트
	한국관광공사(1987)	• 운송보다는 순수관광 목적의 선박여행으로 숙박, 음식, 위락 등 관광객을 위한 시설을 갖추고 수준 높은 관광상품을 제공하면서 수려한 관광지를 안전하게 항해하는 여행
	한국관광연구원(1999)	• 숙박과 오락 및 여가활동을 할 수 있는 시설을 가지고 수준 높은 서비스를 제공하면서 2개국, 2개 기항지 이상을 연계하여 비교적 장거리의 일정에 따라 관광을 목적으로 운항하는 선박여행
학문적 정의	Kendall(1983)	• 위락추구 여행자들에게 다수의 매력적인 항구를 방문하게 하는 해안 항해여행
	Holloway(1985)	• 선박을 이용한 관광을 목적으로 하는 주요 항해
	Ritter & Schafer(1998)	• 유영성(遊泳性)의 여가환경 구조에 맞게끔 만들어진 선상여행
	김천중(1999)	• 숙박과 오락 및 여가활동을 할 수 있고 비교적 장거리여행도 가능하게 하는 시설을 갖춘 선박여행
	이경모(2004)	• 운송보다 순수관광 목적의 여행으로 국내외항을 정기 또는 부정기적으로 운항하는 선박에서 다양한 등급의 숙박·음식 및 식당시설, 다양한 위락활동 등에 필요한 시설을 갖추고, 수준 높은 관광 서비스를 제공하면서 기항지를 안전하게 순항하는 여행
	하인수(2004)	• SIT(Special Interest Tour) 성격이 강한 위락 선박여행으로, 선내에서의 다양한 여가활동과 다수의 매력적인 항구방문 및 해안에서의 수상 레크리에이션 활동 등을 통해 관광욕구를 충족시키는 여행
	김천중(2008)	• 숙박이 가능하고 편의시설이 완비된 항해 선박을 이용하여 때때로 경치가 수려한 항구나 관광지에 하선하여 상륙여행을 실시하는 종합여행시스템

자료 : 한국문화관광정책연구원

2) 크루즈의 개념

일반적으로 운송의 개념을 지니는 페리나 여객선과는 달리 크루즈는 운송보다 순수관광 목적의 선박여행으로 숙박, 음식, 위락 등 관광객을 위한 시설을 갖추고, 수준 높은 관광서비스를 제공하면서 수려한 관광지를 안전하게 순항하는 여행이라고 할 수 있다. 크루즈는 운송서비스를 제공하는 '선박', 그리고 숙박 · 음식 서비스를 제공하는 '호텔' 및 위락활동을 제공하는 '리조트'의 기능을 합친 개념이다. 유람선이나 페리는 운항목적이나 숙박시설 및 허가된 단일 운항거리만 운항하는 제한사항 등에서 크루즈의 개념과 차이가 있다. 페리(ferry)는 여객 또는 여객과 화물을 함께 운송하는 선박을 말하는데, 이는 운송이 주목적이며 정기적이고 출발지와 도착지가 정해져 있다. 다른 용어로 '화객선' 또는 '화물여객선'이라고 한다. 크루즈선박의 규모면에서 대양 크루즈선과 연안크루즈선으로 크게 나눌 수 있으며, 대양 크루즈선의 표준형은 선장 150m 이상, 20,000GT 이상, 600명의 승선인원, 20knot를 표준형(일본)으로 하며, 연안크루즈선의 규모나 시설규정은 정해진 것이 없다. 법적으로는 한국의 해운관련 법규에 크루즈에 관한 법률이 별도로 명시되어 있지 않으나, 크루즈가 여객을 대상으로 하고 국내와 국외의 항구를 운항한다는 측면에서 「해운법」에 언급되어 있는 '해운업'에 해당된다고 볼 수 있다. 「해운법」에 '크루즈'로 명시된 법 규정은 없으나, 사업의 성격을 고려해 보면, 크루즈는 「해운법」에서 언급하고 있는 해상여객운송사업으로 간주할 수 있다. 법적으로 크루즈는 '국내항 간, 국내항과 외국항 간, 또는 외국항 간을 13인 이상의 여객정원을 가진 5톤 이상의 선박으로 정기 또는 부정기적으로 운항하는 해상여객운송사업'이라고 할 수 있다. 엄밀한 의미에서 국립공원 탐방크루즈선의 경우 국내항 간 가변적인 항로를 운항한다는 측면과, 숙박시설을 구비할 경우 순항 혹은 복합 해상여객운송사업이라고 할 수 있다. 「관광진흥법」 제3조에 의한 관광객 이용시설업 중 '크루즈업'으로 등록해야 '크루즈'라는 용어를 쓸 수 있으며, 이 경우 숙박시설을 갖추어야 하고, '순항여객운송사업'이나 '복합여객운송사업'으로 면허를 받아야 한다. 관광사업으로 등록할 경우에만 '관광진흥개발기금'의 혜택을 받을 자격을 취득할 수 있다.

표 1-2 | 「관광진흥법」의 관광객이용 시설업 중 관광유람선업의 종류

구분	내용
1. 일반관광유람선업	「해운법」에 따른 해상여객운송사업의 면허를 받은 자나 「유선도선사업법」에 의한 유선사업의 면허를 받거나 신고한 자가 선박을 이용하여 관광객에게 관광을 할 수 있도록 하는 업
2. 크루즈업	「해운법」에 따른 '순항여객운송사업'이나 '복합 해상여객운송사업'의 면허를 받은 자가 해당 선박 안에 숙박시설, 위락시설 등 편의시설을 갖춘 선박을 이용하여 관광객에게 관광을 할 수 있도록 하는 업

자료 : 「관광진흥법시행령」(2011.01.01 시행)

표 1-3 | 「해운법」의 해상여객운송사업 종류

구분	내용
1. 내항 정기 여객 운송사업	국내항(해상 또는 해상과 연접한 내륙수로에 소재한 장소로서 상시적으로 선박에 사람이 타고 내리거나 물건을 싣고 내릴 수 있는 장소를 포함한다. 이하 같다) 간에 일정한 항로 및 일정표에 의하여 운항하는 해상여객운송사업
2. 내항 부정기 여객 운송사업	국내항 간에 일정한 항로 또는 일정표에 의하지 아니하고 운항하는 해상여객운송사업
3. 외항 정기 여객 운송사업	국내항과 외국항 간 또는 외국항 간에 일정한 항로 및 일정표에 의하여 운항하는 해상여객운송사업
4. 외항 부정기 여객 운송사업	국내항과 외국항 또는 외국항 간에 일정한 항로 및 일정표에 의하지 아니하고 운항하는 해상여객운송사업
5. 순항 여객 운송사업	해당 선박 안에 숙박시설, 식음료시설, 위락시설 등 편의시설을 갖춘 대통령령으로 정하는 규모 이상의 여객선을 이용하여 관광을 목적으로 해상을 순회하여 운항(국내외의 관광지에 기항하는 경우를 포함한다)
6. 복합 해상여객 운송사업	제1호부터 제4호까지 규정 중 어느 하나의 사업과 제5호의 사업을 함께 수행하는 해상여객운송사업

자료 : 「해운법」(2011.01.01 시행)

2. 크루즈의 특성

1) 세계의 크루즈시장 현황

(1) 크루즈선 시장의 특징

크루즈선 시장의 가장 큰 특징은 소수의 조선소가 제한된 수의 고객에게 선박을 공급한다는 것이다. 수요측면에서 시장은 Carnival Corporation과 Royal Caribbean Cruises 양 그룹이 전 세계 선대의 각각 46% 및 26%를 점유, 공급측면에서의 상황도

이와 유사하다. STX 유럽(프랑스/핀란드), Fincantieri(이탈리아) 및 Meyer Werft (독일)의 3개사가 시장을 주도, 3개사의 수주잔고 합계는 전 세계 현 수주잔고의 95%이며, 지난 3년간 인도된 크루즈선의 90%가 상기 3개사에서 건조되었다. 세계 크루즈산업은 1990년 이래 연간 7%를 상회하는 높은 성장률을 기록했다. 크루즈선사 간 인수·합병을 통해 출범한 세계 3대 크루즈선사 그룹(Carnival Corporation & PLC, Royal Caribbean Cruise International, Star Cruise Group)이 세계 크루즈시장의 80.2%를 차지하며, 지속적인 공급확대를 통해 새로운 수요를 창출해 내고 있다.

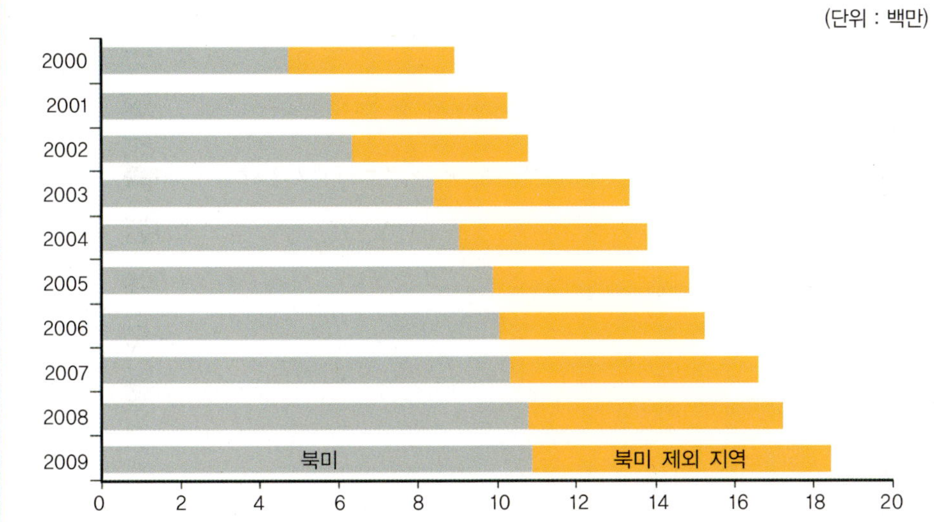

자료 : Micheal Bayley, Strategy for Success in the Asian Cruise Market, 2009

그림 1-1 | 전 세계 크루즈 이용객 수 추이

전 세계적으로 크루즈 수요가 매년 증가하고 있으나, 세계 최대의 크루즈시장을 형성하는 북미 지역의 성장률은 둔화되고 있으며 이외 지역의 성장률은 증가하는 경향을 보인다. 크루즈선사 간의 인수·합병이 가속화되고 있어 선사의 대형화를 초래하고 있고 규모의 경제에 의한 크루즈의 과점체제화 현상이 나타나고 있으며, 생산성 향상과 경쟁력 확보, 선상 매력물 확보 등의 기술적 이유로 크루즈선박이 대형화되고 있다. 공급초과에 따른 경쟁심화로 크루즈상품가격 하락과 시장세분화가 진행되는 추세이며, 북미권은 이미 시장세분화가 정착되었고, 시장수요의 욕구변화와 수요층의 확대에 따라 기존 6~14일 이상의 장기 크루즈상품이 상대적으로 감소하고 2~5일 여정의 단기 크루즈상품이 지속적으로 증가추세를 보이는데 이는 출항항과 하선항의 선박 입출항을 잦아지게 하여 타 지역 승객의 방문횟수를 증가시키는 것은 물론 지역의 경제적 이익 증대에 기여했다.

표 1-4 | 크루즈 기항지 점유율 현황

권역	점유율(%)
카리브해	46.58
중남미	12.74
유럽	10.89
지중해	10.22
알래스카	7.95
하와이, 남태평양	4.3
기타	2.26
미국연안, 캐나다	2.38
대서양	1.58
극동아시아	0.57
동남아시아	0.54

과거에 비해 크루즈상품의 대중화가 진행되고 있으나, WTO(World Tourism Organization)의 조사에 따르면 크루즈 이용객 46%의 연평균 소득이 7만 5천 달러 이상으로 크루즈상품 소비자가 비교적 고소득층에 분포하고 있는 것으로 나타났다. 크루즈산업이 발달한 북미와 유럽권은 크루즈 권역 점유율의 대부분을 차지하고 있다.

OSC(Ocean Shipping Consultants)에 따르면, 세계 크루즈 관광객 수는 2010년 1,800만 명, 2015년 2,260만 명, 2020년 2,700만 명으로 증가할 것으로 예상했다. 크루즈 수요에 대하여 협회, 컨설팅사 간의 예측에는 다소 차이가 있으나, 전 세계 크루즈 수요는 지속적으로 증가하고 그 증가세는 점차 커질 것으로 보인다.

표 1-5 | OSC의 세계 크루즈 관광객 수 추이 및 전망

연도	크루즈 관광객 수	연도	크루즈 관광객수
1994	5,500,000	2004	13,400,000
1996	7,000,000	2005	13,600,000
1998	8,000,000	2010	18,000,000
2000	9,800,000	2015	22,600,000
2002	11,800,000	2020	27,000,000

표 1-6 | 페이즐리(Peisley)의 세계 크루즈 관광객 수 전망

연도	크루즈 관광객 수	연도	크루즈 관광객 수
2006	15,110,000	2011	20,088,000
2007	16,168,000	2012	21,273,000
2008	16,960,000	2013	22,507,000
2009	17,944,000	2014	23,760,000
2010	18,841,000	2015	24,924,000

지역별로 볼 때 전 세계 크루즈시장 중 북미시장이 차지하는 비율이 가장 크며, 유럽, 아시아 순으로 나타나고 있다. OSC(Ocean Shipping Consultants)에 따르면 향후 유럽과 아시아 시장의 성장률이 높을 것으로 예측하고 있다.

표 1-7 | 지역별 크루즈 관광객 수 추이 및 전망

(단위 : 천 명)

구분	2005	2010	2015	2020
북 미	9,250	12,000	14,500	17,200
유 럽	3,200	4,500	5,900	7,100
아시아	840	1,270	1,700	2,020
총 계	13,600	18,000	22,600	27,000

(2) 크루즈시장의 현황

현재 크루즈선 시장은 세계경제 둔화 위험과 선박 연료유 상승으로 인한 불확실성에 직면하고 있다. 최근 선진경제(특히 유럽)의 둔화 가능성은 선주들의 선박 발주를 주저하게 하는 요인이다. 세계크루즈선협회(Cruise Lines International Association)에 따르면 카리브해를 포함한 북미시장이 전체의 59%, 지중해와 유럽시장이 27%를 점유하고 있다.

현재 수주잔고는 5.5만berth(22척) 정도인데, 이는 현재 선대의 약 14%에 불과한 수준으로 추정하고 있다. 발주선사인 Carnival Corporation과 Royal Caribbean의 수익성 역시 최악의 상황은 탈피하고 있어 향후 세계경제에 대한 불확실성이 해소된다면 선박 발주상황 역시 개선될 것으로 보인다.

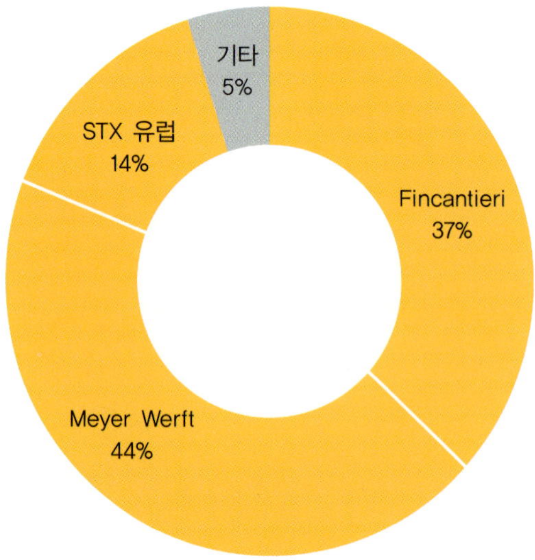

자료 : Clarksons

그림 1-2 | 조선소별 크루즈선 수주잔고 분석

표 1-8 | 전 세계 크루즈 TOP10 브랜드 및 점유율

브랜드	BERTH	M/S(%)
Royal Caribbean Int'l	61,971	15
Carnival Cruise Line	55,974	13
Princess Cruises	40,506	10
Costa Crociere	31,658	8
Norwegian Cruises	28,004	7
MSC Cruise	24,474	6
Holland America Line	22,874	5
Celebrity Cruises	18,487	4
P&O Cruises	18,262	4
Aida Cruises	12,002	3

자료 : Clarksons

크루즈산업은 크루즈여행과 크루즈선 조선산업으로 구성되어 있다. CLIA의 회원사들은 2010년 103%의 증가율을 보이고 있고, 1천5백만의 승객을 유치하였다. 2011년에는 1천6백만 승객을 유치하여 6.6%의 증가율을 예측하고 있다. 조선산업은 14개의 새로운 크루즈선이 주문이 되어 CLIA 25개 회원사들에게 인도될 것이다. 삼성조선소의 경우 유토피아 장기체류 호텔선사에 장기체류용 선박으로 주문되어 있지만, 크루즈선 조선시장에 진입하려는 강력한 의지로 볼 때 부분적으로 크루즈선으로 간주할 수 있다.

표 1-9 | 크루즈선박 주문표(2011)

선사/선박	조선소	총톤수 (GT)	객실수	선박 인도 추정 날짜	추정가격 (백만)
AIDA 크루즈					
AIDA Sol	Meyer Werft	71,000	2,174	2011년 4월	$5억 7천7백
–	Meyer Werft	71,000	2,174	2012년 5월	$5억 6천5백
–	Meyer Werft	71,300	2,192	2013년 겨울	$4억 1천7백
Carnival 크루즈					
Carnival Magic	Ficantieri	130,000	3,625	2011년 봄	$8억 5천9백
Carnival Breeze	Ficantieri	130,000	3,690	2012년 봄	$7억 3천8백

선사/선박	조선소	총톤수 (GT)	객실수	선박 인도 추정 날짜	추정가격 (백만)
Celebrity 크루즈					
Celebrity Sihouette	Meyer Werft	71,000	2,084	2011년 가을	$7억 9천8백
Celebrity Reflection	Meyer Werft	126,000	3,030	2012년 가을	$7억 6천8백
Costa 크루즈					
Costa Favolosa	Ficantieri	114,200	3,012	2011년 봄	$7억 2천6백
Costa Fascinosa	Ficantieri	114,200	3,012	2012년 가을	$7억 2천6백
Disney 크루즈					
Disney Fantasy	Meyer Werft	128,000	2,500	2012년 봄	$8억 9천9백
GNMTC libya					
–	STX France	139,400	3,478	2012년 12월	$7억 1천1백
Hapag Lloyd					
Europa 2	STX France	39,500	516	2013년 봄	$3억 1천7백
MSC 크루즈					
MSC Divina	STX France	140,000	3,502	2012년 겨울	$7억 4천2백
NCL					
–	Meyer Werft	143,500	4,000	2013년 봄	$8억 4천
–	Meyer Werft	143,500	4,000	2014년 봄	$8억 4천
Oceania 크루즈					
Marina	Ficantieri	65,000	1,260	2011년 1월	$5억 3천
Riviera	Ficantieri	65,000	1,260	2012년 4월	$5억 3천
Ponant 크루즈					
L'Austral	Ficantieri	10,600	264	2011년 5월	$1억 5천
Princess 크루즈					
–	Ficantieri	141,000	3,600	2013년 봄	$7억 3천5백
–	Ficantieri	141,000	3,600	2014년 봄	$7억 3천5백
Sea Cloud					
Sea Cloud Hussar	Factoria Naval	–	136	2011년 봄	$1억 4천
Seabourn 크루즈					
Seabourn Quest	T. Mariotti	32,000	450	2011년 여름	$2억 9천
Utopia 장기체류호텔사					
Utopia	Samsung	105,000	–	2013년	$11억

자료 : MARINE LOG Magazine

2) 크루즈의 특성

(1) 부정기 운항

일반 정기여객선과 달리 크루즈선박은 정기 운항보다 부정기 운항을 택하는 경우가 많다. 일부 카리브해의 단기크루즈를 제외하고 대부분의 크루즈선박은 계절에 따라, 또는 경제·정치적 상황 및 시장의 수요·공급 상황에 따라 크루즈항로를 변경한다. 관련 관청으로부터 허가된 일정항로를 공시하여 정기적으로 승객을 수송하는 일반 여객선과 달리 크루즈는 계획된 부정기 항로를 택하고 있다.

(2) 다양한 객실등급

크루즈선박의 승객용 선실(객실)은 한정된 소수등급으로 구성된 일반 여객선과 달리 매우 다양한 등급으로 구성되어 있다. 단기 크루즈를 운영하는 크루즈사의 경우 비교적 작은 5~10개 정도의 등급으로 객실을 구분하고 있으나, 10일 이상 또는 세계일주와 같은 중장기 크루즈를 운영하고 있는 선박의 경우 10~20개 등급의 객실을 운영하여 중간소득 계층의 승객부터 고소득 계층의 승객까지 다양한 계층을 표적으로 하고 있다.

(3) 선박시설

일반 여객선 또는 페리는 운송시간 동안 체재할 기본적인 숙박시설과 식사시설 및 오락시설을 갖추고 있지만, 크루즈선박의 경우 호텔수준의 다양한 등급의 객실과 여러 종류의 식당시설과 바(bar)시설, 쾌적한 환경의 내부장식, 다수의 승객용 엘리베이터, 테이블게임과 슬롯머신의 카지노시설, 다수의 수영장, 사우나, 피트니스센터, 극장, 도서관, 선박의 흔들림을 최소화하는 스태빌라이저(stabilizer) 등 승객을 위한 다양한 시설을 갖추고 있다.

(4) 예약관리

정기여객선의 운송요금과 예약 및 판매는 비교적 단순하여 정해진 공시요금 및 일정한 유통체계를 갖추고 있으나, 크루즈선박의 요금은 객실등급별, 유통경로별, 시장수요별로 서로 다른 요금을 적용하며, 예약과 판매도 일반 정기여객선에 비해 복잡한 구조를 지닌다. 예약과 판매의 경우 정기여객선보다 장기간의 판매기간(sales lead time)을 필요로 하며, 예약의 변경 및 취소조건도 정기여객선에 비해 복잡한 양상을 띤다.

(5) 승무원 구조

정기여객선의 경우 승객의 안전과 운송 등 승무원의 업무가 비교적 제한되어 있는 반면, 크루즈선박 승무원의 경우 승객의 안전과 운송은 물론 편안한 숙박과 식사, 선상에서의 다양한 여가활동을 지원할 수 있는 업무 수행능력을 지녀야 한다. 크루즈선박 승무원은 좀 더 서비스 지향적이어야 하며, 승객활동 중심의 사고를 필요로 한다.

표 1-10 | 크루즈선박과 정기여객선의 차이

구분	정기여객선	크루즈선박
운항주기	정기운항	부정기 운항
객실등급	적은 등급수	다양한 등급
선박시설	최소한의 숙박·식사시설 중심	호텔수준의 다양한 편의시설
예약관리	비교적 단순	복잡한 장기 예약관리
승무원	승객안전과 운송 등 기본적인 업무에 충실	승객활동을 중심으로 한 서비스 지향 사고 필요

자료 : 김천중(2008), 『크루즈관광의 이해』

3) 일반여행과의 차이

(1) SIT 관광

크루즈여행은 일반여행과는 달리 특별분야 관심관광(SIT : Special Interest Tourism)의 한 분야로 불리고 있다. 일반 패키지여행 또는 위락추구여행에 비해 선박여행에 관심 있는 일부 계층이 선호하는 것으로 보인다. 크루즈여행 수요는 일반여행을 경험한 계층이 차기여행 상품으로 선택하는 경우가 많아 당분간 수요고갈 현상이 발생할 것으로 보이지는 않으며, 지속적으로 성장할 수 있는 여행상품 유형이라고 할 수 있다.

(2) 상품의 개념

일반여행의 경우 여행상품의 형태를 단체여행, 또는 개인여행으로 확연히 구분하여 선택하도록 되어 있으나, 크루즈여행은 동일한 선박에서 단체로 여행을 하되 선상과 육상에서의 활동을 개별적으로 할 수 있도록 함으로써 여행비용의 효율성과 활동의 자율성을 동시에 확보하고 있다. 일반 선박(페리)을 이용한 여행의 경우 승선요금에 숙박은 포함되어 있으나 선상에서의 식사는 포함되어 있지 않은 경우가 대부분이다. 크루즈여행의 경우 승선요금에는 해당 선실 숙박요금과 모든 선내 식사, 엔터테인먼트, 스포츠활동, 영화, 사교활동을 위한 프로그램 및 대부분 선내활동에 필요한 비용이 포함되어 있다. 크루즈 승선요금에 포함되어 있지 않은 요금은 대부분 개인적 성격의 비용으로 알코올음료, 팁, 미용실 이용료, 기항지관광, 카지노 등의 이용에 필요한 경비이다.

표 1-11 | 크루즈 승선요금의 포함사항과 불포함사항

구분	내용
포함사항	모든 선내 식사, 선내 엔터테인먼트, 선내 스포츠활동, 선내 영화, 선내 사교활동을 위한 프로그램 및 대부분의 선내활동
불포함사항	알코올음료, 팁, 미용실 이용료, 기항지관광, 카지노 및 개인적 성격의 비용

자료 : 김천중(2008), 『크루즈관광의 이해』

(3) 수요시장

크루즈여행상품은 과거에 비해 빠른 속도로 대중화되고, 상품을 이용하는 계층도 다양해졌다. 소득수준이 상대적으로 높은 계층에 의해 이용되고 있으며, 따라서 일반 여행자에 비해 소비규모가 크고, 수준 높은 서비스를 제공받고자 하는 계층으로 구성되어 있다. 아시아에서도 싱가포르와 홍콩을 비롯한 많은 국가들이 크루즈 유치를 위해 노력하고 있으며, 이러한 노력은 향후 지속될 것으로 보인다.

(4) 출입국 수속

항공을 이용한 출입국 수속의 경우와 달리 크루즈여행의 경우 최초 승선 시 여권을 선박의 사무장에게 위탁하고, 사무장의 협조하에 각 항구에서 출입국 수속이 진행된다. 크루즈 전용터미널이 있는 경우 출국에 대한 수속은 공항의 CIQ와 동일한 방법으로 수하물체크인 후 CIQ수속을 마치고 버퍼존(중립지대 : buffer zone)을 지나 선박에 탑승하지만, 크루즈선박의 입항에 대하여 호의적인 국가에서 입국심사의 경우 다소 다르게 진행될 수 있다. 대부분의 크루즈여행객은 세계 각국에서 유치하기 위해 노력하고 있고, 이로 인해 관광관련 행정당국에서 CIQ관련 당국에 사전에 협조를 의뢰하여 간편한 절차로 CIQ를 거치도록 하는 경우가 많다. 크루즈입항에 대해 호의적인 국가에서 대개의 경우 다수의 CIQ관리들이 도선사와 함께 항구의 외항에 위치한 도선사 탑승위치까지 동승하여 선박에 선탑하고, 도선되어 정박할 선석까지 유도되는 동안 일괄적으로 선상에서 입국수속을 진행하게 된다. 입국수속 진행 시 승객을 선내 라운지에 집합시켜 여권과 얼굴을 각각 대조하는 경우도 있으며, CIQ관리들이 선박의 사무장에 입국자 목록을 받아 개별면접 없이 일괄 수속처리하는 경우도 있다. 기항지에서의 출국수속의 경우 크루즈선박 사무장에게 전원 탑승을 신용으로 확인하고, 별도의 면접 없이 일괄적으로 출국수속을 해주는 경우가 많다. 크루즈승객은 항공여행과 다르게 CIQ관리와의 직접 대면 없이 출입국 수속을 행하게 되며, 이러한 편리함이 크루즈여행의 장점으로 부각되고 있다.

표 1-12 | 출입국 상황별 수속절차

육상수속	크루즈 전용터미널이 있는 경우	수하물체크인→CIQ 개별수속→편의시설이 있는 버퍼존→승선
	크루즈 전용터미널이 없는 경우	국제여객터미널(또는 임시여객수속장)에서 CIQ 개별수속→도보 또는 셔틀버스로 선석으로 이동→승선
선상수속	CIQ 직접면접이 없는 선상수속	Pilot station 접근 시부터 선실에서 대기→선내 라운지에서 직접대면 없이 CIQ 일괄수속→하선→버퍼존→입국
	CIQ 직접면접이 있는 선상수속	Pilot station 접근 시부터 선실에서 대기→선내 라운지에서 안내에 따라 개별적으로 CIQ수속→하선→버퍼존→입국

자료 : 김천중(2008), 『크루즈관광의 이해』

(5) 수하물 관리

크루즈여행은 일반여행에 비해 수하물관리가 용이한 편이다. 일반여행의 경우와 달리 크루즈여행의 경우 승선 시 선실에 풀어 보관한 수하물의 내용을 다시 꾸리지 않고, 기항지마다 수하물 없이 승하선이 가능하다.

(6) 기상환경의 영향

항공여행의 경우 태풍이나 폭우와 같이 기상환경이 악화되어도 다소의 출발지연 및 공항선회 등으로 기상의 영향을 피할 수 있으나, 크루즈여행의 경우 태풍이나 파고가 높은 날씨에 순항하지 못하고, 기상이 악화될 경우 현장통과를 지연시키며, 대체로 그 영향을 받아야 하는 단점이 있다. 대부분의 크루즈선박은 스태빌라이저(stabilizer)를 장착하여 선박의 롤링과 피칭을 감소시키고는 있으나, 크루즈여행은 항공여행에 비해 기상환경의 영향을 많이 감수해야 한다.

3. 크루즈의 구성요소와 분류

1) 크루즈의 구성요소

(1) 주요 구성요소

크루즈의 주요 구성요소는 크루즈 수요시장, 크루즈선박, 크루즈 기항지 및 크루즈 활동으로 구분할 수 있다. 크루즈 수요시장은 주로 여행업체를 통해 조직되고 모집되며, 항공업체와 연계되어 판매되고, 각국의 관광청과 연계되어 홍보된다. 크루즈선박은 이를 건조하는 한정된 수의 전문업체에 의해 제작되고 있으며, 아직 국내에서 건조된 크루즈선박은 없고, 북미시장이 전체의 59%, 지중해와 유럽시장이 27%를 점유하고 있다. 일본은 최근 자체적으로 크루즈선박을 건조하여 공급함으로써 크루즈시장의 확대를 가능하게 하고 있다. 크루즈의 특징 중 하나는 목적지가 없더라도 선상생활만을 즐기며 항해하는 여행(cruise to nowhere)이 가능하다는 것이지만, 크루즈산업의 주요 구성요소 중 하나는 기항지로서 여행 중 방문하게 될 기항지의 매력이 크루즈상품을 구매하는 수요시장의 선택기준 중 하나라고 할 수 있다. 크루즈승객이 희망하는 특정 선상활동 또는 선상 프로그램을 크루즈선사가 제공한다면 기항지의 매력이 감소하겠으나 대부분의 크루즈승객은 크루즈여행 중 1~2일에 한번씩 매력있는 항구에 기항하는 것을 희망하고 있다.

(2) 크루즈선사

크루즈산업의 핵심 주체라 할 수 있는 크루즈선사는 2010년 1월 CLIA 등록기준 25개사로, 이들이 운영하는 크루즈선박은 총 218척이다(CLIA, 2010). 크루즈선사는 최근 인수와 합병을 반복하면서 Carnival Corporation & PLC, Royal Caribbean Cruises Ltd 및 Star Cruises와 같은 대형 크루즈선사를 탄생시켰다. 아시아에서는 싱가포르와 일본 등을 중심으로 선사가 운영되고 있으나, 아직 한국의 기업이 소유하거나 운영하고 있는 해양크루즈 중심의 선사는 없다.

(3) 크루즈산업의 기타 구성요소

많은 업계와 기관들이 크루즈산업과 관련되어 있는데, 대표적 업종인 해운대리점업은 크루즈선박의 입출항에 있어 물품의 공급, 사전 수속의 진행, 유관기관과의 협조, 현지정보의 제공 등에 있어 중요한 역할을 담당하고 있다. 여행업은 판매와 마케팅 측면에서 밀접한 관계를 가지고 있다. 해운·항만관련 행정기관, 선박 설비·장비 제조업체, 선박용품 공급업체, 구난·보험·법률업체, 운송·하역·창고업체, 해운·항만관련 국제조직·협회 등이 크루즈산업과 밀접하게 연관되어 있다.

2) 크루즈의 분류

(1) 선박 규모에 따른 분류

크루즈선박의 규모에 따라 소형 선박 크루즈(small ship cruise), 중형 선박 크루즈(mid-size ship cruise), 대형 선박 크루즈(large ship cruise) 및 초대형 선박(very large cruise vessel)으로 구분된다. 소형 선박은 25,000GT 이하 규모의 선박으로 일반적으로 승객을 500명 정도까지 수용하고, 중형 선박은 25,000~70,000GT 규모로 승객을 500~1,700명 규모로 수용하며, 대형 선박은 70,000~100,000GT급의 규모로 승객을 1,700명 이상 수용하며, 초대형 선박은 100,000GT 이상으로 승객정원 2,500명 이상인 선박을 의미한다.

(2) 항해지역에 따른 분류

크루즈선박의 주요 항해지역에 따라 해양크루즈(ocean cruise), 연안크루즈(coastal cruise) 및 하천크루즈(river cruise)로 구분된다. 해양크루즈는 일반적인 개념의 크루즈로 대양을 항해하거나 국가 간을 이동하는 개념의 크루즈를 말하며, 연안크루즈는 한 지역의 해안을 따라 항해하는 크루즈를 말한다. 하천크루즈는 미국의 미시시피강이나 유럽 및 러시아의 크고 긴 강을 따라 숙박을 제공하며 항해하는 크루즈를 의미한다.

(3) 크루즈 목적에 따른 분류

크루즈 목적에 따라 관광크루즈(pleasure cruise), 세미나크루즈(seminar cruise) 및 테마크루즈(theme cruise)로 구분할 수 있다. 관광크루즈는 위락과 휴식 등의 관광목적으로 크루즈를 즐기는 형태를 의미하며, 대부분의 경우 크루즈선사에서 직접 운영하고 판매한다. 세미나크루즈는 기업이나 사회·문화·경제·정치단체 등이 교육이나 훈련 및 연수를 목적으로 행하는 크루즈를 뜻하며, 일본에서 많이 행해지고, 주로 관련단체에서 선박을 전세 내어 승객을 모집하고, 기항지를 선택하여 운영한다. 이 경우 크루즈선사는 선박을 임대해 주고, 숙박과 식사 및 선상 프로그램을 운영하게 된다. 테마크루즈는 오페라크루즈(opera cruise), 판촉크루즈(sales promotion cruise), 상품발표회크루즈(product launching cruise) 등 특별한 주제로 운영되는 크루즈로 유럽과 일본 등에서 시행되고 있다.

제2절 크루즈선의 개념

선박의 일반적 개념은 해상에서 사람 또는 화물을 싣고 공간적 이동을 수행하기 위해 부양성·적재성·이동성의 3요소를 동시에 갖춘 구조물을 말한다.

법규상의 개념은 상법 제7조에 의해 상행위, 기타 영리를 목적으로 항해에 사용하는 선박으로 규정하며 상행위를 하지 않더라도 국·공유 이외의 선박으로 항해에 사용하는 한 상법상의 선박으로 간주한다. 유람선(크루즈선)도 상법상의 선박에 해당된다.

관광유람의 목적으로 사용되는 여객선을 일반적으로 지칭하며 명승지가 많은 강, 호수, 만, 연안을 항해하는 선박으로 초기에는 소형 선박이 주로 이용되었다. 초기에는 선체가 조악하고 설비가 빈약한 것이 많아 승객사고가 자주 일어났으나 최근에는 면모를 일신하여 좌석도 많고, 해상안전시설을 모두 갖춘 경쾌하고 안전한 호화선이 크루즈선으로 이용되고 있다.

크루즈선의 개념을 종합하면 숙박과 오락 및 여가활동을 할 수 있고, 장거리의 여행도 가능한 시설을 갖춘 선박을 지칭한다.

1. 크루즈여행의 분류

크루즈여행은 선박의 규모나 여행지, 여행거리에 따라 가격이 달라지므로 일반적으로 선박, 거리, 가격에 따라 분류할 수 있다. 이러한 관점에서 크루즈여행을 분류하면 4가지로 나눌 수 있다.

1) 대중 크루즈(Volume Cruises)

대중 크루즈는 대중시장 크루즈라고 불리는데, 대략 모든 크루즈 수익의 약 60%를 차지하며 이런 종류의 크루즈에는 3가지 타입이 있다. 2~5일 일정의 단기 크루즈, 7일 일정의 일반 크루즈, 9~14일 일정의 장기 크루즈가 있다. 대중 크루즈에는 여행비의 지불방식에 따라 할부 크루즈와 보통 크루즈가 있다. 숙박시설 및 서비스는 일반 호텔급이고, 대중 크루즈의 노선은 짧은 여행경로에 중점을 둔다. 돌아오는 것은 새로운 승객들의 탑승횟수와 관련 있다. 빨리 돌아온다는 것은 더 짧은 기간에 더 많은 승객을 태울 수 있고 더 많은 이익을 창출한다는 것을 의미한다. 카니발 크루즈, 로열 캐리비안, 프린세스 크루즈, 홀랜드아메리카크루즈선사들은 성공적인 대중시장 크루즈사들의 예이다.

2) 고급 크루즈(Premium Cruises)

고급 크루즈는 크루즈사업에서 2번째로 큰 비중을 차지하고 있으며 전체수익 중 약 30%를 차지한다. 고급 크루즈에는 1주일 항해부터 2주~3개월 일정의 장기항해까지 있다. 전형적인 고급 크루즈는 1급 리조트호텔과 동등한 숙식, 오락 및 서비스를 제공한다. 대표적인 고급 크루즈 회사들로는 로열 바이킹 크루즈사와 큐나드 크루즈선사가 있다.

3) 호화 크루즈(Luxury Cruises)

호화 크루즈는 크루즈시장의 약 6%를 차지하며, 이는 고상하고 안락한 높은 수준의 서비스를 제공하고 크루즈 중 가장 비싼 종류이다. 호화 크루즈는 호화 정기선들과 관련된다. 대중시장 크루즈들이 빨리 돌아옴에 역점을 두는 데 반하여 이들은 긴 여행일정과 이국적인 대상지들을 강조한다. 예를 들어, 겨우 212명을 태울 수 있는 씨번프라이드호는 뉴욕을 출발하여 유럽, 서아프리카, 카리브해, 남미까지를 하나의 여행일정에 포함한다. 보통의 호화 크루즈 정기선들은 이 항해를 마치는 데 6개월에서 1년까지 걸린다.

4) 특수목적형 크루즈(Specialty Cruises)

특수목적형 크루즈는 고래구경, 스쿠버다이빙, 고고학, 생물학 연구 목적의 크루즈를 포함한다. 이 크루즈는 전체 크루즈시장의 4%를 차지한다. 이런 크루즈선박들은 기본 음식과 주류만을 제공하도록 설비되어 있다. 이런 종류의 크루즈산업은 고학력층의 독신자들과 자녀가 없는 부부들에게 특히 인기가 많다. 안트락시아, 아마존강, 알류산열도는 특수목적형 크루즈여행의 대표적인 목적지들이다.

2. 크루즈사업의 발전요인

1960년대 초 제트 항공기의 본격적인 도입과 함께 1970년대 보잉사의 대형여객기의 출현은 산업혁명 이후 장거리여행의 총아였던 선박여행 발전의 걸림돌로 작용하였고, 이의 자구책으로 계절휴가 여행 때 부분적으로 유람선이 운영되었다. 특히 카리브와 지중해는 일조시수가 적어 향일성(sunlust)을 추구하는 북유럽공업국 국민들의 태양 숭배론자들에게 좋은 반응을 일으켰다. 이러한 시대적 환경의 변화와 함께 이들을 충족시킬 수 있는 크루즈산업이 본격적으로 발전하게 된 주요 요인은 다음과 같다.

① 새로운 상품개발에 의한 적극적인 고객유치로 이용 대중화 실현
② 크루즈여행 일수의 다양화
③ 포괄여행상품으로의 판매
④ 쾌적성, 안락성 향상을 도모한 선박 건조기술의 발달
⑤ 고객욕구만족도 제고를 위한 시설 확대
⑥ 계절에 맞추어 세계 각국의 유명관광지를 순항하는 부정기적인 유람선의 운영으로 가동률을 높여 채산성을 크게 제고시키는 한편, 이용의 변화를 도모
⑦ 특별한 목적이나 주제별 크루즈여행의 생산(theme cruise/special interest cruise)

제3절 크루즈사업의 분류

1. 장소에 의한 분류

① 내륙 크루즈 : 내륙의 호수와 대규모 하천을 이용하여 운항하는 크루즈
② 해양 크루즈 : 바다를 이용하여 주요 관광목적지를 순항하는 크루즈

2. 활동범위에 의한 분류

① 국내 크루즈 : 해양법상 국내영해만을 운항하는 크루즈
② 국제크루즈 : 자국 내 또는 외국의 항구를 순회 유람하는 크루즈

3. 운항 유형에 의한 분류

1) 항만 크루즈(Harbor Cruise or Bay Cruise)

주요 항구를 중심으로 그 주변에서 행해지는 크루즈로 미국 및 영국, 프랑스, 독일 등에서 가장 성행하는 크루즈사업이다. 이들 유람선은 대개 좌석수가 50~100개 정도에 해당하는 소형 선박으로 한두 시간 안팎의 항해를 한다. 이러한 형태의 사업은 개인이 영업하는 소형 선박으로 운영하는 경우가 많다.

2) 도서순항 크루즈(Island Cruise)

정기적인 일정에 의해 운영되므로 당일이나 1박 2일 또는 그 이상의 일정을 자유로이 선택하여 여행할 수 있다. 경관이 아름다운 섬들을 순회하며 섬에 있는 호텔에서 숙식을 하고, 해변 일주, 수상스키, 낚시 등을 즐길 수 있다.

3) 파티 크루즈(Party Cruise)

일종의 전세선박으로 각 단체의 요구사항에 따라 다양하게 운영되며 소형 선박은 50~70명, 중형 선박은 100~150명, 대형인 경우에는 500~600명 이상의 인원까지 탑승할 수 있다.

요금은 일일 항해하는 단체를 기준으로 일괄요금 형태로 계산하는데 운항코스 및 서비스 내용에 따라 그 가격책정이 다양하다.

파티 크루즈의 프로그램은 식사(뷔페 혹은 착석정식, 칵테일 및 오드볼), 댄스, 생음악, 각종 유희 등으로 꾸며진다. 파티 크루즈의 주 이용객은 기업체로서 회사 선전이나 행사에 활용하며 개인의 경우 생일, 졸업, 결혼 등의 축하연에 활용하고 있다.

4) 레스토랑 크루즈(Restaurant Cruise)

점심 또는 저녁식사를 주로 함께하는 가족, 친구 등과 만남의 시간을 마련하는 것으로 음악, 영화 등이 곁들여진다. 파티 크루즈와 유사하나 단체 등에 의한 전세형식이 아니라 크루즈가 계획한 항로, 서비스 등에 따라 개인적으로 입장권을 구입하는 점이 다르다. 실제 운영에 있어서는 하나의 크루즈가 파티 크루즈와 레스토랑 크루즈를 겸용하는 것이 일반적이다.

5) 연안크루즈(Coastal Cruise)

대형 선박을 보유한 유람관광회사에서 운영하고 있으며 선상쇼핑, 각종 파티의 매력 등으로 이용객이 많아 미국 및 유럽 전역과 중남미 등의 선진국에서 상당히 호황을 누리고 있다. 주된 매력으로 빙하, 유빙, 자연생태와 내륙 및 해안선 등의 경관감상 등을 들 수 있다.

6) 외항 크루즈(Ocean Cruise)

대서양과 같은 대양을 건너는 외항 여객선이 오랜 항해기간의 무료함을 달래기 위해 마련한 오락시설과 행사, 이벤트 등이 발전하여 선상활동과 중간 기항지의 풍물관광을 주목적으로 운항하는 관광 크루즈선이다. 세계적인 호화 크루즈선들은 모두 이 유형에 속한다.

〈표 1-13〉은 세계의 주요 크루즈 여행지와 크루즈회사의 현황을 보여준다. 대부분의 크루즈여행이 해양에서 이루어지고 있으나, 라인강이나 나일강, 아마존강이나 미시시피강 등 유역면적이 크고, 유량이 풍부하며, 장거리여행이 가능한 지역에서도 크루즈여행과 크루즈사업자의 활동이 활발하다.

표 1-13 | 세계의 지역별 주요 크루즈선사

Area	Major Cruise Line
North Cape/Scandinavia	Royal Viking Line Cunard
South Pacific	Royal Cruise Line Royal Viking Line
East Asia	Pearl Cruise Royal Cruise Line Royal Viking Line
U. S Atlantic Coast	American Cruise Line Clipper Cruise Line
Nile River	Sheraton Corporation Marriott Nile Cruises
Rhine River	KD German Rhine Line
Amazon River	Society Expeditions
Mississippi River	Delta Steamboat Company
Around the World	Royal Viking Line Carnival Cruise Line

자료 : 김천중(1999), 『크루즈사업론』

제4절 기타 해상여행의 형태

1. 페리선 여행

크루즈여행과 동일한 등급은 아닐지라도 페리선은 매년 수천만의 승객을 운송한다. 세계의 많은 지역에서 이동의 유일한 수단이 페리선인 경우도 많다. 여행사는 왜 이러한 서비스를 그들의 상품라인에 넣지 않는가?

페리는 크루즈와 몇 가지 점에서 크게 다르다. 크루즈는 휴가를 위해 이용되고 페리는 운송수단으로 이용된다. 세계적으로 페리선은 사람과 함께 짐, 자동차, 가축 등을 운반한다. 페리선은 작은 크루즈선의 규모에서부터 보트만한 크기까지 크기와 시설에 따라 등급의 차이가 있다.

대부분의 페리선은 인근 해안에서 이루어진다. 그러나 어떤 페리선의 경우에는 밤을 새워 운항하며 승객들은 웃돈을 주고 숙박시설을 구입할 수 있다. 미국 여행자가 주로 이용하는 어떤 페리선은 영국의 잉글랜드에서 미대륙, 영국에서 아일랜드까지 운항하기도 한다.

페리선의 운항정보는 여행사에서 이용할 수 있는데, 다음 세 종류의 자료가 가장 많이 이용된다. 토마스 쿡 여행사의 대륙여행 시각표(Cook's Continental Timetable)는 유럽과 러시아 서부에서 운영되는 페리에 대한 정보와 스케줄을 담고 있다. 토마스 쿡 여행사의 해외여행 시각표(Cook's Overseas Timetable)는 위의 지역 외에 세계 여러 지역에 관한 정보를 담고 있다. ABC 선박운항안내서(ABC Shipping Guide)와 OAG 항공·크루즈·선박 운항안내서(Official Airline Guide Worldwide Cruise & Shipline Guide)는 세계의 페리 스케줄과 지도를 포함하고 있다.

유럽인들은 페리티켓을 포함한 모든 것을 일괄 예약한다. 많은 페리가 미국에서 예약되고 지불되기 때문에 고객이 줄서지 않아도 되는 이러한 서비스를 고객에게 제공하는 것도 좋은 것이다. 페리회사 중 여행사에 커미션을 제공하는 곳도 있다.

2. 화물선 여행

세계적으로 선박은 화물을 운반하는 주요 기능을 담당한다. 이러한 선박들은 때때로 항해하는 동안 특별히 승객을 운송하기도 한다. 많은 승객들에게 화물운송선은 구식배, 불쾌한 선원, 불편한 기항항을 상상하게 한다. 그러나 오늘날의 화물운송선은 안전장치, 에어컨, 최신식의 안락한 숙소가 있고, 간소한 요리를 즐기며, 선원들과의 흥미 있는 대화도 나눌 수 있는 현대식 선박이다.

화물 운송선에 의한 여행은 승객이 여행형태를 준비하기 위해 걸린 시간만큼 즐거울 수 있다. 대부분의 크루즈선에서 제공되는 오락은 이 화물운송선에는 없다. 화물운송선에는 수영장도, 넓은 갑판도 없을 것이다. 항해하는 동안에 어떤 계획된 선상 프로그램은 없을 것이고, 해변 유람도 승객이 각자 계획해야 한다. 화물운송선은 해변 유람을 따로 배정해 주지 않기 때문이다.

무거운 짐을 실은 배는 유유히 항해한다. 물론 이것은 배멀리 예방에 도움을 준다. 화물운송선에는 의사가 없다. 따라서 몇몇 크루즈 승무원들은 응급처치 교육을 받지만 의학적으로 승객이 기대할 수준은 아니다. 이러한 이유로 많은 화물운송선 회사들은 일정 나이 이상의 승객을 받지 않으며 승객들에게 건강진단서를 요구한다.

화물선에서는 승객보다 화물이 우선이라는 사실을 받아들여야 한다. 기항항은 적고 멀리 떨어져 있으며 승객의 복지를 위한 계획이 없다. 몇몇 화물운송선 여행은 60일 항해 동안 3~4개의 기항항만을 방문한다. 화물운송선은 계획된 스케줄대로 운항하나, 상황과 상태에 의해 기항항의 스케줄과 도착시간이 변경될 수 있다.

그림 1-3 | 프레이터 여행안내서

포드 프레이터 여행안내서(Ford's Freighter Travel Guide)는 이러한 형태의 운송수단에 관심 있는 여행사나 승객에게 좋은 정보원이다.

화물운송선은 승객용 선실이 거의 없기 때문에 월 기준 또는 연 기준으로 선실의 예약을 받는다. 대부분의 화물운송선은 여행사에 커미션을 지불하지 않으므로 여행사에서는 고객에게 그 비용을 부과하기도 한다.

화물운송선이 누구에게나 적합한 것은 아니지만 시간 여유가 충분하거나, 여유로운 여행을 즐길 준비가 되어 있는 사람, 계획되지 않은 스케줄을 가진 고객에게는 의외로 즐겁고 로맨틱한 여행의 기회가 되기도 한다.

제5절 크루즈사업의 역사

1. 선박의 발전과 해상운송사업의 등장

BC 3000년경 이집트인이 항해술을 발견한 이래 선박이 인류 역사에 기여한 공로는 지대하다. 그리스인과 로마인 등 바다와 인접해서 생활해 오던 민족들은 한결 같이 선박 건조기술의 발전과 항해술 및 속도의 향상에 전력하였으나, 당시에는 선상에서 승객들의 안락함에는 거의 신경을 쓰지 않았다. 당시의 선박들은 주로 무역과 전쟁을 위한 수단으로 이용되었고, 승객의 운송목적으로는 이용되지 않았기 때문이다.

기원후 2세기에 이르자 컴퍼스(Compass)와 항해도(Navigation Chart)의 개발에 힘입어 보다 먼 대양으로의 항해가 이루어지게 되었고, 방향타의 발견으로 조종이 한결 쉬워졌으며, 보다 튼튼하고 무거운 선박의 건조가 가능해지게 되었다. 1400년대 전후와 1800년대 후반기 사이에는 선박 디자인 면에서 꾸준한 발전을 이룩하여 왔고, 이 기간 동안 항로는 끊임없이 확대되었다. 무역거래가 선박회사의 주된 관심사가 되었으며, 승객운송의 중요성도 인식되기 시작한 시기였다.

그러던 중 1818년 최초로 미국의 블랭크 볼(Blank Ball Line)사에서는 대서양을 항해하는 정기여객선을 취항하기에 이르렀다. 외국과 육로가 연결되어 있지 않은 섬나라의 경우 해외여행이나 내방객은 항공기나 선박을 이용할 수밖에 없었는데, 당시에는 항공운송의 발달이 미비하여 해외여행에 있어 선박은 유일한 운송수단이었다.

해상운송 서비스를 승객과 화주에게 제공하고 그 대가를 받는 것을 목적으로 하는 해운업의 근본은 화물운송이 본업이었으며, 여객운송은 19세기 초 증기기관의 발명으로, 범선이 동력선으로 이행하면서 그 부산물로 발생한 것이다. 이처럼 증기기관의 발달이 선박에 응용되자 선박 제조기술은 급속하게 진전되었고, 그 후에도 기술적 진보에 따른 개량이 계속 이루어져 운송력의 눈부신 향상을 가져왔다. 19세기 초 대서양 연안 각국의 선박회사들은 객선 내부의 설비개선과 속도향상 그리고 서비스수준 제고 등을 통한 격렬한 경쟁관계에 돌입하게 되었다. 20세기 들어 선박 운송사업의 발달로 선박을 이용한 국제여행이 증가하고 있는 추세이다.

표 1-14 | 선박의 발전사

연도	내용
1300	북유럽 조선 기술자에 의해 방향타 개발됨
1450	지중해의 조선 기술자에 의해 최초로 완전한 장비를 갖춘 선박이 개발됨
1785	미국행 무역선 메이플라워(Mayfolwer)호의 진수
1802	미국인 존 피치(J. Fitch)에 의해 최초의 증기기선 건조
1807	세계 최초의 예인선(tugboat) 건조
1819	로버트 풀턴(R. Fulton)에 의해 건조된 상업용 증기기선 클러먼트(Clermont)호 진수
1936	미국 사바나(Savannah)호가 최초로 증기기관을 이용하여 29일간 대서양 횡단에 성공
1840	세계 최초로 프로펠러식 증기 기선 등장
1871	커나드 라인(Cunard Line)이 대서양 횡단 정규노선에 증기기선을 투입, 운용 화이트 스타 라인(White Star Line)이 호화로운 오셔닉(Oceanic)호를 진수
1910	최초로 발동기선 발명
1912	화이트 스타 라인의 호화 유람선 타이타닉(Titanic)호 침몰
1954	미국의 핵 잠수함 노틸러스(Nautilus)호 진수
1959	세계 최초로 미국 원자력상선 사바나(Savannah)호 진수
1969	영국의 호화관광선 퀸엘리자베스 2호(Queen Elizabeth-Ⅱ) 진수

2. 크루즈사업의 발전과정

1) 대서양 횡단 선박여행

현대의 선박여행 개념이 형성되기 시작한 것은 19세기이며, 당시 여객용 상선은 교통운송의 주요 수단이었고, 주로 유럽과 미국 사이의 구간을 운항하거나 유럽과 아시아·아프리카에 널리 퍼져 있는 유럽의 식민지 사이의 구간을 운항하였다. 아울러 당시 선박회사들이 상선을 이용해 여객운송에 관심을 가지기 시작하면서 부유층의 탐험여행과 저소득층의 이주여행에 선박이 활용되기 시작했다. 1821년 스웨덴의 찰스 4세는 최초로 크루즈선박을 출항시켰고, 1824년 아일랜드의 큐라카오(Curacao)호는 정기여객 서비스를 제공한 최초의 선박이다.

1934년 영국은 유명한 대서양 정기여객선 퀸메리호를 출항시켰다. 이 크루즈선은 2천 명 이상의 승객을 담당할 수 있는 천백 명의 승무원들과 함께 승객들에게 가능한 모든 실질적인 편의시설, 안전시설, 오락시설을 제공했다.

1938년 퀸메리호는 Blue Riband상(연간 대서양을 최단기간 내에 횡단한 선박에게 주는 상)을 수상하였다. 퀸메리호의 승객들은 트렁크 20개까지 짐을 실을 수 있었다. 여객의 1/4은 접객원들, 웨이터, 바텐더와 기타 종사원들로 구성되었다. 각 항해마다 퀸메리호는 위스키 2천5백 병, 와인 3천 병, 생수 4만 8천 병, 소 75마리, 양 110마리, 연어 500파운드, 굴 4천 개, 닭 5천 마리, 계란 7만 개, 감자 2천5백 개, 잼, 아이스크림 2천 갤런, 여송연 1만 5천 갑, 궐연 1백만 갑을 선적하고 항해하였다. 영화스타, 재산가, 오페라가수, 정부 관료들도 승객에 포함되었다.

이외에 초기 크루즈시대의 대형 정기선에는 머리타니아호, 유로파호, 노르망디호가 있었다. 이런 거대한 정기선들은 공통적으로 거함(the big ship)이라 불렸다.

2차 세계대전 시 퀸메리호와 퀸엘리자베스호는 영국군 수송에도 이용되었다. 퀸메리호는 천 명의 승무원뿐 아니라 1만 5천 명의 병력도 운송했다. 거함은 2차 세계대전 이후 1960년대까지 번성했고, 1962년 프랑스호(The France)가 진수되었다. 1967년 퀸엘리자베스 2호가 진수되었고, 1969년 처녀항해를 하였다. 이 크루즈선은 1938년에 진수되어 1972년에 홍콩 정박 중 불타버린 퀸엘리자베스호를 대체하였다. 퀸엘리자베스 2호는 전 세계로 승객을 싣고 운항하였고, 봄부터 12월까지 대서양을 횡단하는 정기노선을 운항하였다. 거함의 주요사업은 대서양 횡단 여객운송이었는데 많은 여객선들이 대서양 노선 수입을 보충하기 위해 겨울철 미국의 동부 해안에서 카리브해 지역까지 항해하였다.

1958년 최초의 대서양 횡단 제트여객기사업은 거함우세 시대의 종말을 가져왔다. 1970년까지 여객선 운항업은 관심 밖의 대상이 될 정도로 점점 축소되어 갔다. 1972년 카니발 크루즈사의 조사에서는 미국인의 2%만이 여객선을 탄 것으로 나타났다. 수요 감소와 연료비 상승은 많은 크루즈업체의 경영축소를 촉진했으며, 이 과정에서 많은 조선업체들이 도산했다.

표 1-15 | 대서양 정기선

선명	약사
퀸메리호 (Queen Mary)	• 1934년 진수 • 81,235GT • 길이 1,020feet • 2차 세계대전 시 군 수송 • 1947~1967년 대서양 정기노선 서비스 • 현재 캐나다 롱비치에 정박 중
퀸엘리자베스 Ⅰ호 (Queen Elizabeth Ⅰ)	• 1938년 진수 • 83,670GT • 길이 1,031feet • 2차 세계대전 시 군 수송 • 1946년 대서양 정기사업 실시 • 1972년 홍콩에서 화재로 소실
퀸엘리자베스 Ⅱ호 (Queen Elizabeth Ⅱ)	• 1967년 건조 • 1969년 처녀항해 • 68,863GT • 길이 963feet • 세계일주 크루즈와 대서양 횡단 • 두바이 선상호텔로 정박 예정

그림 1-4 | 퀸 메리호(1934년)

시어도어 애리슨(Theodore Arison)은 카니발 크루즈사를 설립했다. 애리슨의 최초의 배인 마르디그라스(The Mardi Gras)호는 1961년 캐나다에서 증기선으로 만들어졌다. 이 선박은 카리브해 지역의 비교적 짧은 여행에 이용되었다. 마르디그라스호는 1930년대의 거함처럼 여객선으로 고안되었다. 그리고 앞서 있던 크루즈선박들에 어울릴 만한 카지노, 극장, 넓은 식당들이 배에 설치되었다. 식당 라운지에서 실황공연을 해줄 연주자도 고용되었다. 새롭게 단장된 마르디그라스호는 아주 성공적이었다. 성공의 주된 이유는 크루즈 고객의 초점을 이국 지향적인 부유층 중심에서 다양한 선상 휴가를 즐기려는 근로자층으로 변화시켰기 때문이다. 카니발 선사는 또한 항공사들과 요금할인 협상을 하였고, 이것은 크루즈 여객의 확산에 중요한 계기가 되었다.

대서양에 제트여객기가 상용화되기 이전까지 대서양 횡단은 주로 선박여행으로 이루어졌으며, 19세기 말에서 20세기 초에 걸친 해양여행은 주로 이민을 목적으로 유럽과 아메리카대륙 사이, 또는 유럽과 호주・뉴질랜드를 여행하는 이주민들에 의해 행해졌다. 따라서 선박여행의 낭만이 있을 리 없었고, 길고 긴 바다를 중간 기항지 없이 횡단하는 지루한 여행시간을 보내야 했으며, 선박이란 단지 여행목적지까지 이동시켜 줄 운송수단으로 간주되었다.

유럽에서 북미로의 선박여행에서 소수의 특정계층만이 여객선의 1등급을 이용하여 편안한 여행을 즐길 수 있었으며, 나머지 대부분의 승객은 2등급 또는 3등급으로 여행하였다. 이들은 4인 1실, 6인 1실, 심지어 더 많은 사람이 함께 사용하는 공동실에서 숙박하고, 공용화장실과 공중욕실을 사용하며, 여행의 고통을 인내해야만 했다. 특히 겨울철 북대서양의 격랑은 선박의 흔들림을 만들어 여행자들에게 멀미와 해양여행에 대한 두려움을 갖게 하였다.

1900년대 들어 나타난 해양정기여객선(海洋定期旅客船 ; ocean liner)은 과거의 여객운송선박과 달리 웅장한 외부모습과 화려한 내부 인테리어를 갖추고, 부유층의 여행보다는 주로 이민자 수송에 이용되었다. 이때의 해양여객선은 일반적으로 2등급 또는 3등급으로 나누어져 있었으며, 1등급(first class)은 부유계층, 2등급(second class)은 여행경비 조달이 비교적 용이한 상위 중간계층이 이용했고, 대부분의 승객이 속해 있던 3등급(third class ; steerage)은 서민계층이 이용하였다. 1등급은 음악연주와 함께 우아한 분위기에서 식사를 즐기며, 호텔객실과 유사한 호화스러운 선내객실을 사용하였다.

또한 1900년대 초 선박의 특징 중 하나는 선박의 굴뚝(smokestack 또는 funnel)을 많이 설치해 이주자들에게 좋은 선박이라는 인식을 심어주는 것이었다. 이들은 굴뚝의 수가 많을수록 훌륭한 선박이라고 믿었으며, 이 때문에 선박회사는 용도와 관계없는 장식용 굴뚝을 추가하기도 했는데 타이타닉호가 그 좋은 예라고 할 수 있다.

그림 1-5 | 타이타닉호

2) 서구 열강의 해양선박 경쟁

선박여행이 대서양 횡단 중심이던 시기에 선박운항의 주도권을 지닌 국가는 영국, 독일, 미국, 프랑스, 이탈리아 등이었으며, 이들은 선박을 통해 국가의 경쟁력을 나타내려 하였다. 당시 선박을 통한 해양장악의 경쟁으로 인해 지금도 미국과 일부 유럽 국가들이 크루즈산업의 중요한 자리를 차지하고 있다.

전통적으로 해양강국인 영국은 일찍부터 대서양 횡단 운항의 여객서비스를 시작하면서 선박의 속도와 안전성에 치중하였다. 영국과 경쟁하던 독일은 확장주의정책에 따라 1800년대 말부터 고속의 선박을 제작하여 1903년에는 대서양을 가장 빨리 횡단할 수 있는 4척의 선박을 보유하게 된다. 당시 이 선박들은 2만 톤급 이하에 승객 2천 명을 수용하는 비교적 중소규모였으나 23노트의 빠른 속도를 자랑하였다.

1922년 아메리칸 익스프레스(American Express)는 1차 세계대전 이후 크루즈여행을 다시 시작하기 위해 커나드 라인의 라코니아(Laconia)호를 용선하였으며, 당시 완공된 파나마운하를 이용해 최초의 '세계일주크루즈'를 성공적으로 시행하였다. 이 크루즈여행은 1922년 11월 21일 뉴욕을 출항해 4개월여에 걸쳐 22개의 기항지를 방문한 후 1923년 3월 30일 뉴욕으로 귀환하였다.

1939년에서 1946년까지는 2차 세계대전의 영향으로 대서양과 태평양을 항해하는 주체가 관광객과 상용여행객에서 군인으로 바뀌게 되었으며, 민간부문의 해상교통은 위축되었다. 그러나 2차 세계대전 발발로 대서양과 태평양을 횡단 수송할 수 있는 엔진의 개발과 레이더 및 장거리 무선통신기술로 인한 정밀한 항법기술의 등장으로 혁신적인 항공발전이 가능해졌다.

2차 세계대전 중 전쟁에 사용할 목적으로 항공기술이 급속히 발전하면서 선사(船社)들도 전쟁 발발 이전의 대형 선박을 군수송 목적으로 개조하여 사용하게 되었고, 선주(船主)들은 전쟁으로 인해 통제된 여행의 욕구가 전쟁이 종결된 후 수요가 폭증할 것을 확신하며 새로운 시장을 기다리고 있었다.

항공기술은 1958년 보잉 707 제트여객기가 대서양을 논스톱으로 6시간 만에 횡단할 수 있을 정도로 급속히 발전하였다. 이는 제트여객기를 이용한 운송과 이코노미요금을 소개하게 된 계기가 되었고, 선박을 이용한 대서양 횡단여행의 쇠퇴를 의미하기도 했다.

이로써 항공여행보다 상대적으로 지루한 선박여행은 대서양횡단에서 쇠퇴하는 계기가 되었다. 프랑스호(SS France)가 대서양 횡단을 목적으로 1962년에 건조되었으나, 이 당시만 해도 선박을 이용한 대서양 횡단여행은 1957년에 비해 50%가량 급속도로 감소한 상태였다. 제트여객기의 대서양운항 이후 대형 선박의 대서양 횡단은 여행객의 실용적인 목적에 부합되지 않아 점차 자취를 감추게 되었다.

그림 1-6 | 프랑스호(1960년)

3) 북대서양 여객운송의 쇠퇴

제트여객기의 발달은 산업을 발전시키고, 상용여행객의 세계여행을 편리하게 만들었으며, 이들이 제트여객기를 선호한 이유는 속도였다. 따라서 속도측면에서 상대적으로 열세에 처한 크루즈선박은 새로운 활로를 찾아야 했으며, 선박만의 장점을 내세운 새로운 여행의 개념을 제시해야 했다. 즉 운송중심 개념의 여객선에서 선상엔터테인먼트, 다양한 식사메뉴, 매력적인 기항지 등을 내세운 크루즈중심 개념의 도입이 시작된 것이다.

항공기의 발달과 제트여객운송의 상용화는 대양여객선의 몰락을 불러왔으나, 반대로 이 때문에 현대의 크루즈 개념이 도입되는 계기가 되었다. 이제 선박은 속도로 경쟁력을 확보할 필요가 없게 되었고, 그 대신에 호화로운 선내시설, 다양한 선상활동 및 매력적인 기항지 방문 등을 새로운 장점으로 내세우게 되었다.

따라서 대양여객선은 크루즈용 선박으로 개조되었다. 각 등급을 구분하는 칸막이가 제거되었으며, 에어컨과 수영장이 설치되었고, 카지노와 무도장이 개장되어 여객운송이 목적이 아니고 즐거움이 목적인 크루즈산업이 형성되기 시작했다.

크루즈가 지중해와 카리브해 중심으로 운항되면서 과거에 성행했던 80일 또는 120일간의 상품은 판매가 어려워지게 되었다. 또한 1950년대와 1960년대 서구에서는 가족부양과 주택구매로 여가활동에 대한 가처분소득이 제한되었으며, 여가시간도 충분치 않아 고가의 장기 크루즈는 현실적으로 매력이 없는 상품이 되었다. 따라서 크루즈업계는 새로운 마케팅전략을 필요로 하게 되었고, 다수의 대중을 표적으로 하는 단기간의 크루즈여행상품이 되었다.

4) 현대 크루즈의 탄생

1960년대 초만 하더라도 여객운송선 목록에는 100개 이상의 여객선사가 있었으며, 1960년대 중반에도 선박을 이용한 대서양 횡단여행이 항공여행보다 저렴했으나 1970년대에 소개된 보잉사의 점보제트기로 선박의 경쟁력은 완전히 상실되었다. 1962년 백만 명 이상이 선박을 이용해 북대서양 구간을 여행했으나, 1970년에는 선박여행 수요가 점점 줄어 25만 명으로 감소되었다.

점보제트기를 이용한 여객운송의 대중화로 대부분의 대양여객선은 무용지물이 되었고, 수익성도 크게 떨어져 운항이 어렵게 되었다. 북대서양의 정기 여객운송 서비스를 제공하던 선박들이 위험에 처하게 되어 커나드 화이트스타라인(Cunard White Star Line)의 퀸메리(Queen Mary : 80,774톤)는 1967년 9월 운항을 중단하게 되었고, 퀸엘리자베스(Queen Elizabeth : 83,673톤)호도 1968년 10월을 끝으로 운항을 중단하게 되었다.

따라서 대부분의 선박은 낮은 가격에 판매되거나 운송사업에서 철수하게 되었으며, 선박 여객운송을 계속하게 된 회사는 북대서양 횡단과 함께 생존을 위해 남쪽의 카리브해에 운항을 확장하게 되었다. 이로 인해 새로운 형태의 사업으로 지금의 '크루즈'개념이 형성되었고, 크루즈만을 위한 새로운 선사(船社)와 함께 크루즈산업이 형성되기 시작했다.

카리브해를 중심으로 한 크루즈산업이 형성되면서 대양여객선박의 중심항구가 과거 북대서양 횡단여행시대의 뉴욕중심에서 플로리다(Florida) 중심으로 전환되어 선박회사의 본사가 마이애미를 중심으로 한 지역에 들어서게 된다. 플로리다는 당시 크루즈사업에 중요한 따뜻한 날씨, 비교적 평온한 바다, 카리브해 유명 관광지와의 접근성 등으로 인해 새로운 산업을 형성시키는 데 매우 적합한 지역으로 선택되었다. 아울러 북미 서부지역에서는 캘리포니아(California)를 중심으로 멕시코해안 크루즈와 캐나다 밴쿠버를 중심으로 여름 알래스카 크루즈가 형성되기 시작하였으며, 유럽에서는 지중해(Mediterranean Sea) 중심의 크루즈가 형성되었다.

또한 크루즈승객들은 승선을 위해 플로리다와 캘리포니아로 이동해야 하는 문제가 발생되었고, 이는 크루즈선사와 항공사 간의 업무협조를 통해 항공/해양(Air/Sea)프로그램과 승선전 · 하선후 숙박을 포함하는 크루즈패키지 프로그램을 탄생시키게 된다.

1988년 로열 캐리비안 크루즈 여행사는 7만 4천 톤급의 바다의 황제(Sovereign of the Seas)호를 출항시켰다. 극장 2곳, 전망엘리베이터가 설치된 거대한 중앙 홀이 있는 이 크루즈선은 자유의 여신상만한 크기로 '떠다니는 백화점'이라고 표현되었다. 여러 가지 면에서 바다의 황제호는 크루즈여행의 개념이 여가를 즐기는 항해에서 분화되어 자급자족의 완벽한 휴가의 형태로 변모되는 것을 상징하였다.

그림 1-7 | 바다의 황제호

3. 세계 크루즈산업의 현황

세계 크루즈산업의 규모는 연간 190억 달러 이상이며, 이 중 주요 선사인 카니발 그룹(Carnival Corporation)과 로열 캐리비안 크루즈선사(Royal Caribbean Cruises)는 전체 크루즈산업의 75%에 달하는 점유율로 약 143억 달러의 가치를 창출하였다.

전체 크루즈 여행객은 매년 꾸준히 상승하고 있다. 1985년에는 215만 명에서 1992년 541만 명으로 약 두 배 정도 증가하였고, 2000년 961만 명으로 1,000만 명 돌파를 예고하였으며, 2004년에는 1,340만 명으로 증가하였다. 세계의 크루즈 여행객은 2004년에 약 8.4%의 증가율을 보였으며, 지역별로 북미지역이 가장 강력한 성장을 보이고 있다. 크루즈 여객은 북미지역만 910만 명으로 이전 대비 약 11.1%의 성장률을 기록하였다. 북미시장은 걸프전, 9·11 테러 이후 성장률이 다소 둔화되긴 하였으나 매년 10% 이상의 고속성장을 꾸준히 이루고 있다. 이는 산업의 고용기회 확대에도 기여하고 있어 직접 고용인원으로 선원 5만 명과 각 도시의 사무직원 1만 2천 명 정도가 크루즈산업에 관련된 선박대리점, 조선사, 전기, 기계, 식음료 공급업체 등에서 일하고 있다. 또한 크루즈산업은 선박이 기항하는 세계 항구도시의 항공사, 철도, 내륙 운송업계, 숙박업계 및 관광지 등의 관광관련 업계에도 많은 영향을 주고 있다.

크루즈산업은 앞으로 더욱 발전하여 2012년에는 크루즈 여객이 2,000만 명으로 증가할 것으로 예상하고 있다.

크루즈여행의 주요 항해시역으로는 바하마 인근해, 카리브해, 미국 캐나다의 서부해안, 지중해, 멕시코 인근해, 알래스카 인근해, 발트해, 남미국가의 북부해안, 동남아시아 등을 들 수 있으나 세계적으로 카리브해와 지중해가 중심권역이 되고 있는 실정이다.

최근에는 그 외에도 남태평양의 섬, 극동아시아지역, 남미국가 및 동부, 서부의 아프리카지역이 새로운 크루즈지역으로 개발되고 있다. 이러한 크루즈산업은 현재 미국, 유럽의 기업 혹은 다국적기업들에 의해 선도되고 있으며 이들의 현황은 다음과 같다.

우선 아시아지역 크루즈사업의 현황은 다음과 같다. 1980년대 말 아시아지역을 항해하는 서구의 크루즈선박이 증가하였으나, 미쓰비시중공업에 의해 건조된 크리스털 하모니(Crystal Harmony : 49,400GT)호 등 소수의 일본선박을 제외한 대부분의 승객이 서구인이어서 마케팅활동은 주로 서구를 중심으로 이루어졌다.

그러나 싱가포르 크루즈센터와 홍콩 오션터미널 등 입출항 시설 및 각종 절차가 편리한 아시아의 국제적인 크루즈 터미널을 중심으로 스타 아쿠아리스(Star Aquarius : 40,000GT)호 및 스타 피스(Star Pisces : 40,000GT)호 등 아시아지역 국가 소유의 크루즈선사가 등장하게 되었다. 이에 따라 아시아지역에서도 서구의 승객만을 타깃으로 구성된 크루즈상품이 아닌 아시아인을 위한 크루즈상품의 판매 및 각종 마케팅활동이 활발히 진행되고 있다. 또한 아시아국가 소유의 크루즈선박뿐만 아니라, 로열 캐리비안 및 시번 크루즈 라인(Seabourn Cruise Line) 등 1994년 후반에 들어서면서 서구의 대형 선사들도 자사소유 선박으로 아시아지역의 영구적 혹은 단기적인 운항계획을 발표하였다. 이러한 동향은 서구의 크루즈선사들이 향후 가까운 시일 내에 아시아지역에 크루즈상품을 제공하기 위한 기초 활동으로 이해할 수 있다.

이렇게 일본을 시작으로 아시아지역에 생성되기 시작한 크루즈선박은 아시아지역의 여행시장에 새로운 여행형태의 하나로 영향을 미칠 것으로 보이며, 우리나라에서도 주 5일제의 시행으로 국민의 여가시간 증가와 함께 시장 도입기의 신상품 선도집단에 의하여 구매가 이루어질 것으로 예상된다. 그리고 홍콩과 싱가포르의 아시아지역을 중심으로 3·4·5박의 단기 크루즈상품이 성행하고 있고, 중국에서는 도박 전용선(Gambling Ship)을 만들어 운항하고 있다. 하지만 싱가포르와 우리나라는 도박 전용선의 입항을 금지하고 있다.

4. 크루즈선의 최신 건조동향

전 세계 크루즈 인구는 지속적인 성장세(6~7%)를 보이고 있으며, 2007년 기준으로 1,300만 명 정도로 예상하고 있다. 주요 크루즈 인구는 여전히 미국, 캐나다 등의 북미에 집중되어 있으며, 무려 85% 정도를 차지하고 있다. 그러나 약 95%를 차지하던 예전에 비하면 크루즈 수요의 다변화가 이루어지고 있으며, 주로 유럽, 중남미에서 그 수요의 증가세를 찾아볼 수 있다.

아시아의 경우 아직 미비한 비율을 차지하고 있으나 눈여겨보아야 할 점은 빠른 속도로 수요가 창출되고 있다는 것이다. 특히 아시아 및 한·중·일 크루즈 노선의 확대, STX(아커 야즈사 M&A), 삼성중공업(자체기술로 2010년 크루즈선 건조계획) 등 한국 주요 조선업체의 크루즈선 건조에 대한 투자 등 전반적으로 크루즈에 대한 관심과 수요가 늘어나고 있다.

1998년 이후에 건조된 크루즈선은 크루즈 여행자들의 발코니 선실 선호에 따라 기존에 건조된 크루즈선과는 확연하게 달라진 외관을 선보이고 있다. 즉 발코니 선실이 많아지면서 기존에 오션뷰, 내측으로 할당되었던 많은 데코들이 발코니로 디자인되면서 더욱 아름다워졌다. 또한 탑승객들의 다양한 욕구를 수용하다 보니, 인공 파도타기시설이나 아이스링크, 암벽등반시설, 보다 넓은 다이닝룸과 바(Bar) 등 기타 편의시설을 구비하게 되었다.

이로 인해 크루즈선이 점차 대형화되고 있으며, 국내기업 STX가 인수한 STX유럽이 160,000톤급의 프리덤호, 리버티호, 인디펜던스호 등을 뛰어넘는 세계 최대인

220,000톤급 '얼루어호'와 자매선 '오아시스호'를 건조, 로열캐리비언 크루즈에 인도하였다. 이 선박들은 전 세계 크루즈 수요의 50%를 차지하는 카리브해 지역에 투입되었으며, 박리다매 전략으로 최신식 시설을 보다 저렴한 가격에 이용할 수 있다. 또한 전 객실을 데크형 오션뷰로 이용할 수 있다.

그림 1-8 | Allure of the sea호

구분 / 분류	1. 얼루어호		
총 톤수	220,000톤	총 탑승객	5,400명
처녀운항	2010년 12월	총 승무원	2,115명
길이/너비	362m/47m	선실	2,700개
최고속도	23노트	개보수연도	–
주요시설	센트럴파크, 인공파도, 아쿠아시어터, 아이스링크 등		

그림 1-9 | Oasis of the sea호

구분 / 분류	2. 오아시스호		
총 톤수	220,000톤	총 탑승객	5,400명
처녀운항	2009년 12월	총 승무원	2,115명
길이/너비	362m/47m	선실	2,700개
최고속도	23노트	개보수연도	–
주요시설	센트럴파크, 아쿠아시어터, 보드워크		

CHAPTER_2

세계의 크루즈시장

CHAPTER 2 세계의 크루즈시장

제1절 크루즈사업의 국가별 규모와 선박 현황

1. 세계의 크루즈 수요동향

세계 크루즈시장의 추세를 살펴보면 크루즈선사 간의 인수·합병이 가속화되고 있어 선사의 대형화를 초래하고 있고, 규모의 경제에 의한 크루즈의 과점체제화 현상이 나타나고 있다. 또한 생산성의 향상과 경쟁력 확보, 선상 매력물 확보 등의 기술적 이유로 크루즈선박이 대형화되고 있으며, 공급초과에 따른 경쟁심화로 크루즈상품의 가격 하락과 시장세분화가 진행되고 있다.

크루즈상품은 출항지 지역의 거주민은 물론 출항지까지 항공을 이용해 승선할 수 있는 광역의 시장수요를 표적으로 하는 항공연계 크루즈상품(fly & cruise)이 증가하고 있다. 시장수요의 욕구변화와 수요층의 확대에 따라 기존 6~14일 이상의 장기 크루즈상품이 상대적으로 감소하고 2~5일 여정의 단기 크루즈상품이 지속적으로 증가 추세를 보이고 있다. 이는 출항항과 하선항의 선박 입출항을 잦아지게 하여 타 지역 승객의 방문횟수를 증가시키는 것은 물론 지역의 경제적 이익증대에 기여하고 있다.

외국의 경우 여러 유형의 항내 크루즈선(Harbor or Bay Cruising Ship)들이 있으나 여기서는 대양 항해형 크루즈선만을 살펴보기로 하겠다.

초고속시대의 제트항공기 등장과 더불어 한때 사양사업으로 간주되던 해양 순항 크루즈사업은 최근 성장속도가 가장 빠른 동적 관광여행 상품으로 각광받아 '해양여행의 혁명(Cruise Revolution)'이라 일컬을 만큼 크게 발전하여 왔다.

크루즈여행은 1980년대 이후, 근대에 와서 연령의 제한 없이 전 연령층으로 시장이 점차 확대되어 가는 추세에 있으며, 여기에 고급 저가 순항상품의 개발판매로 크루즈유람관광객의 수요는 앞으로도 계속 증가될 것으로 예상된다. 국제적으로 크루즈사업이 활발해지면서 경쟁이 차츰 심해지자 대형 유람선들이 공동전략으로 세계 관광객 시장을 대상으로 마케팅하는 경향이 있는데 노르웨이와 리베리아 선적 대형 유람선 13척의 마케팅을 맡은 로열캐리비언 크루즈선사가 대표적이다.

전 세계적으로 크루즈선을 보유한 국가는 러시아 등 20여 개국에 이르며, 규모나 활동 면에서는 미국, 영국, 노르웨이 등을 중심으로 활발한 활동을 보이고 있다.

유로화에 대한 달러화의 가치절하에도 불구하고, 새로운 선박의 주문은 계속 증가하고 있으며, 2005년 중반에는 21척의 예약이 완료되었고, 총 가격이 90~108억 유로에 이르는 것으로 예측하고 있다.

표 2-1 | 세계 크루즈관광선의 국별 보유 현황

순위	국별	척수	순위	국별	척수
1	러시아	39	11	중국	5
2	파나마	25	12	네덜란드	3
3	그리스	21	13	프랑스	3
4	노르웨이	16	14	덴마크	3
5	바하마	11	15	독일	2
6	이탈리아	10	16	유고슬라비아	2
7	미국	10	17	폴란드	1
8	영국	9	18	키프로스	1
9	일본	6	19	포르투갈	1
10	리베리아	5	20	나우르공화국	1

세계적으로 잘 알려진 선발 크루즈 운항국의 톤급별 여객선 현황을 보면 1만 톤 내지 2만 톤의 선박이 48척(25.4%)으로 가장 많고 다음이 5천 톤 이하급 41척(21.7%), 2~3만 톤이 34척(18%) 순이며 3만 톤 이상의 대형 선박도 34척, 1만 톤 미만의 선박도 73척(38.6%)이나 된다.

1990년대 초반 크루즈 수요는 440~590만 명 수준이었으나 2000년 980만 명을 기록하는 등 매우 급격한 증가율을 보이고 있으며, 전 세계 크루즈 수요는 1980년부터 2003년까지 연평균 8.1%씩 성장한 것으로 나타났다. 2004년 전 세계 크루즈 관광객 수는 1,338만 명으로 전년대비 8.5% 성장하였으며, 2005년에는 1,455만 명으로 전년대비 8.7% 증가했다.

표 2-2 | 지역별 크루즈 관광객 현황

(단위 : 천 명)

구분	2001	2002	2003	2004	2005
북미	6,906	7,470	8,195	9,107	9,918
영국	776	824	963	1,029	1,071
유럽(대륙)	1,130	1,296	1,718	1,806	2,145
아시아(일본 제외)	600	600	500	450	430
일본	200	220	200	200	200
호주	75	116	154	158	187
남미/기타	505	672	590	633	600
총계	10,192	11,198	12,320	13,383	14,451

자료 : Tony Peisley(2006), The Future of Cruising

우리나라 크루즈 입항에 영향을 미치는 일본의 크루즈 수요는 일본경제 침체로 인해 높은 증가를 보이지는 않으나, 지속적인 성장세를 유지하고 있다. 크루즈시장이 다른 아시아국가에 비해 일찍 형성되었다는 점과 크루즈선박의 자체 건조능력이 있는 점을 감안할 때 일본의 수요 성장세는 향후에도 지속될 것으로 예상된다.

표 2-3 | 일본의 크루즈수요

연도별	국제크루즈			연안크루즈	계
	일본선박	외국선박	소 계		
1987	29,800	9,000	38,800	84,900	123,700
1992	46,400	30,400	76,800	120,300	197,100
1997	33,300	49,000	82,300	103,300	185,500
1998	26,700	46,100	72,800	102,900	175,700
1999	22,700	48,000	70,800	98,500	168,900
2000	21,100	109,400	130,500	95,400	225,900

2. 세계의 크루즈 공급동향

세계의 크루즈 공급량은 크루즈선박에서 숙박할 수 있는 침상의 수로 표시할 수 있다. 〈표 2-4〉에 나타난 바와 같이 크루즈 공급력은 전체 숙박 수용력의 0.6%에 그치고 있으나, 1980~1990년 사이에는 107%, 1990~1998년 사이의 8년간은 공급이 90% 정도 증가한 모습을 보이고 있다.

표 2-4 | 공급-숙박 수용력 동향

(단위 : thousands of berths)

지역별 \ 연도별		1980	1990		1998	
		수용력	수용력	증가율(%)	수용력	증가율(%)
전체 공급 (호텔숙박 포함)	유럽	8,542	9,824	15	11,869	21
	미주	6,436	8,616	34	10,329	20
	동아시아 · 태평양	763	4,798	528	6,974	45
	아프리카	269	665	247	855	29
	중동	141	319	126	442	39
	남아시아	126	222	76	343	55
	TOTAL	16,277	24,444	50	30,812	26
크루즈 공급		45	93	107	177	90

3. 크루즈시장의 현황과 전망

크루즈시장에서의 수요와 공급은 지속적으로 함께 성장해 왔으며, 특히 객실점유율(occupancy rate) 측면에서는 전세항공기와 유사한 비율을 보이고 있어 효율성이 매우 높은 수치를 나타내고 있다. 크루즈선박은 선실공급에 따른 객실점유율에서 호텔의 평균 객실점유율을 훨씬 상회하고 있어 자원이용의 효율성에서 앞서고 있다. 1981년부터 2001년까지의 수요와 공급에 따른 선실판매율(객실점유율 : occupancy rate)은 〈표 2-5〉와 같다.

표 2-5 | 과거 20년간의 크루즈선박 선실판매율

연도별	세계 크루즈선실 공급량	선실판매율(%)
1981	41,073	70.28
1982	47,266	68.33
1983	47,834	76.63
1984	52,392	77.05
1985	56,771	80.67
1986	60,446	86.21
1987	66,810	87.70
1988	72,268	87.85
1989	72,369	87.02
1990	83,533	88.89
1991	86,631	87.02
1992	97,539	86.56
1993	103,988	84.84
1994	103,296	85.62
1995	105,161	86.50
1996	110,230	87.50
1997	118,013	90.80
1998	138,373	91.60
1999	148,750	88.40
2000	166,201	90.40
2001	172,281	90.20

자료 : CLIA Five-Year Capacity Analysis

4. 한국의 크루즈시장 현황

1) 국내 크루즈시장 현황

(1) 국내 크루즈시장

한국에서는 반도국가의 지형적 특성인 바다를 통한 해양진출의 역사이기보다 대륙지향적 사관이 주류 역사관으로 지배해 왔고, 쇄국주의와 혐수(嫌水)의식으로 인하여 무궁한 해양강국의 기반을 충분히 갖추었음에도 불구하고 주력산업으로의 성장에는 미흡한 것이 현실이다. 동양에서도 예로부터 뱃놀이가 귀족층 등에게 최고의 풍류문화로 자리매김하여 왔지만, 유럽과 달리 여객선과 크루즈선을 산업의 기틀로써 발전시키지는 못하였다.

1980년대 이후 조선산업의 발전과 함께 해양강국으로 발전하였지만, 한국 최초의 크루즈산업은 1998년 현대상선 등이 컨소시엄을 이룬 금강산크루즈가 한국해안에 등장한 최초의 대형 크루즈선이라고 말할 수 있다. 2001년 스타크루즈사는 부산과 평택 등을 기점으로 한국을 정기적으로 취항하여 중국-일본을 연계한 크루즈상품을 통해 동북아 크루즈라인을 개척하여 크루즈여행 홍보역할에는 기여를 하였으나 수익성 부족 등의 이유로 현재 운항이 중단된 상태이다.

한국을 모항으로 하는 크루즈사업은 2005년 5월에는 여객 운송사인 혜성협운이 2005년 5월에 해양수산부로부터 선박 확보를 조건으로 운항면허를 취득하였으나 선박 확보 어려움 등의 문제로 면허를 반납하게 된다. 2006년 1월 팬스타크루즈가 운항을 시작하여 내국인의 크루즈선 이용이 이루어지고 있으며, 2006년 7~10월에는 제주, 상하이, 나가사키를 연결하는 Costa Allegra호가 운항되었다. 2007년에 코스타크루즈가 제주를 19차례 정기기항하고, 2008년에는 로열캐리비언선사가 4차례 부산을 모항으로 기항했으며, 2010년에는 코스타크루즈와 로열캐리비언인터내셔널(RCI)이 총 78차례 기항 중 각각 14차례와 19차례씩 동북아지역의 허브항구들을 모항으로 두고 기항하였다.

국내 크루즈시장은 아직 사업여건이 활성화되지 않은 실정이지만 태동기의 면모를 갖추고 발전을 준비하는 단계라고 볼 수 있다.

(2) 운항 및 이용객 실적

스타크루즈사는 부산항과 제주항에 토러스호(25,000톤, 정원 960명)와 에이리스호(37,000톤, 정원 678명)를 운항하였다. 토러스호는 2000년 3월 12일 취항하여 2001년 10월 14일까지 부산항, 제주항을 중심으로 운항하였다. 상품판매를 위한 별다른 광고, 홍보활동이 없는 가운데서도 동 기간 동안 이용자 수는 약 9만 명 수준, 항차당 400~500명 선으로 나타난다. 에이리스호는 2000년 11월부터 2001년 4월까지 6개월 동안 부산항, 제주항을 중심으로 운항하였다. 동 기간 동안 이용자 수는 약 1만 5천여 명 수준, 항차당 300~400명이었다. 토러스호와 에이리스호의 내국인 이용객 비율은 30%, 일본인 등 외국인의 비율은 70%를 점유하였다. 평택항과 중국 도시를 오가는 일정으로 2002년 8~11월 기간에는 제미니호(19,000톤, 정원 800명 규모)를 운항한 바 있고, 2003년 4~9월에는 카프리콘호(28,000톤, 정원 800명 규모)를 교체 투입하였으나 2003년 9월 SARS 발발 등으로 운항이 어려워져 중단하게 된다. 카프리콘호는 한국시장을 대상으로 영업을 실시한 결과 항차당 평균승객이 374명이었고, 그 가운데 한국승객이 전체 승객 중 95%를 차지한 것으로 알려졌다.

표 2-6 | 슈퍼스타 카프리콘호 이용객 실적

구분	월별	항차 수	항차당 이용객 수
2003	4	6	64
	5	9	257
	6	9	504
	7	8	429
	8	10	571
	9	8	290
합계		50	2,115

자료 : 한국문화관광정책연구원

(3) 운항 내역

한국을 모항으로 하는 국제크루즈와 연안크루즈가 국내 소비시장의 미성숙과 기반 시설 여건, 법적·제도적 지원의 문제로 가시적 성과를 나타내지 못한 데 반하여 한국을 기항하는 국제크루즈선박은 꾸준하게 증가하고 있다. 부산과 제주도 지역은 최근 5년간 국제크루즈선박의 입항횟수가 크게 증가한 것으로 나타나고 있으며, 이는 중국 크루즈시장의 성장에 따라 중국 ↔ 한국(부산/제주) ↔ 일본을 연계하는 크루즈 관광상품이 등장한 데 원인이 있는 것으로 판단된다.

표 2-7 | 스타크루즈 운항 내역

구분		세부내용
부산항 및 제주항	선박명	토러스(Taurus)호(25,000톤)
	기간	2000.03~2001.10(17개월간)
	루트	부산 다대포항-고베-고치-가고시마-다대포항(4박 5일) 부산-고베-벳푸-다대포항(3박 4일) 제주-상해-부토산성(중국)-고베-후쿠오카-부산(7박 8일)
	이용객 수	약 90,000명
	선박명	에이리스(Aries)호(37,000톤)
	기간	2000.11~2001.04(6개월간)
	루트	후쿠오카-부산-제주-상하이-푸토산-고베-후쿠오카(7박 8일) 부산-후쿠오카-나가사키-제주
	이용객 수	약 15,000명
평택항	선박명	제미니호(19,000톤), 카프리콘호(28,000톤)
	기간	2002.08~11, 2003.04~09
	루트	평택-중국 칭다오-다롄-평택(4박 5일)
	이용객 수	약 29,000명

자료 : 한국문화관광정책연구원

2010년에는 로열캐리비언선사가 중국의 상하이·톈진과 함께 부산을 준 모항으로 활용하는 크루즈 관광상품을 판매하면서 국내 크루즈 관광수요는 지속적으로 증가할 것으로 기대되고 있다. 정부에서는 고부가가치 서비스산업 육성차원에서 크루즈 관광산업을 육성하기 위한 정책을 마련하고 있다.

표 2-8 | 국제크루즈선박의 입항 현황

구분	부산항		제주항		인천항		기타	
	입항	관광객	입항	관광객	입항	관광객	입항	관광객
2001	19	11,783	28	12,805	1	484	–	–
2002	28	13,237	8	2,760	2	515	39	7,016
2003	18	6,396	4	1,445	2	1,279	55	14,321
2004	22	9,930	2	753	–	–	–	–
2005	29	24,582	6	3,205	3	432	5	2,076
2006	36	20,928	21	10,477	3	1,652	7	1,345
2007	31	15,642	5	17,192	2	1,368	11	2,180
2008	14	24,934	17	21,772	6	3,557	6	2,252
2009	34	26,744	37	38,147	14	8,802	7	1,022
2010	79	106,254	53	77,173	15	12,802	8	968

(4) 항만수입

부산항은 2000년 한 해 동안 크루즈선 입항에 의하여 약 170억 원의 수입을 올렸고, 제주항은 슈퍼스타 에이리스호 1회 입항 시 700여 만 원의 항만 사용료를 비롯해서 약 7,200만 원의 관광수입을 올린 것으로 알려지고 있다. 슈퍼스타 토러스호는 2000년에 44,357명이 탑승하였으며, 항차당 평균 445명이 부산항을 찾아 1억 4,685만 원을 지출하였고, 항비는 항차당 총 2억 200만 원을 사용함으로써 총 151억 5,000만 원을 지출한 것으로 집계된다. 슈퍼스타 에이리스호는 항차당 360명이 탑승하여 8,811만 원을 관광비용으로 지출하는 등 항차당 1억 5,000만 원씩 모두 27억 원을 지출한 것으로 나타났다.

2) 팬스타 크루즈

부산항에서 운항되는 연안크루즈 팬스타 드림호는 부산 1부두 및 국제여객 크루즈 터미널을 이용 1박 2일 원나잇 크루즈여행을 실시하고 있으며, 복합해상여객운송사업의 면허를 받아 운항 중으로 한국 최초의 연안크루즈여행이라는 의미를 갖고 있다.

팬스타 크루즈는 화물과 여객을 운송하는 용도인 '화객선'으로 2005년부터 부산-오사카 페리, 부산 원나잇 크루즈를 운항 중이며, 부산-오사카 페리는 2,600회 이상 운항했으며 약 80만 이상의 승객들이 이용했다. 부산 원나잇 크루즈 또한 약 5만 명 이상의 승객이 탑승했다. 팬스타 크루즈에서는 크루즈와 항공을 접목한 에어크루즈 상품을 이용할 수 있으며, 크루즈 이용고객에게 오사카, 교토, 기노사키 등 근처 도시의 숙소예약과 관광안내를 함께 제공한다.

그림 2-1 | 팬스타 드림호

표 2-9 | 팬스타 드림호 제원

구분 / 분류	팬스타 드림호		
건조연도	1997년	길이	160m
국적	대한민국	폭	25m
국제 톤수	21,535톤	속도	25knot
총톤수(GT)	9,690톤	화물적재량	220TEU
적화톤수(DWT)	4,249톤	승객 정원	680명

3) 하모니 크루즈

2012년 2월부터 국내 최초로 크루즈사업을 시작한 하모니 크루즈는 부산에서 취항식을 하고 운항을 시작했다. 하모니 크루즈의 크루즈선인 클럽하모니호는 총톤수 2만 6천t, 길이 176m, 폭 26m, 9층 시설의 축구경기장 2개 규모의 크루즈선이다. 383실의 객실을 갖추었고 최대승객 1천 명을 태울 수 있으며, 야외수영장, 자쿠지, 대형극장, 고급레스토랑, 피트니스클럽, 스파, 키즈클럽 등 호화시설을 자랑한다. 2012년 2월 16일 첫 출항에 들어갔으며 중국과 일본, 러시아를 오가는 다양한 상품을 판매하고 있다. 크루즈선에는 또한 한국어 · 영어 · 일어 · 중국어 등 외국어를 동시에 사용할 수 있는 승무원들을 배치하여 국내외 승객들이 불편을 느끼지 않도록 했으며, 1박에 60만 원에 달하는 다른 크루즈선들에 비해 하모니 크루즈는 1박당 14만 원 정도의 가격으로 경쟁력을 갖추고 있다.

그림 2-2 | 클럽하모니호

표 2-10 | 클럽하모니호 제원

구분 / 분류	클럽하모니호		
국적	대한민국	길이	176m
총톤수(GT)	26,000톤	폭	26m
주요시설	야외수영장, 대형극장, 고급 레스토랑, 스파, 피트니스클럽	속도	25knot
		승객 정원	1,000명
데크(Deck) 수	9층	승무원 정원	356명

제2절 크루즈선사 현황

1. 주요 선사의 현황

1) 주요 선사의 점유율 구성

세계의 주요 선사는 일반적으로 4대 선사, 또는 8대 선사로 구분하는데, 4대 선사로는 카니발크루즈(Carnival Cruises), 프린세스크루즈(Princess Cruises), 로열캐리비언크루즈(Royal Caribbean Corporation) 및 아시아의 스타크루즈(Star Cruises)로 구분한다. 세계 8대 선사는 4대 선사에 셀러브리티크루즈(Celebrity Cruises), 코스타크루즈(Costa Cruises), 홀랜드아메리카라인(Holland America Line) 및 노르위전크루즈(Norwegian Cruise Line)가 추가된다. 4대 선사는 세계 시장점유율의 지배적인 위치에 있으며, 그 점유율은 〈표 2-11〉과 같다.

표 2-11 | 선사특성별 크루즈선 현황(2002년 1월 기준)

선사별	선박 수	총톤수 합계	총선실 수	평균선령
세계 4대 선사	106	6,152,670	161,411	9.9
북미 소규모 선사	18	508,944	9,728	7.5
유럽 소규모 선사	49	926,188	34,512	27.6
아시아 소규모 선사	10	252,133	7,206	17.9
합계	183	7,839,935	212,857	14.8

자료 : PSA & Lloyd's Cruise Int'l

그림 2-3 | Carnival Spirit호

2) 세계 4대 선사의 공급력

세계 4대 선사는 현재 세계 크루즈선실 공급의 72%를 차지하고 있어 크루즈시장의 선도력을 지니고 있으며, 규모의 경제를 실현해 가는 선사들이라고 할 수 있다. 이들은 크루즈 기항지 선정에도 선도력을 지니고 있으며, 재구매고객을 확보하고 있어 동일 승객에게 서로 다른 다음 여행 목적지를 추천함으로써 매출을 증진시키고 있다. 세계 4대 선사그룹에 소속된 보유 선사명과 보유선박의 공급력은 〈표 2-12〉와 같다.

표 2-12 | 세계 4대 크루즈선사 그룹의 보유선사와 공급력

Cruise Groups	Carnival Corporation	Royal Caribbean Cruises(RCC)	P&O Princess	Star Cruises Group
Cruise Lines	* Carnival Cruise Lines * Holland America Line Windstar * Costa Crociere Cunard Seabourn Cruise Line	* Royal Caribbean Int'l * Celebrity Cruises	P&O Swan Hellenic P&O(Australia) * Princess Cruises Aida Cruises	* Star Cruises * Norwegian Cruise Orient Lines
No of Ship	46	23	18	19
TTL GT	2,323,110	1,841,244	1,083,062	905,254
TTL Berths	61,597	47,184	27,420	25,210
Avg Age	10.78	5.61	10.33	8.50
World Market Share	32%	21%	17%	11%

자료 : WTO, 2002(*표시는 세계 8대 크루즈선사)

3) 세계 4대 선사의 지역별 운항 점유율

아시아에서 유일하게 세계 4대 선사에 속한 스타크루즈는 동남아시아와 극동아시아를 중심으로 운항하고 있으며, 그 이외의 선사는 주로 카리브해와 알래스카지역에 중점적으로 취항하고 있다.

표 2-13 | 세계 4대 선사의 지역별 운항 점유율

크루즈선사 \ 크루즈지역	카리브해	알래스카	유럽	극동
Carnival	37.8	31.2	23.6	0.4
RCC	25.7	23.7	4.1	0.2
P&O Princess	5.9	29.0	9.1	3.5
Star Cruises	7.5	12.9	4.3	74.4
Total	76.9	96.8	41.1	78.5

자료 : Christiania Bank of Kreditkasse(자료기준 : 2000년, %)

따라서 현재 아시아 또는 극동아시아를 운항하고 있는 선사의 활동은 매우 미약한 편이며, 향후 크루즈지역의 확대와 함께 많은 크루즈선박이 아시아지역을 기항할 것으로 예상된다. 현재 세계 4대 선사의 지역별 운항 점유율은 〈표 2-13〉과 같다.

4) 세계 크루즈선박의 선적

대부분의 크루즈선사는 세금을 줄이고, 서구의 엄격한 노동규정을 피하고자 선박의 소유국가에 선적을 등록하지 않고, 선박관련 세금이 적고, 노동법 규정 적용이 까다롭지 않은 파나마, 라이베리아, 바하마와 같은 국가에 선적을 둔다. 크루즈선박의 선적 현황은 〈표 2-14〉와 같다.

그림 2-4 | 로열캐리비언 프리덤호

표 2-14 | 크루즈선박의 주요 선적

선적국	선박 수	승선 수용력(berth)	점유율(%)
파나마	34	38,527	23.7
라이베리아	33	37,520	23.1
바하마	38	36,231	22.5
노르웨이	12	13,574	8.3
네덜란드	10	12,991	8.0
영국	7	7,646	4.7
그리스	11	5,045	3.1
사이프러스(키프로스)	6	3,918	2.4
독일	5	2,468	1.5
이탈리아	3	1,418	0.9
프랑스	1	1,196	0.7
미국	1	818	0.5

자료 : 이경모(2004), 『크루즈산업의 이해』

제3절 크루즈 기항지

1. 크루즈 기항지 선택 시 고려사항

크루즈선사가 크루즈 일정을 계획할 때 고려대상이 되는 것은 기항지의 상업적인 측면, 물류와 운송 및 표적시장 선호도라고 할 수 있다. 선사가 고려하는 기항지 선정 요인은 〈표 2-15〉와 같다.

표 2-15 | 크루즈선사의 기항지 선정 시 고려요인

상업적 측면	물류 · 운송	표적시장 선호도
• 시장수요와 수익성 • 항구 이용 시 경제성과 질(質) • 해당 지역에서의 경쟁상태 • 판매네트워크의 가용성	• 기반시설의 기술적 조건 • 항만서비스 • 타 항구와의 인접성 • 기항지 및 인근의 관광시설 • 타 교통과의 접근성 • 연료 · 음식 공급 가용성	• 탑승객의 선호도 • 관광매력물에 대한 선호도 • 현지 시장의 크루즈시장성 • 신변안전 및 정치적 안정성

자료 : 이경모(2004), 『크루즈산업의 이해』

2. 기항지 활동

크루즈선박 여행의 전형적인 일정은 아침에 하선하여 기항지 방문활동 후 오후 늦게 또는 저녁에 승선하여 다음 방문지로 이동하는 것이다. 그러나 크루즈선박의 일정에 따라 기항지 방문시간은 오전 반일 또는 오후 반일이 되기도 하며, 1박 2일간 항구에 정박해 있기도 한다. 기항지 활동시간과 활동의 예는 〈표 2-16〉과 같다.

표 2-16 | 기항지 활동시간과 활동의 예

관광활동별	일반적인 승하선 시간	일반적인 활동
반일관광	오전 09:00~오후 13:00 또는 오후 13:00~오후 18:00	시내 주요명소 관광 (Orientation Tour)
전일관광	오전 09:00~오후 18:00	시내명소 관광 또는 기항지 인근지역 방문
숙박관광	당일 09:00 또는 13:00~ 익일 13:00 또는 18:00	시내명소 관광 또는 기항지 인근지역 방문(대개 숙박은 선상에서)
장기관광	정해진 승하선 시간 없음	특정 선박에서만 가능

자료 : 이경모(2004), 『크루즈산업의 이해』

3. 아시아 주요 기항지와 항구별 크루즈 교통량

아시아 주요 기항지는 싱가포르, 홍콩, 쿠알라룸푸르 및 푸켓으로 구분할 수 있으며, 그중 입항선박 수와 입항승객 수에 있어 크루즈센터를 보유하고 있는 싱가포르가 가장 많은 선박과 승객을 유치했다.

표 2-17 | 아시아 주요 항별 크루즈 교통량

항구별	여행목적지	입항선박 수	입항승객 수
싱가포르(Singapore)	싱가포르	168	231,522
홍콩(Hong Kong)	홍콩	106	179,158
포트켈랑(Port Kelang)	쿠알라룸푸르	110	139,510
푸켓(Phuket)	푸켓	114	132,516
후쿠오카(Fukuoka)	후쿠오카	90	83,516
람차방(Laem Chabang)	방콕 · 파타야	85	61,016
인천(Inchon)	서울	7	4,900
부산(Pusan)	부산 · 경주 .	76	8,500

자료 : GP Wild Ltd.(단기크루즈 및 연안크루즈는 제외됨. 한국은 1998년, 외국은 2001년 기준)

세계의 주요 크루즈선박 분석

CHAPTER 3 세계의 주요 크루즈선박 분석

제1절 크루즈선박의 평가

1. 크루즈선박의 평가

크루즈선박은 선박의 규모, 선령, 크루즈 목적 등에 따라 유형을 분류할 수 있다. 크루즈선박의 규모에 따라 소형 크루즈선박, 중형 크루즈선박 및 대형 크루즈선박으로 구분할 수 있으며, 최근 선박 주문 동향에 따르면, 중형 크루즈선박의 주문은 감소하고, 대형 및 초대형 크루즈선박의 주문이 증가하고 있다.

다음 표에 구분된 방법 이외에도 선박의 규모와 함께 운항 특징별로 부티크 크루즈선박(Boutique cruise ship), 오션라이너(Ocean liner) 및 탐험크루즈선박(Expedition cruise ship) 등이 있다.

부티크 크루즈선박의 승객정원은 300명 이하이나 매우 고급스러운 서비스를 제공하는 크루즈선박이며, 오션라이너는 일반적으로 해양을 항해하는 여객선을 지칭하나, 크루즈산업에서는 과거 대서양 횡단과 세계일주에 이용되었다가 크루즈선박으로 변환된 선박을 의미한다. 이러한 선박은 대개의 경우 강인한 선체를 지니고 있으며, 흘수가 깊은 것이 특징이다.

선박을 구분하는 다른 방법 중 하나는 선령에 따른 방법으로 일반적으로 1970년 이전에 건조된 선박을 구형선박(Old ship)이라 하고, 1970년 이후에 건조된 선박을 신형선박(New ship)이라 한다.

크루즈선박의 평가기준은 크루즈여행상품의 수준에 따라 1에서 10까지 등급을 주었다. 가장 높은 등급의 선박이나 회사들을 특별한 기준에 따라 '베스트'로 선정하였다. 같은 회사 선박들의 경우 선박들끼리는 동일한 가격과 조건에서 등급을 비교하였다. 한 회사 내에 일련의 선박들에 대해서는 회사와 함께 선박의 이름을 표시하였다. 분류에 적용한 평가기준은 〈표 3-1〉과 같다.

표 3-1 | 규모에 의한 크루즈선박의 분류

선박유형		선박의 특징
소형 선박 (Small ship)	Boutique	5,000톤에서 20,000톤 규모의 선박이며, Boutique Luxury와 Boutique Adventure로 세분류하기도 한다.
중형 선박 (Midsize)	Mid-Size	50,000톤 이상의 선박
대형 선박 (Superliner)	Resort XL (Extra Large)	70,000톤 이상의 선박
초대형 선박 (VLCV)	Resort XXL (Extra Extra Large)	85,000톤에서 100,000톤급 이상의 선박으로 너무 커서 파나마 운하를 경유할 수 없는 거대선박들이다.

자료 : Blum, Ethel, Worldwide Crusing, 14th Edition 참고 재작성

또한 가격대로 분류하는 기준은 〈표 3-2〉와 같다.

표 3-2 | 가격대에 의한 크루즈선박의 분류

Budget $$	일인당 하루 $125 이하
Moderate $$$	일인당 하루 $125에서 $225 사이
Premium $$$$	일인당 하루 $250에서 $375의 가격대
Luxury $$$$$	일인당 하루 $400의 가격대

자료 : Blum, Ethel, Worldwide Cruising, 14th Edition

1) 분야별 베스트 선박과 선사 및 크루즈여행의 분류

표 3-3 | 크루즈선사에 의한 분류

크루즈선사	승선비용	선박규모
Carnival Cruise Lines	$$$	Resort
Holland America Line	$$$$	Premium
Princess Cruise	$$$	Resort
ROYAL Caribbean International	$$$	Resort

그림 3-1 | 커나드 크루즈의 퀸엘리자베스 2호

표 3-4 | 최고의 세계일주 크루즈여행

선박명	승선비용	선박규모
Amsterdam	$$$$	Premium
Aurora	$$	Budget
Crystal Symphony	$$$$$	Luxury
Seven Seas Mariner	$$$$$	Luxury
Queen Elizabeth	$$–$$$$$	Traditional

SILVERSEA

그림 3-2 | 실버시 크루즈

표 3-5 | 가장 낭만적인 선박(부티크 카테고리)

선박명	승선비용	선박규모
Paul gauguin	$$$$	Luxury
Silver Wind/Cloud	$$$$$	Boutique Luxury
Wind Spirit/Song/Star/Surf	$$$$	Boutique Luxury

그림 3-3 | 실버시 크루즈의 실버윈드호

표 3-6 | 가장 낭만적인 선박(대형 선박)

선박명	승선비용	선박규모
Carnival Spirit/Pride/Legend	$$$ XXL	Resort
Dawn/Sea/Sun/Ocean Princesses (Princess Cruises)	$$$ XL	Resort
Millennium/Summit/Infinity	$$$$	Premium

그림 3-4 | 셀러브리티 크루즈의 밀레니엄호 선사 내부

표 3-7 | 시니어를 위한 최고의 선박

선박명	승선비용	선박규모
Rotterdam/Prinsenddam	$$$$	Premium
Carnival Paradise	$$$ XXL	Resort
Caronia(Cunard Line)	$$$$	Traditional
Crystal Harmony/Symphony	$$$$$	Luxury
Seabourn Pride/Spirit/Legend	$$$$$	Boutique
World Explorer	$$	Budget

그림 3-5 | Carnival Paradise호

표 3-8 | 장애 여행자를 위한 최고의 선박

선박명	승선비용	선박규모
Rotterdam	$$$$	Premium
Carnival Spirit/Pride/Legend	$$$ XXL	Resort
Grand-Princess, Ocean Princess	$$$ XXL	Resort
Royal Caribbean Voyager-Class Vessels	$$$ XXL	Resort

그림 3-6 | Carnival Spirit호

표 3-9 | 최고의 유대인 음식

선박명	비용
Holland America	$$$
Radisson Seven Seas Cruises	$$$$$
Crystal Cruises	$$$$$

표 3-10 | 최고의 식당 선택권을 보유한 선박

선박명	승선비용	선박규모
Carnival Spirit/Pride/Legend	$$$ XXL	Resort
Millenium/Summit/Infinity	$$$$	Premium
Disney Wonder/Magic	$$$ XL	Resort

그림 3-7 | 셀러브리티 크루즈 밀레니엄, 서미트 호

표 3-11 | 독신자를 위한 최고의 선박

선박명	승선비용	선박규모
Carnival Cruise Line	$$$	Resort
Crystal Cruise	$$$$$	Luxury
Silversea Cruise	$$$$$	Luxury

그림 3-8 | 실버시 크루즈

표 3-12 | 최고의 오락이 제공되는 선박

선박명	승선비용	선박규모
Carnival Cruise Lines	$$$	Resort
Princess Cruises	$$$	Resort
Norwegian	$$$	Resort

그림 3-9 | 크루즈 선내 고급 엔터테인먼트 시설

표 3-13 | 최고의 온천과 체육시설이 제공되는 선박

선박명	승선비용	선박규모
Carnival Triumph Carnival Spirit Class Ships	$$$ XXL	Resort
Norwegian Sky	$$$ XXL	Resort
Royal Caribbean's Voyager Class Ships	$$$ XXL	Resort
Prinsendam(Holland America Line)	$$$$	Luxury
Seven Seas Mariner	$$$$$	Luxury

그림 3-10 | Radisson Seven Seas 크루즈선사의 Seven Seas Mariner

표 3-14 | 가족단위 여행자를 위한 최고의 선박

선박명	승선비용	선박규모
Carnival Triumph Carnival Spirit Class Ships	$$$ XXL	Resort
Norwegian Sky	$$$ XL	Resort
Royal Caribbean's Voyager Class Ship	$$$ XXL	Resort
Prinsendam(Holland America Line)	$$$$	Luxury
Seven Seas Mariner	$$$$$	Luxury

그림 3-11 | 홀랜드아메리카선사의 승객

표 3-15 | 회의와 미팅을 위한 최고의 선박

선박명	승선비용	선박규모
Seven Seas Mariner	$$$$$	Luxury
Crystal Symphony	$$$$$	Luxury
Silver Whisper Silver Shadow	$$$$$	Luxury
Radisson Diamond	$$$$	Boutique
Seabourn Pride/Spirit/Legend	$$$$$	Luxury
Adventure of The Seas	$$$ XXL	Resort

그림 3-12 | Seven Seas Mariner와 실버시 크루즈

2. 기타 특수목적의 크루즈여행

- 누디스트를 위한 크루즈여행 : American Association for Nude Recreation(플로리다), Bare Necessities Tour & Travel, Travel Au Naturel

그림 3-13 | 누디스트를 위한 크루즈선사

- 게이나 레즈비언을 위한 크루즈여행 : PSVP Cruises(미네소타), Our Family Abroad(뉴욕), Advance Damron Vacations(텍사스), Pied Piper Travel(뉴욕)

그림 3-14 | 2005년 2월 게이그룹을 위한 캐리비언으로 향하는 Celebrity 선사의 Constellation호

- 여성전용 크루즈여행 : Olivia Cruises(캘리포니아)

그림 3-15 | Olivia Cruise선상

- 금주자를 위한 크루즈여행 :
  Serenity Trips

그림 3-16 | Sober Celebration사의 프리덤 호 출항 전 모습

- 각종 테마 크루즈 : www.fieldingtravel.com(예술과 건축, 골프, 역사, 와인 식음, 음악, 엔터테인먼트 등과 일식과 월식, 지역축제, 새해맞이 등의 특별이벤트)

그림 3-17 | 2008 8월 21일~9월 2일 출항예정인 기독교 역사를 위한 Holland America Line 크루즈 목적지

제2절 일본의 크루즈선박 분석

1. 일본 크루즈선의 발전과정

일본에서 크루즈 여객선은 1989년 '오셔닉 그레이스'호가 첫 취항을 하였고, 미쓰이 여객선(MOPAS)의 후지마루호도 취항하여 원년으로 기록되었다. 이전의 차터크루즈는 1972년에 미쓰이 여객선의 니혼마루호가 취항하여 세계일주 크루즈여행을 실시한다.

1974년에는 2대째의 니혼마루, 신사쿠라마루가 등장하여 일본적인 크루즈여행이 실시되었다. 그 후에 오이로퍼나 미국의 TV프로 러브보트에서 카리브해 크루즈여행의 즐거움을 확산시킨 퍼시픽 프린스 등이 내항하게 되어 크루즈여행의 확산을 가져오게 하였다.

1990년에는 일본 우편선이 미국 주변의 크루즈여행을 위하여 만든 크리스털 크루즈사가 운항하는 크리스털 하모니가 취항했다.

국내에서는 일본 크루즈 여객선의 3대째인 니혼마루와 일본 여객선이 계속 증가하게 된다. 1991년에는 전쟁 전에 호화 여객선의 운항경험을 가지고 있는 아쓰카호가 취항되었다. 일본은 미쓰이 여객선, 일본 우편선, 일본 크루즈여객선의 3사가 세계일주여행을 실시하면서 크루즈여행업계가 발전하게 되었다.

1998년에는 일본 크루즈여객선이 오리엔트 비너스호보다 대형이고, 선내 설비도 좋아진 퍼시픽 비너스호를 취항하게 되었다. 버블이 붕괴된 후에는 불황이 계속되면서 크루즈인구가 좀처럼 증가하지 않아, 각사의 경영이 어려워졌다.

1991년에는 이시카리호가 취항하여 차량 탑재와 함께 태평양지역을 여행하고 있다. 1990년대 세계의 크루즈여행업계는 대형선을 중심으로 발전을 거듭하여 2004년에는 일본에도 11만 톤급의 다이아몬드 프린세스호가 취항했다.

2. 일본형 크루즈 여객선의 제원

표 3-16 | FUJIMARU 제원

총톤수	23,235t
전장	167m
전폭	24.0m
흘수	6.6m
주기관	10,700ps*2
항해속력	18노트(순항)
객실 수/승객정원	163실/600명
승무원 수	약 180인
취항연월일	1989.04.19
건조사	미쓰비시중공업 고베조선소

표 3-17 | NIPPONMARU 제원

총톤수	21,903t
전장	166.6m
전폭	24.0m
흘수	6.6m
주기관	10,450ps*2
항해속력	18노트(순항)
객실 수/승객정원	202실/600명
승무원 수	약 180인
취항연월일	1990.9.27
건조사	미쓰비시중공업 고베조선소

표 3-18 | 미쓰이상선 개요

상호	주식회사 상선 미쓰이 Mitsui O.S.K. Lines, Ltd.
본사	(우)105-8688 도쿄도 미나토구 도라노몬 2쵸메 1번 1호
본점	(우)530-6591 오사카부 오사카시 키타구 나카노시마 3쵸메 6번 32호
자본금	64,915,351,028엔
발행제 주식 수	1,205,410,445주
주주 수	117,133명
주요 주주	• 일본 trustee · 서비스 신탁은행주식회사 • 일본 마스터 트러스트 신탁은행주식회사 • 미쓰이 스미토모 해상 화재보험주식회사 • 자산관리 서비스 신탁은행주식회사 • 스테이트 스트리트 뱅크 앤 트러스트 컴퍼니

주요 주주	• 주식회사 미쓰이 스미토모은행 • 주식회사 미즈호 코퍼레이트은행 • UFJ신탁은행 주식회사 • 동경해상일동 화재보험주식회사 • 자체스만핫탄반크에누에이론돈
주식 상장	도쿄, 오사카, 나고야, 후쿠오카, 삿포로, 프랑크푸르트 각 증권거래소
종업원	897인(육상 611인, 해상 286인) : 타사 등에의 출항자를 제외한 인원
그룹회사 수	322사(연결결산대상회사)
그룹회사 종업원 수	7,385인(연결결산대상회사)
그룹 운항 선박규모	646척, 4,149만 중량톤

표 3-19 | ASUKA 제원

총톤수	28,856t
전장	192.8m
전폭	24.7m
흘수	6.7m
주기관	11,770ps*2
항해속력	21노트(최고)
객실 수/승객정원	296실/592명(차터 : 275/550)
승무원 수	약 270인
취항연월일	1991.12.24
건조사	미쓰비시중공업 장기조선소

표 3-20 | NYK 크루즈선사 개요

회사명	우편선 크루즈주식회사 NYK CRUISES CO. LTD.
본사	(우)100-0005 도쿄도 치요다구 마루노우치 2쵸메 3번 2호 우편선 총무 : 03-3284-5862 영업 : 03-3284-6001 FAX : 03-3284-6005
오사카 지점	(우)541-0048 오사카시 츄우오구 카와라쵸 3-5-7 오사카 나가와빌딩 4층 대표 : 06-6203-0561 FAX : 06-6203-0563
창립	1989년 1월
자본금	20억 엔
주주	일본우선주식회사
임원	이사회장/나바 광슌 대표이사 사장/마쓰다이라 마코토(관리부, 호텔부 담당, 치프 인포메이션 사관) 대표이사 전무이사/번야 야스히로(운항부, 선박부, 관리부 선원 노무관련사항 담당) 이사/신촌 중기(영업 제2 부장 위촉) 이사/상록수 재(영업 제1 부장 및 오사카 지점장 위촉) 이사(비상근)/스기우치 카쓰미

표 3-21 | ORIENT VENUS

총톤수	21,906t
전장	175m
전폭	24.0m
흘수	6.5m
주기관	9,270ps*2
항해속력	18.5노트(순항)
객실 수/승객정원	186실/600명
승무원 수	약 156인
취항연월일	1990.07.12
건조사	石川島播摩重工業東京1工場

표 3-22 | PACIFIC VENUS

총톤수	26,518t
전장	183.4m
전폭	25.0m
흘수	6.5m
주기관	9,270ps*2
항해속력	20.8노트(최고)
객실 수/승객정원	238실/696명
승무원 수	약 180인
취항연월일	1998.04.12
건조사	石川島播摩重工業

표 3-23 | ISHIKARI

총톤수	14,257t
전장	192.5m
전폭	27.0m
흘수	6.7m
주기관	14,770ps*2
항해속력	21.5노트(최대 24)
객실 수/승객정원	개인실 60실, 단체 18/854명
승무원 수	약 43인
취항연월일	1991.03.25
건조사	미쓰비시중공업 고베조선소

표 3-24 | 일본 크루즈선사 개요

상호	일본 크루즈 여객선 주식회사
본사 소재지	(우)530-0001 오사카시 키타구 우메다 2쵸메 5번 25호 우메다 한신제1빌딩 TEL(06)6347-7521(대) FAX(06)6341-8980
설립	헤세이 원년 4월 26일
자본금	4억 엔
사업내용	1. 여객의 해상운송 2. 마리나, 수상스포츠시설, 숙박시설의 운영 3. 음식점의 경영 4. 의약품, 주류, 담배의 판매업 5. 선박 내에 있어서의 유희도구 임대, 이발관, 클리닝점 6. 피로연, 파티, 회의, 행사의 진지 구축 및 상을 차리는 일의 청부 7. 일반 여행업 8. 손해보험대리업 9. 그 외전 각 호에 부수하는 모두의 사업

- 종업원 : 육상 종업원 51명, 해상 종업원 90명, 합계 141명
- 영업소 : 토쿄 지점 (우)104-0061 도쿄도 츄오구 긴자 4쵸메 10번 10호 긴자 산노우 빌딩 6계 TEL(03)3543-5505(대) FAX(03)3543-5506
- 관계 단체 : 일본 국제무역촉진협회 · 일본 외항여객선협회 · 일본 배여행업

3. 일본 크루즈선의 특징

일본의 크루즈선사들은 그동안의 크루즈여행 운항의 경험을 살려서 일본의 조건에 적합한 크루즈선 개발에 성공하고 있다. 예를 들어, MOPAS에서 제시하는 경제성을 고려한 일본형 크루즈선의 제원은 총톤수 2만 톤이 넘으면서 전체 길이는 150m 이상이고, 최대 200m를 넘지 않고, 정원은 600명 내외이며, 속력은 20노트 전후를 일본형 크루즈선의 제원으로 제시하고 있다.

제3절 스타 크루즈선사의 분석

1. 스타 크루즈선사의 연혁과 보유선의 제원

아시아·태평양권역을 기반으로 하는 스타 크루즈는 말레이시아 대기업인 겐팅그룹(Genting International Group)의 대주주인 림고통이 1993년에 창립하여 홍콩에 본사를 두고 있다. 처음 발트해에서 운영되고 있던 유럽의 페리선을 매입한 뒤 수리하였는데, 특히 하나의 데크를 카지노와 갬블링 시설로 바꾸어 이를 찾는 수요층을 주요 표적대상으로 하였다. 당시 아시아시장 여행수요의 증가추세와 맞물려 싱가포르와 홍콩을 중심으로 한 단기 크루즈를 시작하였다.

표 3-25 | SuperStar Virgo

총톤수	76,800grt
길이	268m/879ft
넓이	32m/106ft
운항속도	24kn
최대속도	25.5kn
Number of Stabilisers	1set
Bow & Stern Thrusters	3
Full Satellite Navigation System	2
총객실 수	980
수용인원	1,960

2000년 4월 카니발이 소유하고 있던 NCL의 지배주식을 매입함으로써 NCL과 오리엔트 라인을 완전 매입하였고, 2001년 3월에 일본시장을 공략하기 위해서 역시 2~3일의 짧은 크루즈를 운영하였다. 대부분의 일본 승객은 아시아인과 호주인이었으며, 나머지는 영국·독일·북미·캐나다인이 차지하였다.

스타 크루즈는 말레이시아의 포트켈랑, 랑카위, 키잘, 그리고 태국의 람차방에 스타크루즈 터미널을 건립하였다. 또한 항해사들을 위해 말레이시아의 포트켈랑에 있는 스타크루즈 터미널에는 가상항해 시뮬레이터 시스템을 갖추고 있다.

표 3-26 | SuperStar Libra

총톤수	42,000grt
길이	216m/713ft
넓이	28m/93ft
운항속도	19kn
최대속도	22kn
Number of Stabilisers	2
Bow & Stern Thrusters	2
Full Satellite Navigation System	2
총객실 수	740
수용인원	1,480

표 3-27 | Star Pisces

총톤수	40,053grt
길이	177m
넓이	29m
운항속도	18kn
최대속도	21kn
Number of Stabilisers	2
Bow & Stern Thrusters	2
Full Satellite Navigation System	2
총객실 수	776
수용인원	1,287

표 3-28 | SuperStar Gemini

총톤수	19,093grt
길이	164m/537ft
넓이	23m/74ft
운항속도	17.5kn
최대속도	19kn
Number of Stabilisers	2
Bow & Stern Thrusters	2
Full Satellite Navigation System	2
총객실 수	400
수용인원	800

표 3-29 | MegaStar Aries

총톤수	3,341grt
길이	85.46m/280.39ft
넓이	14m/46ft
운항속도	12.5kn
최대속도	14kn
Number of Stabilisers	1Set
Bow & Stern Thrusters	1
Full Satellite Navigation System	Yes
총객실 수	33
수용인원	66

표 3-30 | MegaStar Taurus

총톤수	3,341grt
길이	85.26m/279.74ft
넓이	14m/46ft
운항속도	12.5kn
최대속도	15kn
Number of Stabilisers	1Set
Bow & Stern Thrusters	1
Full Satellite Navigation System	Yes
총객실 수	33
수용인원	66

2. 스타 크루즈선사의 분석결과

스타 크루즈선사의 경우 평균 톤수는 30,771GT이고, 평균 선박의 길이는 166m였다. 특이사항 중 하나는 랑카위항과 포트켈랑항의 경우 [그림 3-18]과 같이 선박의 길이가 기존 선석보다 길 경우에 대비하여 유동적인 결박시설을 구비한 것이었다.

이 경우 대부분의 선석과 수직형태로 독특하게 설치한 것으로 제주항에 비추어 횡렬식으로 건설될 경우 문제가 없었을 것으로 보이나 마리나를 겸용할 시, 장래의 대형 요트 크루즈를 대비할 경우를 고려한다면, 경제적이고 실용적인 시설이 될 것으로 보인다.

그림 3-18 | 랑카위(좌), 포트켈랑(우)

제4절 윈드스타 크루즈선사의 분석

1. 개황

독특하고 새로운 크루즈여행의 개념을 제공하는 윈드스타(Windstar) 크루즈선사는 지난 15년 동안 기존의 크루즈여행과는 180° 다른 크루즈여행의 개념을 보이면서 운항하여 왔다.

윈드스타는 전형적인 크루즈 혹은 리조트 휴가의 관심과는 다른 대안적인 크루즈여행의 비전을 제공한다는 것을 모토로 1980년 중반에 설립되었다. 윈드스타의 승객들은 최고급 숙박시설과 가볍고 우아한 환경의 서비스와 음식을 제공받고 있다. 윈드스타는 기존의 크루즈선이 들어가지 못하는 조용한 항구로, 기존 노선을 제외한 다른 지역으로의 항해를 추구하고 있으며, 최근에는 지중해로부터 카리브해, 극동지역으로 항해의 목적지를 선택하고 있다.

2. 선박

윈드스타의 선박은 마스트가 있는 세일요트(masted-sail-yachts)로서 독특한 항해장비를 가지고 있다. 버튼 하나로 2분 안에 푸른 창공에 흰색의 돛을 펼칠 수 있다. 모든 기능은 브리지 안에서 컴퓨터 마이크로칩과 내비게이션장치에 의해 조종되고 있다. 가끔 브리지를 개방하여 승객들이 유능한 선장과 함께 요트를 조종할 수 있는 기회가 제공되기도 한다.

148명의 승객이 승선할 수 있는 Wind Star는 1988년 Wind Spirit와 자매선박으로 탄생되었다. 럭셔리 크루즈의 새로운 분야로서 윈드스타는 탄생됐던 것이다. 10년 후, 1998년에는 308명 승선규모의 Wind Surf가 윈드스타에 들어오게 되었다. Club Med I과 같은 오리지널 세일링으로서 Wind Surf는 완벽한 조화를 이루기 위해 자매선박들과 똑같은 조선소에서 유사한 제원을 가지고 1990년에 엄격하게 건조되었다.

3. 선상생활

윈드스타의 독특한 세일링 콘셉트는 소형 호화 크루즈선, 캐주얼 복장, 대안적 만찬을 통해 크루즈산업을 이끌고 있다. 세련되고 미래적인 이런 콘셉트는 윈드스타에 있어 화려한 명성과 함께 틈새시장으로 들어왔으며, 처음 크루즈를 경험하는 3분의 1 정도의 현대 크루즈 여행자들에게 새로운 매력물로 각인되고 있는 것이다.

고급 우드 인테리어를 갖춘 티크 재질의 갑판과 친절한 서비스, 수려한 주변환경, 예술적인 작품성, 가볍게 먹을 수 있는 채식메뉴의 다양한 선택, 그리고 와인 리스트 등은 윈드스타만의 특별한 요소이다.

31개의 고급 스위트룸을 갖춘 Wind Surf의 특징으로는 비즈니스/인터넷 센터, 클럽, 10,000평방feet(218평) 규모의 스파 치료, 상담, 헬스운동 프로그램을 다루는 Wind-Spa 등을 들 수 있다. 148명에서 308명 정도가 승선할 수 있는 윈드스타 선박들은 개인요트를 항해하는 것처럼 세일러 동료들 사이의 영원한 우정과 열정을 창조하고 있다. 윈드스타에 승선하면 매일매일 새로운 지평과 항구를 탐험하는 꿈을 이룰 수 있다.

4. 목적지와 항해활동

주요 목적지는 극동지역을 포함한 새로운 지역으로서 싱가포르, 태국, 캄보디아, 베트남, 인도네시아와 말레이시아, 뉴질랜드, 호주, 바하마, 플로리다, 몰타, 튀니지 등으로 기항하며, 윈드스타의 가장 인기 있는 코스인 그리스, 터키, 지중해, 카리브, 버진아일랜드, 벨리즈, Mayan Riviera, 코스타리카의 Pacific Gold Coast, 파나마 운하, 대서양 횡단까지 새로운 여행일정이 시도되고 있다. 또한 상륙여행과 무료 수상스포츠 활동을 재미있게 혼합하여 각 목적지에서 즐길 수 있도록 하고 있다. 승객들은 코스타리카의 숲속에서 특수한 스포츠관광을 하기도 하고, 카리브지역에서 실제로 아메리카스 컵에 출전한 요트로 항해하기도 한다. 선박의 후미에 있는 스포츠 플랫폼에서는 수상스키, 윈드서핑, 잠수, 카약, 바나나보트를 무료로 즐길 수 있다.

시애틀에 본사를 두고 있는 윈드스타 크루즈선사는 승선인원 308명의 Wind Surf, 승선인원 148명의 Wind Star와 Wind Spirit를 운항하고 있다. 이들 3척의 요트 크루즈선은 전 세계 47지역을 항해하면서 여유 넘치는 최고의 휴가여행 기회를 제공하고 있다.

5. 윈드스타 크루즈선사의 보유선박 제원

표 3-31 | Wind Surf 제원

제작연도	1990(Refurbished : 2002)
톤수	14,745
전장	617feet(188m)
전폭	66feet
흘수	16feet
속도	12knots
등록국가	Bahamas
수용인원	308
Space Ratio/Passenger	47.873ft/pass
Normal Crew Size	190
Crew Nationality	Indonesian/Filipino
Nationality of Officers	British/Norwegian
Nationality of Dining Staff	Indonesian/Filipino

Windstar Cruises

표 3-32 | Wind Spirit 제원

제작연도	1988(Refurbished : 2002)
톤수	5,350
전장	440feet(134m)
전폭	52feet
흘수	14feet
속도	10knots
등록국가	Bahamas
수용인원	148
Space Ratio/Passenger	36.149ft/pass
Normal Crew Size	90
Crew Nationality	International
Nationality of Officers	British
Nationality of Dining Staff	International

Windstar Cruises

표 3-33 | Wind Star 제원

제작연도	1986(Refurbished : 2002)
톤수	5,350
전장	440 feet(134m)
전폭	52feet
흘수	14feet
속도	8knots
등록국가	Bahamas
수용인원	148
Space Ratio/Passenger	36.149ft/pass
Normal Crew Size	90
Crew Nationality	International
Nationality of Officers	British
Nationality of Dining Staff	International

Windstar Cruises

표 3-34 | Star Flyer 제원

제작연도	1991
톤수	2,298
전장	360feet(110m)
전폭	50feet
흘수	19feet
속도	N/A
등록국가	Luxembourg
수용인원	170
Space Ratio/Passenger	13.518ft/pass
Normal Crew Size	72
Crew Nationality	N/A
Nationality of Officers	European
Nationality of Dining Staff	N/A

Star Clippers

표 3-35 | Royal Clipper 제원

제작연도	2000
톤수	5,000
전장	439feet(134m)
전폭	54feet
흘수	18feet
속도	N/A
등록국가	Luxembourg
수용인원	227
Space Ratio/Passenger	22.026ft/pass
Normal Crew Size	106
Crew Nationality	N/A
Nationality of Officers	European
Nationality of Dining Staff	N/A

Star Clippers

표 3-36 | Star Clipper 제원

제작연도	1992
톤수	2,298
전장	360feet(110m)
전폭	50feet
흘수	19feet
속도	N/A
등록국가	Luxembourg
수용인원	170
Space Ratio/Passenger	13.518ft/pass
Normal Crew Size	72
Crew Nationality	N/A
Nationality of Officers	European
Nationality of Dining Staff	N/A

Star Clippers

표 3-37 | Polynesia 제원

제작연도	1938(Refurbished : 1994)
톤수	430
전장	248feet(75.6m)
전폭	36feet
흘수	18feet
속도	10knots
등록국가	Honduras
수용인원	126
Space Ratio/Passenger	3.413ft/pass
Normal Crew Size	45
Crew Nationality	West Indian
Nationality of Officers	British
Nationality of Dining Staff	West Indian

Windjammer Barefoot Cruises

표 3-38 | Mandalay 제원

제작연도	1923(Refurbished : 1994)
톤수	400
전장	236feet(71.9m)
전폭	33feet
흘수	15feet
속도	9knots
등록국가	Honduras
수용인원	72
Space Ratio/Passenger	5.556ft/pass
Normal Crew Size	31
Crew Nationality	West Indian
Nationality of Officers	British
Nationality of Dining Staff	West Indian

Windjammer Barefoot Cruises

표 3-39 | Yankee Clipper 제원

제작연도	1927(Refurbished : 1993)
톤수	325
전장	197feet(60m)
전폭	30feet
흘수	17feet
속도	9knots
등록국가	Honduras
수용인원	64
Space Ratio/Passenger	5.078ft/pass
Normal Crew Size	30
Crew Nationality	West Indian
Nationality of Officers	British
Nationality of Dining Staff	West Indian

Windjammer Barefoot Cruises

제5절 Cunard 크루즈선사의 분석

1. Cunard 크루즈선사의 배경

총 3척의 최고급 크루즈선박을 보유한 특급선사이다. 마이애미에 소재하고 있으며, 1840년부터 최고급 크루즈를 시작한 가장 역사가 깊은 선사로 2004년에는 해상 위의 궁전이라 불리는 'Queen Mary Ⅱ'를 탄생시켰다. 세계에서 가장 크고 높으며 긴 선박으로 항해하는 방향마다 멋진 광경을 감상할 수 있도록 과학적으로 지어졌다. 크루즈선사 중 유일하게 정기적으로 대서양을 횡단하는 'Queen Elizabeth호'도 있으며 Cunard사의 165주년을 맞아 2007년 12월에는 85,000톤급의 'Queen Victoria'가 취항하였다.

2. Cunard 크루즈선사의 보유선박 제원

Queen Mary Ⅱ호는 2004년 1월 영국 엘리자베스 2세 여왕에 의해 진수되어 취항하였다. 길이 345m로 시드니 하버브리지보다 2/3배 길며 높이는 72m로 자유의 여신상, 런던타워, 로마의 콜로세움, 도쿄돔보다 높다. 6개의 고급 레스토랑과 5개의 수영장, 영화관·연극전용관, 24시간 마사지룸 등 규모면에서도 세계 최고라고 자부되어진다. 또한 60억 원 상당의 소장품을 전시해 놓은 갤러리도 있다. 승객 2명당 1명꼴의 승무원을 배치하여 최고급 서비스를 제공한다.

표 3-40 | Queen Mary II 크루즈 제원

건조연도	2003년
총톤수	15만 톤
전장	345m
전폭	45m
Draft	10m
최대속도	30노트
수용인원	2,620명
승무원	1,254명
Deck	12
비용	약 9,600억 원

바다 위의 도시, 크루즈계의 여왕선박이라 불리는 Queen Elizabeth II호는 월드 크루즈를 통한 세계항해를 운항하고 있다. 영국의 유명한 헤롯 백화점과 실내외 수영장, 골프와 유럽식 스파를 즐길 수 있는 선박이다. 바다가 보이는 5개의 훌륭한 레스토랑을 지닌 우아한 선박으로 최고급 서비스를 제공하고 있다. 아쉽게도 2008년 2월 24일 시드니항으로 29번째이자 탄생 40주년을 마지막으로 2009년부터는 두바이의

인공섬에 정박하여 해상호텔로 변신했다. 아랍에미리트연합(UAE)이 약 1억 달러(약 930억 원)를 지불하고 구매했으며 두바이 해안에서 떨어진 인공섬 팜 주메이라에 정박하고 있고 2009년 호화 호텔로 탈바꿈하였다.

1969년 첫 항해를 시작한 이래 25차례나 세계일주를 하였으며 대서양을 800번 이상 횡단했고 250만 명이 넘는 승객들을 실어 날랐다. 2009년 호텔로 개조될 때 선박 내에 유람선의 역사를 기념하기 위한 박물관도 조성되었다.

표 3-41 | Queen Elizabeth II 크루즈 제원

건조연도	1969년
총 톤 수	70,327톤
길이	293.5m
선폭	32m
높이	62m
수용인원	2,008명
승무원	921명
내부선실	325개
외부선실	670개

2007년 12월 북유럽을 시작으로 역사적인 항해를 시작하는 90,000톤급 Queen Victoria는 총 1,007개의 선실 중 76%가 전용 발코니를 지니고 있으며, 그랜드 스위트, 마스터 스위트, 펜트하우스, 퀸즈 스위트, 프린세스 스위트, 발코니, 오션뷰와 인사이드의 총 8종의 선실을 보유하고 있다.

표 3-42 | Queen Victoria 크루즈 제원

길이	294m
폭	32.3m
초안	7.9m
높이	54.5m
수용인원	2,014명
승무원	미정
Guest Decks	12
속력	미정

제6절 한국 크루즈 전용터미널의 입항 가능성 분석

세계의 주요 기항지는 400여 개로 조사되었다. 이 중에서 10大 기항지는 도심과 근접한 지역이거나 세계적인 미항으로 이름난 곳, 또는 기후 및 주변 관광지가 뛰어난 지역의 항구로 명성이 난 곳이었다.

이러한 점에서 한국은 상대비교에 의한 강점을 살리는 것이 향후 발전의 주요 관건이 될 것이다. 전체 크루즈선 192척을 분석한 결과(부록 표 참조) 총톤수는 57,040GT이었으며, 크루즈선의 평균길이는 225m였다.

그중에서 중소 크루즈선의 평균을 조사 분석한 결과 26,368GT이었으며, 길이는 평균 171m였다. 특히 5만 톤급 이하 크루즈선은 86척으로 평균 107m의 길이이며, 전체 크루즈선의 약 50%를 차지하고 있다. 이러한 규모의 크루즈선사가 한국에 입항 가능성을 가지고 있고, 초창기 마케팅에 주력해야 할 목표시장이 될 것이다.

특히 크루즈선사의 운항계획이나 경영성격이 한국을 기항지로 선택할 가능성이 높은 선사로는 지역적으로 가까운 일본의 크루즈선사들이고 가격 및 거리 측면에서 스타 크루즈선사로 압축할 수 있다. 서구형 크루즈선사들 중에는 대양여행과 새로운 목적지를 추구하고 있는 '윈드스타' 크루즈선사가 한국 입항에 적합할 것으로 판단된다. 또한 크루즈여행별 최고의 크루즈선사 및 비용을 분석한 결과와 같이 대형 크루즈 전용선이 입항하는 것을 목표로 하지만 쉽게 이루어질 수는 없을 것이다.

따라서 장기간 휴가여행을 목적으로 하는 카니발 크루즈선 등의 입항을 고려한 시설의 설계가 우선적으로 필요하지만 회의나 이벤트, 가족단위, 강의 겸용 여행자, 기독교신자 등 종교 중심이나 각종 테마크루즈에 적합한 시설의 설계를 우선 고려하여야 한다.

CHAPTER_4

세계의 크루즈항과 터미널

CHAPTER 4 세계의 크루즈항과 터미널

제1절 세계의 주요 크루즈항

1. 세계의 주요 크루즈항

전 세계에 걸쳐 크루즈선박이 입항할 수 있는 항만의 현황을 보면, 〈표 4-1~6〉과 같이 14개의 지역에 429개의 항이 있다. 북유럽과 발트해 지역에 127개, 지중해 지역에 75개, 카리브해와 멕시코만, 바하마 지역에 40개가 있다. 이들 세 지역이 전체 크루즈항의 절반이 넘는 56.4%를 차지하고 있다. 아시아에는 33개의 크루즈항이 있다.

2001년 아시아 태평양지역 크루즈승객의 교통량이 많았던 주요 크루즈 기항지는 동남아시아의 싱가포르, 말레이시아의 Port Kelang, 푸켓, 방콕/람차방 등이 있으며, 극동지역에는 홍콩과 후쿠오카, 남태평양지역에는 Papeete, Bora Bora, Moorea, Sydney 등이 있다. 가장 많은 크루즈선박이 기항한 싱가포르의 경우 기항횟수는 168회, 크루즈승객의 수는 약 23만 명이었다.

표 4-1 | 세계 크루즈항의 분포

지역	No.
Alaska/Canada West	8
Asia	33
Australia/New Zealand/South Pacific	36
Bermuda	2
Black Sea	6
Caribbean/Gulf of Mexico/Bahamas	40
Great Lakes	1
Mediterranean	75
New England/Canada East/East Coast USA	21
North Atlantic	5
North Europe/Baltic	127
Red Sea/Middle East/Indian Ocean/East Africa	28
South America	26
West Coast USA/Mexico/Central America	21
Total	429

자료 : 이경모(2004), 『크루즈산업의 이해』

2. 세계의 10大 크루즈항 및 아시아 크루즈항 분석

크루즈여행 전문가들로부터 조사한 세계의 10대 크루즈항은 〈표 4-2〉와 같다. 세계의 주요 크루즈 기항지를 명성, 식도락, 모험, 오락, 낭만, 쇼핑의 항목을 중심으로 설문조사한 결과 세계의 10대 크루즈항은 뉴욕, 샌프란시스코, 홍콩, 베니스, 뉴올리언스, 니스와 칸, 이스탄불, 갈라파고스, 방콕, 틸버리 순으로 조사되었다.

표 4-2 | 세계의 10대 항구

평가기준 / 순위	명성 (Exciting)	식도락 (Cuisine)	모험 (Adventure)	오락 (Entertainment)	낭만 (Romance)	쇼핑 (Shopping)	총 순위
1	New York	New Orleans	Galapagos Islands	New York	Venice	Hong Kong	New York
2	Hong Kong	New York	Istanbul	New Orleans	Mahe', Seychelles Islands	New York	San Francisco
3	San Francisco	San Francisco	New York	Los Angeles	Nice, Cannes, Monaco	Bangkok	Hong Kong
4	Venice	Hong Kong	San Francisco	San Francisco	Bali	Istanbul	Venice
5	New Orleans	Nice, Cannes, Monaco	Mahe', Seychelles Islands	Tilbury (London)	Portofino	Singapore	New Orleans
6	Nice, Cannes, Monaco	Bordeaux	Sydney	Buenos Aires	San Francisco	St. Thomas	Nice, Cannes, Monaco
7	Istanbul	Venice	Hong Kong	Rio de Janeiro	Santorini	Venice	Istanbul
8	Bangkok	Singapore	Venice	Sydney	Mykonos	Bali	Galapagos Islands
9	Buenos Aires	Livorno (Florence)	Tilbury (London)	Miami	Bermuda	Tilbury (London)	Bangkok
10	Tilbury (London)	Bangkok	Nice, Cannes, Monaco	Hong Kong	Quebec City	Livorno (Florence)	Tilbury (London)

자료 : Lloyd, Voyages, Harvey 참고 저자 재작성

아시아의 주요 크루즈항으로는 동일한 평가기준을 적용한 결과 홍콩, 발리, 방콕, 싱가포르, 사이공, 요코하마, 상하이, 푸켓, 마닐라, 양곤, 타이베이, 쿠알라룸푸르, 텐진 등이 주요 항구로 조사되었다.

목적에 의한 분류에 따르면 화물선 겸용, 여객선 겸용, 요트 마리나 겸용항 등으로 분류할 수 있으며, 대부분 화물선 및 여객선 겸용 항구로서 경제성 측면에서 첨예한 경쟁을 하고 있다.

여기에서 주목할 사항은 입지적으로 불리한 몇몇 항구는 크루즈와 요트마리나 겸용항구로 개발하여 크루즈여행의 비수기와 생산성 향상을 위한 노력으로 경쟁력을 갖추고 있다. 특히 니스와 칸 같은 입지가 불리한 항구들은 아름다운 자연경관과 함

께 요트마리나항으로서의 아름다움을 가미하여 세계적인 크루즈 겸용항구로 발전하고 있다.

따라서 제주항의 향후 개발 콘셉트의 가장 중요한 개념은 내륙의 도시 중심지로부터 격리되어 있는 도서지역으로서의 불리한 점과 비수기 및 후발 항구로서의 낮은 인지도에 의한 약점을 보완하는 방법으로서 크루즈와 요트 겸용항구로의 개발이 효과적이라 할 수 있다.

표 4-3 | 아시아 크루즈항의 매력도

평가기준 / 순위	명성 (Exciting)	식도락 (Cuisine)	모험 (Adventure)	오락 (Entertainment)	낭만 (Romance)	쇼핑 (Shopping)	총 순위
1	Hong Kong	Hong Kong	Yokohama	Hong Kong	Hong Kong	Hong Kong	Hong Kong
2	Bali	Singapore	Bali	Bali	Bali	Singapore	Singapore
3	Bangkok	Bangkok	Saigon	Bangkok	Phuket	Bangkok	Yokohama
4	Singapore	Yokohama	Bangkok	Singapore	Singapor	Saigon	Bangkok
5	Saigon	Bali	Rangoon	Manila	Saigon	Yokohama	Shanghai
6	Yokohama	Taipei	Singapore	Saigon	Bangkok	Bali	Bali
7	Shanghai	Shanghai	Hong Kong	Yokohama	Shanghai	Shanghai	Phuket
8	Phuket	Saigon	Phuket	Phuket	Rangoon	Phuket	Saigon
9	Manila	Phuket	Tianjin	Taipei	Yokohama	Taipei	Manila
10	Rangoon	Tianjin	Shanghai	Shanghai	Taipei	Kualalumpur	Rangoon
11	Taipei	Kualalumpur	Manila	Kualalumpur	Kualalumpur	Manila	Taipei
12	Kualalumpur	Manila	Taipei	Rangoon	Manila	Rangoon	Kualalumpur
13	Tianjin	Rangoon	Kualalumpur	Tianjin	Tianjin	Tianjin	Tianjin

자료 : Lloyd, Voyages, Harvey 참고 저자 재작성

제2절 세계의 주요 크루즈항과 터미널

1. 크루즈 터미널의 시설

터미널이 갖추어야 할 기본시설에는 CIQ시설, 선사 데스크, 승객대기실, 수화물처리시설, Gangway 등이 있다. 그리고 승객을 위한 편의시설에는 스낵바와 같은 식음료 판매시설과 공항터미널과 같은 안내전광판 시스템, 면세점, 은행, 환전소, 우체국과 같은 시설이 있다. 그 외에 선박의 접안시설, 에이프런(Apron), 지게차, 마리나와 같은 항만시설과 CIQ관련 사무소, 항만청 사무소, 경찰서 등의 행정시설이 있을 수 있다. 그 외 유관시설로는 환영 및 환송 데크, 버스나 택시가 대기할 수 있는 정거장, 컨퍼런스시설, 극장과 같은 위락시설, 쇼핑센터 등이 있다.

표 4-4 | 크루즈 터미널의 일반시설

구분	시설	
터미널 기본시설	• CIQ시설 • 선사 데스크(수화물 체크인) • 승객대기실(수속 전) • 주차시설 • 엘리베이터 · 에스컬레이터 · Travolator(for handicapped) • Baggage Conveyor Belt • 무료 Baggage Trolleys • 승선 전 대기라운지(수속 후) • 입항 후 Baggage Claim Hall • Gangway(Terminal-to-Ship Linkbridges)	
승객 편의시설	• 스낵바 또는 식음료 판매시설 • 흡연라운지 • VIP 라운지 • 안내전광판 시스템 • 유료로커 • 우체국	• 약국 • 전화(국내 및 국제) • 기념품점 · 면세점 • 관광안내소 • 은행 또는 환전소

자료 : 이경모(2004), 『크루즈산업의 이해』

표 4-5 | 크루즈 터미널의 기타 시설

기타 시설	항만시설	• 접안시설 • 에이프런	• 지게차 • 마리나
	행정시설	• CIQ관련 사무소 • 항만청 사무소	• 경찰사무소
	유관시설	• 호텔 • 환영 · 환송용 야외데크 • 대형 택시 스탠드 • 여행사데스크	• 선박대리점사무실 • 컨퍼런스시설 • 극장 · 위락시설 • 쇼핑센터

자료 : 이경모(2004), 『크루즈산업의 이해』

2. 크루즈 터미널의 개발사례 분석

1) 일반적 필요사항

아래의 필요사항은 1990년 샌프란시스코항 터미널 건설사 및 크루즈 전용터미널 건설 전문가들의 인터뷰와 분석에서 나온 것이다.

1998년에는 크루즈사업 전문가들과의 집중적인 회의와 토론에 의하여 수집되었다. 그리고 크루즈 전용터미널의 입주예정 크루즈선사와 서비스 제공자들에 의해서 재점검된 것이다. 이러한 결과를 중심으로 샌프란시스코의 새로운 크루즈 전용터미널의 효과적이고 편리하며 성공적인 건설을 위해서 아래의 필요사항들이 제시되었다.

(1) 크루즈선과 예인선의 기동에 적절한 공간의 선석

적어도 1,000피트(약 304.8m)와 35피트(약 10.7m) 깊이의 2개의 선석이 필요하며, 가능한 준설이 필요 없으면서 크루즈선이나 예인선의 기동이 안전하고 쉬워야 한다. 그리고 보다 쉽게 접안하고 기동할 수 있는 해안선과 평행의 선석이 필요하다.

(2) 도크면(Dockside)의 시설은 하역과 서비스와 선박의 재접안에 안전하고 효과적일 것

최소 50피트(약 15.2m) 폭인 에이프런, 차량에 직접 접근할 수 있는 차로, 1,200평방피트(약 33.7평)의 승객 통로, 다리, 2개의 선박에 동시에 사용할 수 있는 4개의 가변형 갱웨이, 안전하고 덮개가 있는 창고지역, 선박을 위한 효과적인 결박장치 등이 필요하다.

(3) 터미널 빌딩

최대 80,000평방피트(약 2,248평)의 2층 터미널 빌딩이 필요하며, 이 터미널 빌딩에는 승객체크인, 대기실 등이 구비되어 있어야 하고, 세관 심사대, 수화물체크, 정보센터와 함께 공중화장실과 같은 편의시설이 갖추어져 있어야 한다.

(4) 보안

미국 연안 경비대의 요구에 따른 독립적이고 보안장치가 되어 있는 회의실이 구비되어야 한다.

(5) 차량 유통로

25대의 버스, 20대의 택시와 리무진, 트럭 승하차가 가능한 승객 승하차 지역, 약 7,000평방피트(약 197평)의 개인 승용차 승·하차 지역과 최소 250명의 승객을 위한 주차시설 등이 필요하다.

(6) 주요 생산유발을 위한 공간

터미널 건설비용을 지원하며 선박이 항구에 정박하지 않을 때, 터미널의 활기를 유지할 수 있도록 다목적으로 활용할 수 있는 공간이 있어야 한다.

(7) 대중과의 접근이 용이한 열린 공간의 확보

송영객들을 위한 공간을 포함한 대중의 접근이 용이한 열린 공간을 확보해야 한다.

(8) 관광지와 공항과의 접근성

지역 또는 지방의 관광지와 공항 간의 편리한 접근성이 장점인 새로운 터미널의 비용은 2~3억$로 추정된다. 실제의 터미널 비용은 시설의 실제크기와 모습, 준설, 규모, 피어, 재시공 등에 따라 다르다.

이상의 필요사항에 대한 이해를 위하여, 밴쿠버(Canada Place)의 크루즈 터미널, 스칸디나비아센터, 블랙 팔콘(Black Falcon) 크루즈 터미널의 사례를 비교하였다. 이들 3개의 크루즈 터미널은 대형(Canada Place), 중형(Scandinavian Center), 소규모(Black Falcon)의 크루즈 전용터미널의 사례로 크루즈 터미널이 필요한 다른 도시들에게 적합하고 유용한 예를 제공한다.

2) 중국의 크루즈 터미널

중국은 일찌감치 바다의 중요성을 인지하고 크루즈시장을 넓혀왔다. 그 결과 중국 동해안에는 세계적 규모의 크루즈 터미널들이 건설되었고, 권위 있는 크루즈선사들이 속속 모항으로 이용하고 있다. 중국의 대표적인 크루즈 터미널은 〈표 4-6〉과 같다.

표 4-6 | 중국의 대표적인 크루즈 터미널

구분 터미널		내용	사진
텐진 국제크루즈 터미널	위치	텐진 직할시	
	접안규모	크루즈선 6대 동시 입항 가능 총 선석 길이 : 2,000m	
	특이사항	50만 명의 승객유치 가능 '코스타크루즈'와 '로열캐리비언'의 모항. 2010년 6월 26일 운영 시작	
산야 국제크루즈 터미널	위치	하이난섬	
	접안규모	기존의 10만 톤급에서 25만 톤급 규모의 크루즈 터미널 건설 중 선석 길이 : 370m	
	특이사항	2006년 11월 운영 시작	
샤먼 국제크루즈 터미널	위치	푸젠성	
	접안규모	14만 톤급 크루즈선 입항 가능. 선석 길이 : 463m 이상	
	특이사항	2008년 6월 28일 운영 시작	
상하이 국제크루즈 터미널	위치	상하이직할시	
	접안규모	우송커우 국제터미널 완공으로 10만 톤급과 20만 톤급 동시접안 가능	
	특이사항	2010년 6월 말 운영 시작	
칭다오 국제크루즈 터미널	위치	산동성	
	접안규모	2010년 10월 2일 중국 북쪽지역 최대규모로 건설 계획 발표	
	특이사항	주요시설로는 수하물 사무실, 면세점, 식당, 우체국 등이 있음	
대련 국제크루즈 터미널	위치	요녕성	
	접안규모	13만 톤급 크루즈선 입항 가능한 선석 5개	
	특이사항	2004년 8월 운영 시작	
진황도 터미널	위치	화북성	
	접안규모	2개의 10만 톤급 부두를 가지고 있음	
	특이사항	2006년 3월 말 개보수 후 운영 시작	
선전 국제크루즈 터미널	위치	광둥성	
	접안규모	15만 톤급 입항 가능	
	특이사항	1981년 완공. 현재 2011-2020 Shekou Development Plan에 따라 새로운 크루즈 터미널 구상	

3) 밴쿠버 캐나다 플레이스(Canada Place)

Canada Place는 아주 적극적인 해안 개발의 결과로 태어난 현대적 크루즈 터미널로서 공공 편의시설 제공과 사계절 관광지로서의 개발 모형을 보여주는 아주 훌륭한 사례이다. 이 항구는 시민들과 일반관광객들이 사계절 관광지로서 잘 활용할 수 있는 성공적인 위치로 시내 중심부에서 도보로 접근할 수 있는 접근성이 뛰어난 항구이다.

표 4-7 | Canada Place의 현재 시설과 증축 계획

실내부지			
	현재시설	증축 예정	총 증축
크루즈 터미널	176,000sf(4,945평)	190,000sf(5,339평)	366,000sf(10,284평)
하역시설	31,000sf(871평)	–	31,000sf(871평)
버스터미널	11대	33대	44대
무역과 컨벤션센터	280,000sf(7,868평)	483,000sf(13,572평)	763,000sf(21,440평)
호텔(사무공간 포함 4층 규모)	500실	1,050실의 호텔	1,550실
상가	58,000sf(1,629평) 영화관, 레스토랑 포함	182,000sf(5,114평)	240,000sf(6,743평)
오락시설	–	80,000sf(2,248평)	80,000sf(2,248평)

옥외부지			
	현재시설	증축 예정	총 증축
3개의 선석	선석 1 : 1,030′(314m) 선석 2 : 1,070′(326m) 선석 3 : 443′(135m)	선석 3 : 600′(182m)	선석 1 : 1,030′(314m) 선석 2 : 1,070′(326m) 선석 3 : 1,043′(317m)
주차	750구역	1,100구역	1,850구역
일반출입공간	2.24acres(2,742평)	7.41acres(9,071평)	9.65acres(11,813평)

자료 : 저자 작성

Canada Place는 1997년에 약 300척의 크루즈선과 81만 7천 명의 승객이 방문하였다. 이 항구의 전체면적은 180만 평방피트(약 50,580평)이고, 터미널 시설면적은 17만 5천 평방피트(4,917평)이다. 그 밖에 터미널에는 컨벤션센터, 500개 객실 규모의 호텔, 아이맥스 영화관, 750대의 차량이 주차할 수 있는 주차장시설을 갖추고 있

다. 부속시설로는 광장, 산책로, 상가와 식당가 등이 있다.

샌프란시스코는 Canada Place처럼 대형 크루즈 터미널을 필요로 하지 않는다. 여객서비스법의 변화에 기초하여 밴쿠버항처럼 매년 많은 크루즈선박을 받지 않을 것이다. 그러나 Canada Place는 승객 편의시설을 갖춘 성공적인 모항 크루즈 터미널의 중요한 모델로서 샌프란시스코의 성공모델이 되고 있다. 실제로 Canada Place는 승객들에게 필요한 주차공간, 하역공간 등을 제공하며, 일반인의 출입과 관람이 가능하고, 승객 휴게실과 대기장소의 공간을 마련해 두고 있다. 또한 호텔, 레스토랑, 상가 등을 터미널 안에서 쉽게 이용할 수 있는 이점이 있다.

Canada Place 전경

Canada Place의 정박 모습

Canada Place 전경 ①

Canada Place 전경 ②

그림 4-1 | 캐나다 플레이스 전경(1)

Canada Place와 Ballantyne 터미널 ①

Canada Place와 Ballantyne 터미널 ②

Ballantyne 크루즈항 전경

Ballantyne 터미널

그림 4-2 | 캐나다 플레이스 전경(2)

4) 스칸디나비아센터(Scandinavia Center)

1990년에 Pier 30, 32에 건설예정이었던 크루즈 터미널은 샌프란시스코의 현대적 크루즈 터미널을 위해서 적당한 크기로 비교되었다. 공사비용 1억 9천6백만 달러로 하루 평균 최대 수용인원인 6천 명의 승객을 처리할 수 있는 10만sf(2,810평)의 다목적항을 개발할 계획이었다. 그러나 이 프로젝트는 자금부족으로 실패하게 되었다. 〈표 4-8〉은 크루즈 터미널의 공간계획을 요약한 것이다.

표 4-8 | 스칸디나비아센터 공간계획

용도	크기
선석	
선석의 수	2
선석 길이	1,000피트(305m)
선석 길이	900피트(274m)
옥외지역	
승하차장	7,000sf(196평)
버스대기	15구역
용도	크 기
택시대기실	20구역
에이프런(폭)	55피트(16.7m)
주차	
장기 주차장	없음
단기 주차장	250구역
크루즈 터미널 직원 주차장	50구역
옥내지역	
승객 체크-인	16,500sf(464평)
승객 대기장소	46,500sf(1,307평)
통관사무실	2,000sf(56평)
세관 출입국 심사지역	1,600sf(45평)
사무창고	11,600sf(326평)
선박창고	8,500sf(239평)
터미널 하역장	13,300sf(374평)
총 옥내 합계	100,000sf(2,810평)

자료 : Scandinavia Center, Inc., 1990

5) 블랙 팔콘 터미널(Boston's Black Falcon Terminal)

보스턴의 블랙 팔콘 터미널의 시설은 문제가 조금 있지만 샌프란시스코의 좋은 토지이용모델이기 때문에 크루즈여행의 비수기에 터미널을 마케팅하는 데 있어 흥미로운 사례를 제공해 주고 있다.

보스턴 팔콘 크루즈 터미널 시설과 정박

보스턴 팔콘 크루즈 터미널의 전경

그림 4-3 | 보스턴 블랙 팔콘 터미널

블랙 팔콘 터미널은 보스턴시내 중심지로부터 1마일 거리에 위치하고 있다. 이 터미널은 19,000sf(534평)의 크기에 연간 62척의 크루즈선 기항지이다. 이 터미널은 방문객 정보센터, 여객 휴게시설, 통관, 수화물 처리, 지상교통, 승객 승하차장 등의 공간을 확보하고 있다. 부속시설로는 실내 주차장과 1,100구역의 옥외 유료주차장이 있다. 최근에 이 터미널의 상업적 활용을 위하여 확장계획을 세우고 있다. 이 크루즈 터미널은 크루즈여행 비수기에 무역전시회, 국제회의, 1,500개의 그룹이 특별한 이벤트 파티의 유치를 위하여 이벤트장소로서 적극적으로 홍보하고 있다.

보스턴은 대규모 이벤트와 파티장소가 부족한 것에 비해 블랙 팔콘 터미널은 생동감 있고, 경관이 훌륭하여 이와 같은 활동에 적합할 것으로 판단되고 있다. 또한 이 크루즈 터미널은 뮤직비디오, 패션쇼, 영화촬영 등의 장소로서 홍보되고 있다.

블랙 팔콘 크루즈 터미널은 크루즈선이 항구에 방문하지 않는 비수기에 살아 있는 공간으로서 크루즈 터미널을 활용하는 성공적인 사례를 샌프란시스코에 보여주고 있다.

최근 블랙 팔콘 크루즈 터미널은 캐나다 연안과 대서양에서 카리브해로 가는 크루즈선의 주요 출발항으로 발전하고 있으며, 한 해에 100척의 크루즈선과 225,000명의 승객을 처리하고 있다.

3. 크루즈 터미널의 건설기준

1) 크루즈 터미널 겸 목적 사용 사례

(1) 호텔과 겸용

그림 4-4 | 보스턴 팔콘 크루즈 터미널

표 4-9 | 보스턴 팔콘 크루즈 터미널

구분	내용
면적	19,000sf(약 534평)
연간 기항지 이용 선박	62척
주차장	1,100구역
이용시설	정보센터, 여객 휴게시설, 통관, 수화물 처리, 지상교통, 승객 승하차장

(2) 상가와 겸용

오션터미널이 위치해 있는 구룡반도 최남단은 대규모의 Harbour City Complex로 이루어져 있다. [그림 4-5]의 아래 그림에서 보는 바와 같이 A구역에는 고급의류상가와 각종 오락시설, 극장, 음식점, 그리고 금융시설 등이 들어서 있고, B구역은 젊은 연령층을 대상으로 하는 패션의류상가와 전자상가, 가구 및 생활용품점들이 입점해 있는 쇼핑몰이다. 오션터미널은 5층 높이의 건물로서 1층부터 3층까지는 쇼핑몰이 형성되어 있고, 4층과 5층은 주차장으로 설계되어 있다. D구역에는 보석상가, 중국 전통수공예품, 골동품을 판매하는 상점들이 위치해 있다.

그림 4-5 | 홍콩 오션 터미널

표 4-10 | Harbour City시설 현황

Zone A (Harbour City)	• 고급의류상가, 오락시설, 극장 5개, 음식점, 은행
Zone B (Ocean Centre)	• 패션의류상가, 전자상가, 가구 및 생활용품점
Zone C (Ocean Terminal : 58m×305m)	• Marine Deck : 어린이용 오락시설 • Deck 1 & 2 : 고급의류상가 가구 및 생활용품점 식당 • 4층, 5층 : 주차장
Zone D (The Marco Polo Hongkong Hotel Arcade)	• 남성의류, 보석상가, 중국전통 수공예품, 골동품점

(3) 대규모 복합터미널

그림 4-6 | 캐나다 플레이스(Canada Place)

표 4-11 | 캐나다 플레이스(Canada Place)

주요시설	
크루즈 터미널	176,000sf(4,945평)
하역시설	31,000sf(871평)
버스터미널	11대
무역과 컨벤션센터	280,000sf(7,868평)
호텔(사무공간 포함 4층 규모)	500실
상가	58,000sf(1,629평) 영화관, 레스토랑 포함
3개의 선석	• 선석 1 : 1,030′(314m) • 선석 2 : 1,070′(326m) • 선석 3 : 443′(135m)
주차	750구역
일반출입공간	2.24acres(2,742평)

(4) 소규모 복합터미널(싱가포르 크루즈센터)

그림 4-7 | SCC 국제여객터미널

표 4-12 | SCC의 국제여객터미널 서비스

크루즈 여객선을 위한 서비스	승객을 위한 서비스
• 공조시스템을 갖춘 출발, 도착홀 • 터미널과 선박의 연결 브리지 • 승객 갱웨이 • 수화물 컨베이어벨트 • 지게차 • 담수 공급 파이프라인 • 선박과 터미널 간의 전화시설 • 수화물 컨베이어 • 트래벌레이터(Travolator) • 장애인시설	• 전자보관실 • 리무진택시 • 무임 수화물 트롤리 • 면세점 • 음식점 • 환전소 • 은행 • 편의점 • 약국 • 우체국 • 한방병원, 병원

2) 주요시설 기준

(1) 에이프런

에이프런(Apron)은 터미널 건물과 항구에 접안한 선박 사이의 유휴공간으로 여러 가지 작업 및 환영행사 등으로 유용하게 쓰이는 공간이다.

최소 15.2m이고(산업표준 15.24m), 스칸디나비아센터 크루즈 터미널 에이프런은 55피트(약 16.7m)이다.

런던 크루즈 터미널 에이프런

시드니 크루즈 터미널 에이프런

그림 4-8 | 에이프런(1)

밴쿠버 Canada Place 에이프런

Internation Ferry Terminal

그림 4-9 | 에이프런(2)

(2) 선석 길이

항만 시설물설계 부두길이 기준에 의하면 선 수미 호수 구멍에서 부두의 계선까지의 거리공식은 L=(선박의 반폭+1m)tan60"이다. 따라서 G/T 80,000급 크루즈선박 부두의 최소길이는 선박길이(300m)+계선거리(300+29+29) 약 360m이다.

표 4-13 | 계산표

전장	선폭	흘수	Capacity	소요 부두길이
LOA 300m	B 33m	d 8m	G/T 80,000	360m
LOA 200m	B 29m	d 7.5m	G/T 40,000	260m

(3) 갱웨이

갱웨이(Gangway)는 크루즈선박과 터미널시설을 연결하는 통로를 의미한다. 이러한 갱웨이는 원활한 이동을 위하여 최대 4개의 가변형 갱웨이가 필요하다. 이동식 갱웨이일 경우 경제성 측면에서 최소 2개의 갱웨이가 가능하다.

시드니 크루즈 터미널 갱웨이

홍콩 오션 크루즈 터미널 갱웨이

런던 크루즈 터미널 갱웨이 ①

런던 크루즈 터미널 갱웨이 ②

그림 4-10 | 갱웨이

(4) 돌핀

돌핀(Dolphin)은 선박의 정박을 위한 로프를 고정시키는 시설이다. 이러한 설비는 선박의 하중에 대한 적절한 내구성과 간격을 고려하여 설치한다. 특히 시드니항과 같은 전통적인 형태와 밴쿠버항과 같이 미와 실용성을 겸비한 형태로 볼 수 있다. 또한 말레이시아와 같이 이동식 돌핀시설도 주목할 필요가 있다.

시드니 크루즈 터미널 돌핀

밴쿠버 Canada Place 터미널 돌핀

그림 4-11 | 돌핀

(5) 펜더

펜더(Fender)는 부두안벽과 선박의 충돌에 의한 손상을 방지하기 위한 시설로서 선석안벽 고정형 펜더와 이동형 펜더, 공모양의 구형 펜더가 있다.

그림 4-12 | 선석안벽 고정형 펜더

그림 4-13 | 이동형 펜더(밴쿠버 Canada Place 터미널)

(6) 터미널

- 스칸디나비아센터의 경우 약 2,248평의 2층 터미널로서 600명 정도의 승객을 처리할 수 있고 보스턴 블랙 팔콘 터미널은 1만 9천 평방피트(약 534평)로 연간 62척 처리가 가능하다.
- 엘리베이터, 에스컬레이터, 트래벌레이터(장애자용)

그림 4-14 | 캐너버럴항 크루즈 터미널 내부

(7) CIQ시설 및 관련사무소 면적

CIQ시설은 세관과 크루즈선사 모두 만족할 만한 규모여야 한다. 스칸디나비아센터 크루즈 터미널의 경우 〈표 4-14〉와 같이 총 10만 평방피트(약 2,810평)의 크기이다.

표 4-14 | 크루즈 터미널 크기

구분	크기
승객 체크-인	16,500sf(464평)
승객 대기장소	46,500sf(1,307평)
통관 사무실	2,000sf(56평)
세관 출입국 심사지역	1,600sf(45평)
사무 창고	11,600sf(326평)
선박 창고	8,500sf(239평)
터미널 하역장	13,300sf(374평)
총 옥내 합계	100,000sf(2,810평)

그림 4-15 | 싱가포르 크루즈센터

(8) 수화물 컨베이어벨트

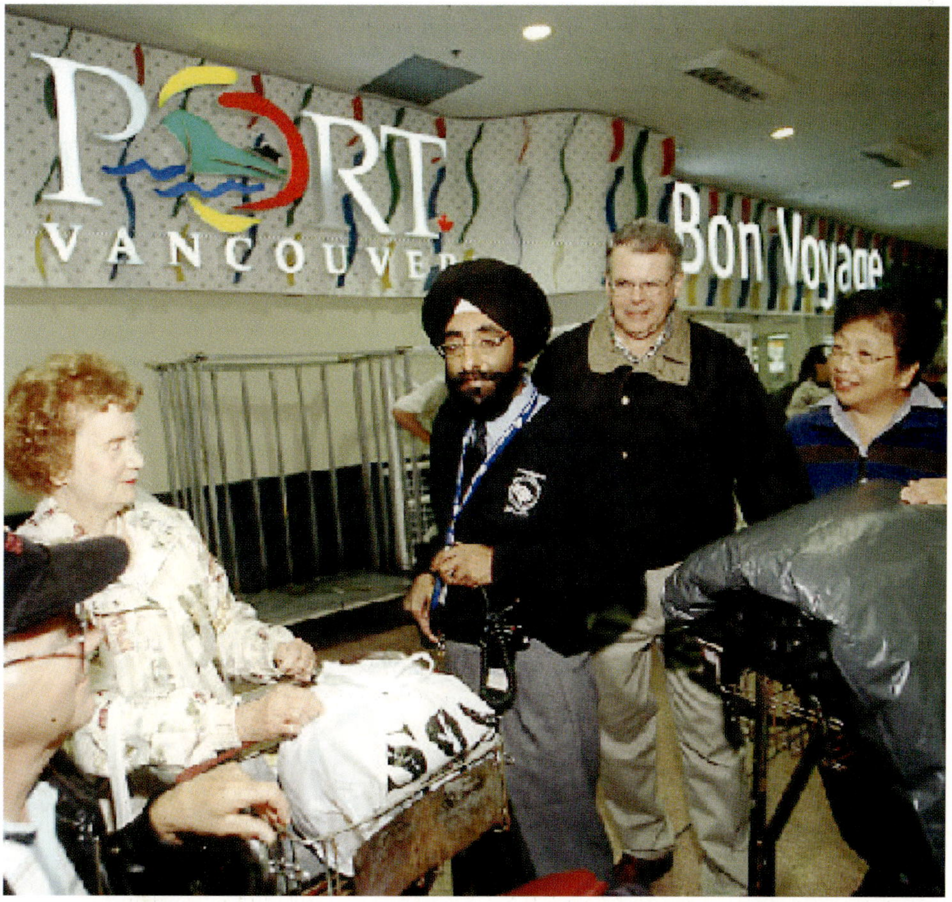

그림 4-16 | 밴쿠버 Canada Place 터미널

(9) 환경오염 방지시설

해운상 오염은 재난에 의한 원유 운반선의 사고나 선박운항 중 기름 누출 등에 의해 발생한다고 생각되어 왔다. 1970년대 이후부터 바다의 오염문제를 전 세계가 차츰 인식했으나, 그 규제나 문제해결 등은 근본적으로 고려되지 않았다. 배에서 나온 폐기물을 방출하고, 오수, 쓰레기들, 그리고 화학제품을 운반하는 선박, 컨테이너로 운반되어지는 위험성 물질의 노출 등으로 환경이 파괴되어 왔던 것이다.

1990년 초까지도 오염의 원인으로서 선박 자체를 충분히 고려하지 않았다. 그러나 그 후부터 첫 번째로 공기오염에 이어, 방오 페인트 그리고 밸러스트 워터가 해운오염의 주요 원인으로 부각되었다. 해상운송을 환경적인 쟁점의 넓은 범주로 관련시켜 현재 알려지게 되었다(그림 4-17 참조).

하수, 오수, 쓰레기, 배기의 배출, 휘발성 혼합물, 오존파괴가 문제되는 클로로플루오르카본과 소화기용 소화제로 많이 사용되는 할론가스 등 대부분 육지에 기초한 환경문제의 관심사도 해상운항과 연관되어 있다. 그러나 이런 것 이외에 항해 중인 배에서는 선체의 손상과 연료오일 또는 화물로부터의 오염물질 유실, 밸러스트 워터로 인한 살아 있는 미생물의 전이와 화학적 오염, 배 밑에 부착물이 엉겨붙어 생명파괴로 이어지는 선체의 도료와 같은 문제가 대두되고 있다.

오염을 발생시키는 선박은 환경적 영향의 범위와 연관되고 지역적, 전 세계적인 환경단체의 관심사가 될 수 있다. 모든 배의 라이프 사이클 동안의 활동범위는 건조에서부터 폐기될 때까지 환경에 영향을 준다.

[그림 4-17]은 선박운항 중 환경오염에 영향을 줄 수 있는 물질의 종류 및 범위를 나타내고 있다.

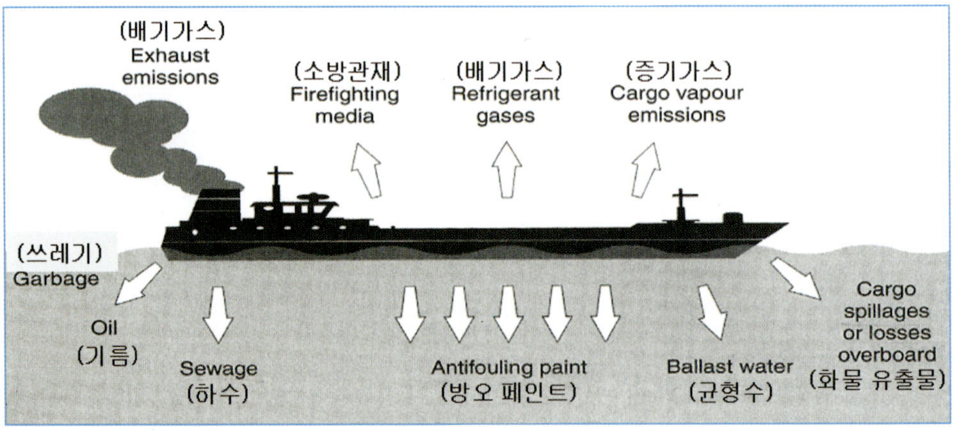

그림 4-17 | 선박에서 나오는 각종 오염물질

니스 크루즈항의 사례를 보면 25m³와 14m³의 쓰레기처리 컨테이너와 오염된 물과 하수처리시설이 되어 있다.

그림 4-18 | 니스 크루즈항

3) 편의시설

(1) 승 · 하차 공간

25대의 버스, 20대의 택시와 리무진 가능(터미널 내에서 버스가 회전 가능할 것)

시드니 크루즈 터미널 승 · 하차장 | 밴쿠버 Canada Place 터미널 하차장

그림 4-19 | 승 · 하차장

(2) 주차장

최소 197평의 개인 승용차 승·하차 지역과 250명 수용규모의 주차시설

밴쿠버 Canada Place 터미널 주차장 입구 ①

밴쿠버 Canada Place 터미널 주차장 입구 ②

그림 4-20 | 주차장(1)

밴쿠버 Canada Place 터미널 내 주차장 ①

밴쿠버 Canada Place 터미널 내 주차장 ②

그림 4-21 | 주차장(2)

(3) 화장실, 인터넷 카페, 도서관

그림 4-22 | 인터넷 카페 및 도서관

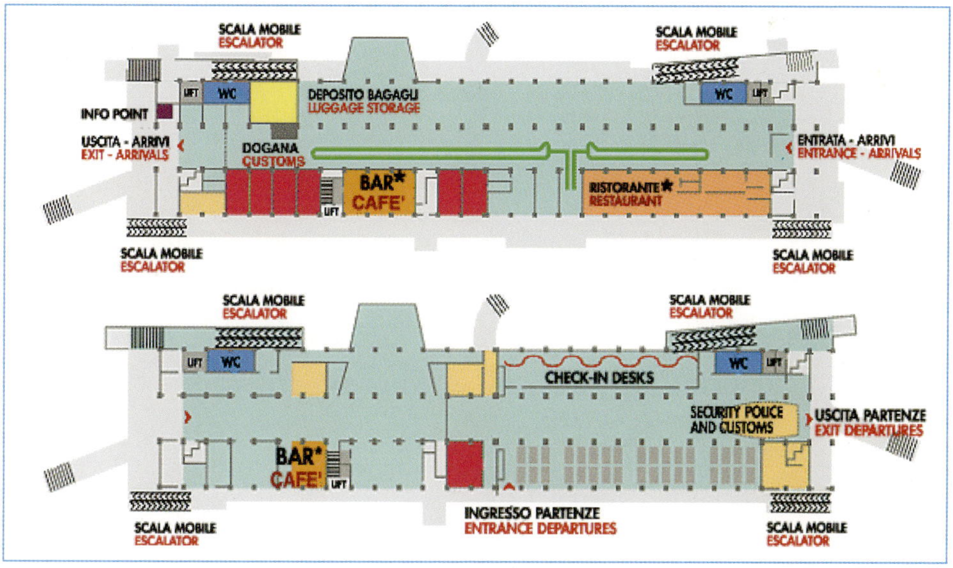

그림 4-23 | 베니스 크루즈 터미널 GROUND FLOOR(상), FIRST FLOOR(하)

(4) 관광정보센터

그림 4-24 | 밴쿠버 Canada Place 터미널

(5) Baggage Trolleys

그림 4-25 | 영국 런던 크루즈 터미널

(6) 승선 전 · 후 대기 라운지

그림 4-26 | 시드니 크루즈 터미널

그림 4-27 | 홍콩 오션 터미널

(7) 우체국, 약국, 환전소(은행)

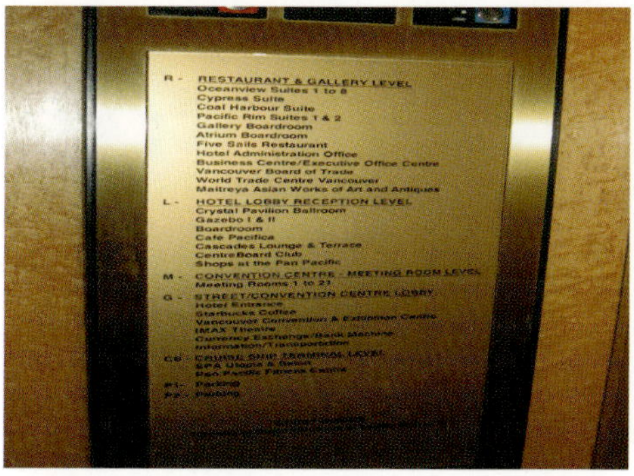

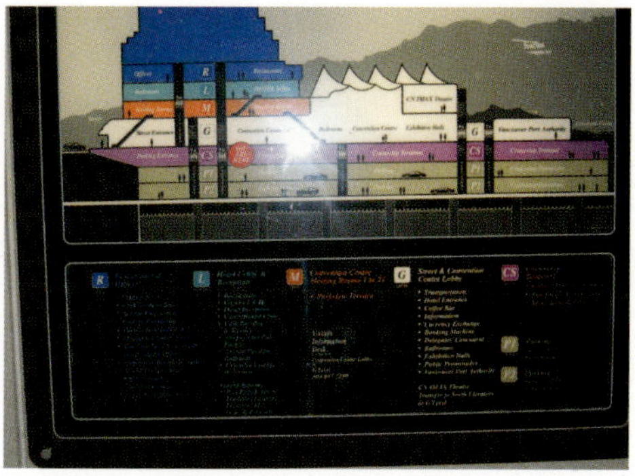

그림 4-28 | 밴쿠버 Canada Place 터미널

(8) 면세점

그림 4-29 | 면세점

(9) 환영 · 환송장

동경 하루미 터미널의 환영 · 환송 데크

밴쿠버 Canada Place 터미널

그림 4-30 | 환영 · 환송장

(10) 극장

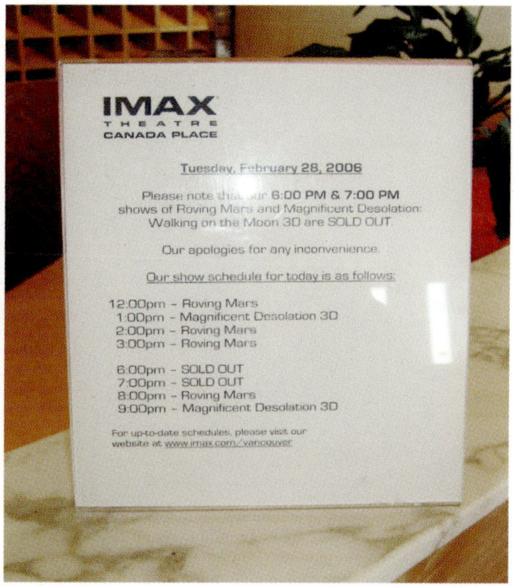

그림 4-31 | 밴쿠버 Canada Place 터미널 아이맥스 영화관

4) 권장시설

(1) 주요 생산유발 공간의 확보 : 전시장

그림 4-32 | 밴쿠버 Canada Place 터미널의 생산유발 시설들

(2) 용수공급 파이프라인

그림 4-33 | 시드니 크루즈 터미널

(3) 정비 및 수리시설(충전소)

그림 4-34 | 시드니 Circular Quay 크루즈 터미널 정박 수리소 및 충전소

(4) 용품 공급

그림 4-35 | 사우스햄튼 크루즈 터미널

(5) 부품 및 요트관련 장비 백화점

그림 4-36 | 잡화점

(6) 흡연 및 라운지

그림 4-37 | 시드니 크루즈 터미널

(7) 해상주유소 및 주유선

그림 4-38 | 시드니 크루즈 터미널

제3절 아시아의 주요 크루즈항과 터미널

1. 아시아의 주요 크루즈항 분석

전 세계적으로 크기에 상관없이 크루즈선박이 기항할 수 있는 항은 400곳이 넘는다. 이 중에서 기항지로서 수요가 많은 지역은 선박과 승객의 수요에 적합한 시설과 서비스를 제공할 수 있는 크루즈 전용터미널이다.

1) 싱가포르 크루즈센터

싱가포르 크루즈센터는 아시아・태평양을 향한 크루즈 교통의 중심지로 5천만 달러의 비용을 들여 싱가포르 항만사(PSA)에 의해 건설되었고, 1992년 6월에 개장되었으며 1개의 크루즈 전용터미널(IPT : International Passenger Terminal)과 3개의 페리 터미널로 구성되어 있다.

(1) 국제여객터미널(IPT) 선석 현황

국제해상여객의 항만시설로서 3개의 선석이 있고, 각각 300m, 250m, 180m의 폭으로 설계되어 중형과 대형 크루즈선박을 수용할 수 있으며, 수심 12m로 축조되어 일반적인 크루즈선박을 수용하는 데 별 무리가 없다. 또한 도심과의 접근성과 육상교통 연계성이 높아 승객의 이용편리성이 좋은 편이다.

(2) 터미널 서비스

표 4-15 | 터미널 서비스

크루즈 여객선을 위한 서비스	승객을 위한 서비스
• 공조 시스템을 갖춘 출발, 도착홀 • 터미널과 선박의 연결 브리지 • 선박과 터미널 간의 전화시설 • 수하물 컨베이어벨트 • 트래벌레이터(장애자용) • 담수공급 파이프라인 • 지게차 • 수하물 컨베이어 • 승객 갱웨이 • 장애인시설	• 면세점 • 음식점 • 환전소 • 은행 • 편의점 • 약국 • 우체국 • 전자보관실 • 한방병원, 병원 • 리무진 택시 • 무료수하물 트롤리

자료 : www.singaporecruise.com

2) 홍콩 오션 터미널

홍콩의 구룡반도 남단에 위치해 있는 빅토리아항에는 공항까지의 거리가 버스로 1시간, 택시로 40분 정도 소요되어 지역적 연계가 좋고, 크루즈 전용터미널인 오션터미널 이외에 차이나 페리 터미널, 스타 페리항이 있다. 항만 복합시설과 업무상업센터, 영화관과 호텔, 그리고 600여 개의 소규모 상점들이 터미널과 연결되어 있다.

(1) 선석 현황

2개의 선석을 가지고 있으며, 남쪽 선석의 길이가 381m, 북쪽 선석의 길이가 320m로 북쪽 선석의 길이가 남쪽 선석의 길이보다 61m 짧다. 흘수 역시 남쪽 선석이 10.67m이고, 북쪽 선석이 8.5로 2.17m 얕게 설계되어 있다. 따라서 남쪽 선석에는 2대의 중형 크루즈선박이 접안할 수 있다.

선석의 폭은 76.2m로 선석 상부의 터미널 건물이 58m, 남쪽 선석과 북쪽 선석에 각각 9m 폭의 에이프런이 있다.

표 4-16 | 선석 현황

수심	11m
길이	남쪽 선석 381m, 북쪽 선석 320m
폭	76.2m
에이프런 폭	9.0m
흘수	남쪽 선석 10.67m, 북쪽 선석 8.5m
최대 배수량	50,000톤
최대 LoA	남쪽 선석 290m, 북쪽 선석 270m
갱웨이	각 선석에 3개의 갱웨이 설치
용수공급능력	시간당 60톤

자료 : www.oceanterminal.com

(2) 터미널 시설 현황

구룡반도 최남단은 대규모의 '하버시티 복합시설'로 이루어져 있고 오션터미널과 바로 연결되어 있다. 오션터미널은 5층 높이의 건물로 1층부터 3층까지는 쇼핑몰로, 4, 5층은 주차장으로 설계되어 있으며, 승객들은 건물 2층에서 바로 선박에 승선할 수 있도록 되어 있다.

3) 일본 하카타 터미널

하카타항은 후쿠오카시에 의해 운영되고 있으며, 고베를 기준으로 서쪽 지방에 있는 유일한 항구이며, 지정학적으로 한국과 중국으로의 접근성이 좋다.

(1) 하카타 부두

하카타 부두에서는 쓰시마섬, 이끼섬, 그리고 교토로 향하는 페리를 운항하고 있으며, 연평균 156만 명의 승객이 이용하고 있다.

하카타 부두에는 길이 105m, 147m의 선석 2개가 있으며, 터미널 면적은 각 5,790m^2와 3,600m^2이고, 터미널 주변에는 3개의 공원이 조성되어 있다.

표 4-17 | Hakata Pier의 터미널 시설 현황

구분		규모
선 석	No. 2	수심 5.5m, 길이 105m
	No. 3	수심 7.5m, 길이 147m
터미널	#1	전체면적 5,790m²
	#2	전체면적 3,600m²
기타 시설	편의시설	3,360m²
	Hakata Port Tower	높이 100m
	Central Square	1,800m²
	Sunset Park	4,000m²

자료 : 한국문화관광정책연구원

(2) 중앙부두

중앙부두(Chuo Wharf)는 1993년 4월부터 서비스를 시작하였고, 부산과 후쿠오카를 왕래하는 페리 서비스를 하고 있다. 2001년에 약 46만 명의 국제여객을 처리했으며, 중앙부두의 선석이 12개, 수심은 5.5~10m, 선석의 길이는 130~556m로 다양하게 구성되었다.

표 4-18 | 중앙부두 현황

구 분		선석의 수	수심(m)	길 이
선 석	NO. 3	1	7.5	130
	NO. 4~6	3	10.0	556
	NO. 7~8	4	5.5	360
	NO. 9~11	3	7.5	390
	NO. 12	1	6.5	161

- 1개의 국제여객터미널 : 11,230m²
- 32개의 용수공급시설
- 일반화물을 위한 창고 : 17,765m²
- 화물분류창고 : 4,623m²
- 야적장 : 58,790m²

자료 : 한국문화관광정책연구원

제4절 한국의 크루즈항 건설 전망

1. 아시아권 기항지 현황

항공 연계상품이 비싸고, 장기간 여행으로 인한 휴가일수의 문제로 아시아 권역으로의 크루즈여행에는 제약이 따르며, 싱가포르와 홍콩, 일본을 제외하고는 적절한 기반시설과 서비스를 제대로 갖추지 못한 실정이다. 극동아시아지역 크루즈는 세계일주 혹은 알래스카 기항 후 대양주나 동남아시아로 가기 위해 기항하는 비정기적인 일정으로 진행되며, 일본은 기항지로 정착되어 있다. 싱가포르 스타크루즈, 일본은 유센 크루즈(NYK)사, 일본크루즈, 미쓰이객선, 서일본기선을 보유하고 있고 세계로 운항한다.

2. 국내 기항지 현황

우리나라는 현재 3면이 바다로 둘러싸인 해양국가로서 많은 관광목적지를 가지고 있으나 국제무대를 배경으로 하여 운항하는 곳은 한 곳도 없는 실정이다. 부정기적으로 운항하는 국제크루즈선이 1980년대 중반부터 다소 증가하여 부산, 인천에 잠시 기항하여 하루 정도 머물고 있으며, 2005년에는 클리퍼 크루즈선사의 다이아몬드 프린세스호와 퍼시픽 프린세스호가 부산항에 기항하였다.

2006년에는 세계 최고의 럭셔리 크루즈선사인 실버시 크루즈와 바다 위의 콘도인 더월드 크루즈가 부산에 기항하였고, 오세아니아 크루즈가 2006년 인천(서울)에 기항하였다.

1) 국내외 크루즈선사 현황

(1) 국외 크루즈선사 및 선박 현황

세계의 주요 크루즈선사는 카니발크루즈, 로얄캐리비언크루즈, 아시아의 스타크루즈 등의 3대 크루즈선사 그룹으로 구성된다. 최근 크루즈선박은 규모면에서 대형화되는 추세를 보이고 있으며, 2000년대에 들어 초대형 선박(VLCV)이 주문되면서 10만 톤 이상의 크루즈선박이 증가하는 추세이다.

(2) 국내 크루즈선사 및 선박 현황

국내는 아직 규모가 작은 내항 여객선 운송을 하는 사업체로서 소규모 선사가 대부분이고 국내의 선사가 보유하고 있는 선박의 종류는 주로 여객선 수준밖에 미치지 못하는 실정이다.

표 4-19 | 선박의 종류

구 분	보유척수	내 용
일반선	19	운항속력이 15노트 미만인 여객선
고속선	13	운항속력이 15노트 이상 20노트 미만인 여객선
쾌속선	6	운항속력이 20노트 이상
초쾌속선	24	운항속력이 35노트 이상인 여객선
차도선	80	차량 탑재구역이 상시 개방되어 있고 차량의 적·양화와 여객의 승·하선이 주로 선수램프를 거쳐 이루어지는 여객선
카훼리	12	차량 탑재구역이 폐위된 자동차 운송 겸용 여객선
총 계	154	

자료 : 한국문화관광정책연구원
한국해운조합, 2005 여객선 및 업체현황

표 4-20 | 국내 크루즈 전용항 개발 현황 및 계획

부산항	규모 : 북항에 크루즈정박항 1선석(2006년 완공 예정) 크루즈선 접안규모 : 8만 톤 8척 동시에 접안가능(장기)
제주 외항	규모 : 제주항 동북쪽에 8만 톤 크루즈선 1척(2007년 완공 예정), 2~3만 톤의 대형 선박 7척(2020년 완공)
진해시 속천항	규모 : 속천 1지구에 크루즈선 5척 예상(2008년 말까지)
목포항	Two Port 계획(크루즈선 유치)
포항항	동해~포항~울릉도~독도를 잇는 크루즈노선 개발, 부산~울산~포항~속초~청진~자루비노~블라디보스토크 항로 개발
평택 당진항	한국-중국-일본을 잇는 국제크루즈선 운항
속초항	10만 톤 크루즈 전용항 건설 검토

자료 : 한국문화관광정책연구원

2) 파급효과 분석

(1) 경제적 파급효과

관광소비에 의한 파급효과는 크루즈사업 투자에 의한 파급효과보다 2.7~17배 높게 발생한다. 또한 크루즈선이 기항하는 기항지의 직접외화 수익을 사례를 적용하여 검토하면, 기항지당 10,080~17,600천 달러의 외화수입이 발생하는 직접효과가 있다.

표 4-21 | 경제적 파급효과

구분	1만 톤	2만 5천 톤급	비고
관광투자 총파급효과	2,042	5,514	
생산파급효과	1,214	3,278	
고용파급효과	1,546	4,175	명
소득파급효과	265	717	
부가가치파급효과	514	1,388	
조세파급효과	49	131	

자료 : 한국문화관광정책연구원

(2) 사회문화 및 정책적 파급효과

국내 크루즈산업의 사회문화 및 정책적 파급효과로는 무역업(관광)의 산업기반 마련으로 경쟁력 제고, 생산기반 전환, 지역주민의 생활수준과 삶의 질 향상, 자연문화 자원의 보전과 개발, 국제문화교류의 증진, 수도권과 남해안, 영・호남의 동반발전에 기여 등을 들 수 있다.

3) 국내 경쟁 항구와의 경쟁성 분석

한국의 경우 크루즈선이 입항 가능하고, 전용항 개발을 시도 중인 항구로서 제주항이 있으며, 향후 경쟁적 위치에 있는 항구는 인천항과 부산항이 있다.

특히 부산항의 경우, 선석의 길이 및 시설이 입항 가능성이 있는 선박에 대한 상황이 고려되지 않고 대형화만 주장하는 문제점과 터미널의 시설과 규모를 주변 경관이나 연계항만과의 고려 없이 추진되는 문제점을 가지고 있는 것으로 생각된다. 또한 터미널 건물이나 접안시설이 후발주자로서의 혁신성이나 구체적 대안이 결여되어 있는 문제를 안고 있다.

4) 외국 경쟁 항구와의 경쟁성 분석

외국의 경우 크루즈선의 기항지로 이용되는 항구가 약 400여 개로 추산된다. 그러나 크루즈 여행객이나 크루즈선이 입항을 선호하는 항구는 앞에서 분석한 대로 도시중심형이거나 자연친화형 경관중심의 항구가 베스트 항구로 선택되고 있다. 따라서 자연적 입지에 적합하고 배후 경제수준에 적합한 요트마리나 등의 복합적인 시설과 해양도서관으로 활용할 수 있는 문화복합적인 터미널로서 혁신적 상징성을 부여하지 않으면 소기의 목적을 달성하기 어렵다.

특히, 크루즈선사의 경험이 많은 일본의 경우 경제성을 고려한 선박의 제원으로 선체길이 150m 이상~200m 이하, 승객 600명 내외, 속력 20노트 전후를 이상적으로 판단하고 있는 점을 고려해야 할 필요가 있다. 따라서 한국의 크루즈항이 국제경쟁력을 갖추기 위해서는 첫째, 중소규모, 특수목적의 크루즈선 입항에 적합한 시설, 둘째,

해양도서관, 크루즈 선원학교 등 적합한 터미널 건물 내의 문화적 생산성을 고려하고 혁신성을 가미한 시설의 도모, 셋째, 인구 및 경제규모, 자연환경, 지역규모에 적합한 한국형 크루즈항의 기준을 비교분석, 넷째, 연계항구 분석에 의한 장점의 선택 및 크루즈선사의 항로분석에 의한 조건의 정밀한 고려와 같은 4가지 전제조건을 고려할 필요가 있을 것으로 판단된다.

그러므로 한국의 입장에서는 크루즈항의 개발목표를 다목적항으로 결정하는 것은 이론의 여지가 없다. 그러나 보다 미래지향적인 발전을 도모하기 위해서는 요트마리나 겸용항구로 개발하는 것이 여타 세계의 크루즈항들이 고민하고 있는 문제의 대안이 될 수 있다. 후발 주자로서의 한국의 입장에서는 화물이나 일반 여객선의 겸용항보다 미래의 가치를 좀 더 창출할 수 있는 강력한 콘셉트가 필요하며, 이러한 관점에서 동북아 최고의 아름다운 요트마리나와의 겸용항으로 개발하면 소기의 목적을 달성할 수 있을 것이다.

이것은 한국의 크루즈항이 국제무역지구 및 관광항구로서의 위상을 세계에 각인하기 위해서는 비교적 자유로운 입・출항과 항구의 아름다움을 극대화시켜 줄 수 있는 크루즈와 요트세일링의 동북아 모항으로서 개발하는 것이 무엇보다도 필요하며, 해안선의 아름다움을 한껏 세계에 과시할 수 있을 것이다.

한국의 크루즈항이 단기간에 세계의 대형 크루즈선을 유인하기에는 여러 가지 한계를 가지고 경쟁할 수밖에 없을 것이다. 이에 대한 현명한 대안은 규모와 경제성에 적절한 크루즈선사를 타기팅하여 집중적인 마케팅을 해야 한다. 따라서 이러한 시설로서 대형 크루즈선의 수용시설과 함께 규모에 적절하고, 효율적인 윈드스타와 같은 고급형 중소형 요트크루즈선의 유인이 적합한 효과를 가져올 것이다.

향후 크루즈선의 입항과 동시에 요트크루즈선의 장기체류에 대비한 복합적인 시설의 대비책과 함께 이동식 핑거・폰톤장치・펜더・용수 및 송전시설・주유시설 등을 고려하는 것이 필요하다.

크루즈선 입항에 대비한 용수 및 송전시설은 크레인 등 하중에 문제가 없도록 개폐식 설치방안을 모색해야 한다. 특히, 요트 겸용항으로 개발할 경우 터미널 전망의 품격을 높여줄 것이며, 윈드스타 등 대형 고급 메가요트형 크루즈선의 유치를 가능하게 하고, 국내 및 전 세계 요트맨들의 모항이 될 수 있을 것이다.

한반도의 경우 세계적인 조수간만의 차이, 복잡한 리아스식 해안선 및 무질서한 그물투척 등 해양장애물로 인해 요트항해에 어려운 조건을 가지고 있다. 그러나 남해안에 요트 겸용 크루즈항을 개발할 경우 적절한 풍속, 따뜻한 기온, 청정한 바다 등으로 전 세계 요트인을 유인할 수 있다. 특히 상하이나 톈진 등 중국을 방문하려는 일본이나 전 세계 국가들의 요트맨들에게 기항 항으로서의 역할을 할 수 있으며, 장기숙박 관광객을 유치할 수 있고, 요트 연관산업의 발전을 가능하게 할 수 있을 것이다.

이러한 개발은 향후 가장 역사가 깊고 서구의 관심이 집중되어 있는 '아메리카즈컵'의 훈련장 및 나아가 경연장으로서 세계의 주목을 받을 수 있는 기반이 될 것이며, 후세에 남겨줄 수 있는 최고의 해양유산이 될 것이다.

3. 크루즈산업의 기반조성 및 법 · 제도 개선 전략

1) 크루즈산업의 기반조성 전략

(1) 0.5차 산업을 위한 해양관광산업의 기반 마련

크루즈사업은 국민관광성향과 외국의 사례를 볼 때 지금이 기반을 마련하기 위한 최적의 시기로, 실기한다면 관광수익 창출에 많은 영향을 미칠 것이다. 따라서 기존의 1, 2차 산업구조에 관광서비스산업을 부가할 수 있는 크루즈 기반시설을 마련해야 한다. 크루즈산업의 기반은 크루즈 전용항과 전용터미널, 크루즈선박, 선사프로그램을 기반시설로 설치해야 하며 국민소득 2만 불 시대에 대비한 크루즈 기반시설을 조성해야 한다.

(2) 크루즈 전용항 및 터미널 건설

접안시설 항내수심 등을 고려할 때 크루즈선박이 정박 가능한 항만은 진해항(마산항), 지세포항, 목포항 등에 크루즈 전용터미널을 조성하여 기항지로 활용하여야 한다. 기존의 무역항인 부산신항(진해쪽)의 일부 선석을 크루즈 전용선석과 터미널로 변경하도록 한다. 대표적인 예로 싱가포르 크루즈센터를 들 수 있다. 크루즈 접안 가능항만의 건설은 입지적 특성을 고려하여 국토해양부에서 지원하는 다기능항, 어항 개발 등의 지원프로그램을 활용하여 기반시설을 마련해야 한다.

(3) 해양자원의 지속 가능한 통합관리

국토계획 및 이용에 관한 법률, 연안관리법, 관광진흥법, 해운법 등으로 관리제도가 다양하므로 시설의 지원, 관리운영 등으로 통합적인 관리지원체계가 이루어져야 하며, 크루즈 기반시설의 설치는 국토해양부에서 지원하고 크루즈사업은 문화체육관광부에서 일원화하도록 한다.

(4) 해양자원의 관리에 대한 종합적인 계획 수립

해양자원과 강 하구언지역을 포함한 전문가 및 시민의 참여에 의한 종합계획을 수립해야 하고, 자원의 조사 및 평가에 의한 토지이용의 관리가 되어야 한다. 또한 종합계획에는 외국선사가 국내 전용항에 기항하게 하는 유치프로그램도 포함되게 해야 한다.

(5) 독도 및 북한에 크루즈관광 기반 마련

크루즈 연계 프로그램의 개발을 위해 독도에 크루즈관광을 할 수 있는 기반과 프로그램을 지원하며, 장기적으로 북한의 항만 개발과 관광산업을 위한 항만지원 프로그램을 제안하고 그 속에서 크루즈항을 제안한다.

(6) 크루즈선박 건조산업과 지원

크루즈선박의 건조산업이 대형화되어 향후 지속적으로 증가될 전망이므로 국내에서 크루즈선박의 건조산업을 지원하며, 정부규제개혁에 의해 관광산업이 무역업으로 변경되었듯이 선박건조, 세제 등도 크루즈산업에 지원되게 해야 한다.

2) 크루즈산업의 기반을 위한 법 · 제도 개선 전략

크루즈산업의 기반을 위한 법・제도 개선 전략은 크게 해석론적 전략(현행법률 검토측면)과 재정지원 및 세제감면방안으로 나누어진다. 현행 법률이 개선해야 할 점으로 크루즈사업의 근거법 정비, 크루즈선 내 부대시설 인허가 절차의 간소화, 카지노업의 허가기준 개선, 면세점 설치 및 운영 등을 들 수 있으며, 재정적으로 크루즈선 도입 및 건조비용 지원, 기항지 수용태세 지원, 정기 크루즈선 항세 감면, 크루즈사업자 법인세 감면, 정부 및 한국관광공사를 통한 크루즈 관광상품의 해외홍보 등을 들 수 있으며, 그에 대한 개선방안은 아래와 같다.

(1) 크루즈사업의 근거법 정비

크루즈사업을 추진하기 위해서는 크루즈사업에 대한 효율적인 관리와 제도적 지원을 위한 법적 체계가 확보되어야 하나 현행 국내 관련법인 해운법과 관광진흥법상에는 이러한 규정이 없으므로 이에 대한 개선이 필요하다.

현행 해운법상의 해상여객운송사업은 내항 정기 및 부정기 여객운송사업, 외항 정기 및 부정기 여객운송사업, 기타 해상여객운송사업으로 구분하고 있으며, 크루즈사업은 기타 해상여객운송사업에 의해 사업면허를 받고 있다. 그러나 크루즈선의 다양한 부대시설 등을 규정할 제도적인 어려움과 사업측면에서도 사업추진에 장애가 있다. 또한 관광진흥법상의 업종에도 관광객이용시설업에 관광유람선업의 규정이 있으나 해운법에 의한 해상여객운송사업 면허를 받은 자로서 선박을 이용하여 관광객에게 관광을 할 수 있도록 하는 업으로만 규정되어 있어 역시 법적 체계가 미흡한 실정이다. 따라서 크루즈사업을 추진하기 위한 사업근거법의 정비방안은 해운법을 정비하는 방안과 관광진흥법을 정비하는 방안을 고려해 볼 때 크루즈사업 여건개선측면에서 관광진흥법을 개정하여 크루즈사업의 근거를 마련해야 한다.

(2) 크루즈 선내 부대시설 인허가 절차의 간소화

크루즈 관광사업을 관광진흥법 관광사업에 포함하고, 크루즈선의 부대시설 인허가 절차가 복잡하여, 관련사항을 총괄하지 못하고 일일이 부대사업의 인허가를 받아야 한다. 따라서 관련 인허가 사항은 관광진흥법 제16조 관광숙박업 등의 등록심의위원회에서 일괄처리토록 하고 관리·승인은 광역시도에 위임하도록 법규를 개정해야 한다.

(3) 카지노업의 허가기준 개선

카지노시설은 국제크루즈선이 갖추어야 할 가장 기본적인 오락시설인 동시에 크루즈선사의 중요한 수입원이나 각국의 규제로 인해 대부분 공해상에서만 이용되고 있는 실정이다. 그러나 크루즈사업의 진흥을 위해 관광진흥법 제20조 1항의 2 외국을 왕래하는 여객선이나 2만 톤 연근해 크루즈선 내로 한정한 법 개정을 서둘러야 한다.

(4) 면세점의 설치 및 운영

공해상을 통과하는 국제크루즈선뿐만 아니라 인근해 크루즈선에서도 관세법 등 관련법에서 크루즈선상 내의 면세점을 설치·운영할 수 있게 한다.

(5) 크루즈선 도입 및 건조비용 지원, 기항지 수용태세 지원

기존의 해운법 '선박확보 등의 지원 대상' 조항에 크루즈선박 도입조항을 신설하고, 계획조선자금 지원 대상에 크루즈선의 도입 및 건조비용, 크루즈선의 개보수사항까지도 포함해야 하며, 또한 관광진흥개발기금법에 의해 기존의 관광지, 관광단지, 관광특구 외에 크루즈 기항지 내에 위치한 문화, 체육시설, 숙박시설, 상가시설에 대하여 관광진흥개발기금의 지원을 확대해야 한다.

(6) 정기 크루즈선의 항세 감면, 크루즈사업자의 법인세 감면

국내 항구를 출발하거나 정기적으로 기항하는 크루즈선의 경우 현행 크루즈선 사업운영에 큰 부담으로 작용하고 있는 입출항 수속관련 세금을 크루즈 운항관련 항세로 감면해 주는 방안을 검토하고, 외국의 경우 크루즈사업은 여러 가지 운영상의 편의와 세제감면 등 사업성 확보를 위해 외국법인으로 등록하여 사업을 추진하는 경우가 많다는 것을 인식하며, 크루즈산업의 신산업육성차원에서 크루즈사업 초기진출부터 경영성과가 일정수준이 될 때까지 일정기간 법인세를 감면해 주는 방안을 검토하도록 한다.

(7) 정부 및 한국관광공사를 통한 크루즈 관광상품의 해외홍보

크루즈 관광상품의 가치와 활용도 측면에서 국내 크루즈사업이 추진될 경우 사업자뿐만 아니라 정부차원의 홍보지원은 반드시 필요하다고 본다. 따라서 중앙정부 및 한국관광공사에도 크루즈 관광상품을 국내외에 적극적으로 홍보해야 한다.

CHAPTER_5

크루즈여행과 경영관리

CHAPTER

5 크루즈여행과 경영관리

제1절 주요시설

1. 선내 시설

그림 5-1 | 스테이트 룸 발코니양식

크루즈선박의 침실에는 캐빈과 스테이트 룸(State room)이 있다. 캐빈은 다른 사람들과 함께 사용하지만 스테이트 룸은 개인실이다. 예전 대부분의 항해선박들은 스테이트 룸을 하나만 가지고 있었고, 대형 선박일 경우 몇 개를 가지고 있었지만, 보통 고위관료, 귀족, 중요인사들에게 지정되었다. 오늘날 대부분의 크루즈선사들은 캐빈이나 스테이트 룸으로 손님을 구분하고, 캐빈의 공간은 크루즈선의 크기, 침대 수, 앉을 공간에 따라 다양하며 목욕시설도 제공된다. 크루즈선사 대부분은 비교적 고가의 고급 캐빈과 적절한 가격의 캐빈류를 제공한다.

2. 갑판설계

단층 갑판부터 거대하고 화려한 12층 갑판까지 크루즈선의 크기는 다양하다. 갑판설계는 각 갑판마다 선실과 공동사용실의 위치를 편리하고 쉽게 알 수 있도록 배치, 제작한다. 다기능 선박에서 층의 위치는 승객이 캐빈을 선택할 때 중요사항이 될 수 있다.

이는 낮은 층일수록 흔들림이 적으며, 중간층은 식사와 유흥에 적합하고, 고층의 캐빈은 전망을 즐기기에 좋기 때문이다. 캐빈은 일반적으로 크루즈 정기선의 내부와 외부에 위치하며, 특등급의 캐빈들은 대부분 바깥 경치를 볼 수 있도록 외부에 위치한다. 반대로 가장 싼 내부 캐빈들은 경치를 볼 수 없다. 현창(둥근 창)이나 창문이 있는 외부캐빈에는 보통 부가요금이 붙는다.

3. 크루즈 설비

그림 5-2 | 스타 크루즈선의 극장

크루즈 설비는 크루즈 종류, 가격수준, 여행노선 일정에 따라 다양하다. 대부분의 기본 시설들은 음식, 주류, 여가 서비스를 제공한다. 보통 크루즈선박이라면 최소한 1개 이상의 식당과 칵테일 라운지를 가지고 있다. 대중식당 크루즈와 프리미엄 크루즈 정기선들에서 카지노, 비디오아케이드, 극장, 오락라운지, 상점들은 기본적인 여가시설로 갖추어져 있다. 그에 따른 많은 고객창출을 위해 크루즈 정기선들은 다양한 행사를 마련한다.

4. 크루즈선박의 특징

모든 크루즈선박들은 관리직원, 승무원들의 목적에 따라 독특한 개성을 띤다. 예를 들어, 프랑스, 이탈리아, 그리스 크루즈선박들은 다양한 종류의 음식과 고객서비스를 제공한다. 선박의 특성은 또한 승객의 부류에 의해서도 나타날 수 있다.

특정 선박이나 특별한 여행일정 고객에게는 보다 큰 어필을 할 수 있다. 예를 들어, 봄철에 플로리다를 떠나 카리브해로 이동하는 단기여행은 종종 대학생들로 채워지며, 장기여행 일정의 호화 크루즈는 보통 나이가 많은 중년 승객들이 이용하게 된다. 대중시장 크루즈는 젊은 연인이나 가족들이 많고, 크리스마스를 보내기 위해 떠나는 크루즈에는 더 많은 가족들과 어린이들이 있다. 만족한 크루즈여행을 위해서는 배의 특성과 소비자들의 욕구, 수요를 결합시키는 것이 가장 중요한 요소이다.

5. 음식 서비스

그림 5-3 | 선내 만찬식당 전경

대부분의 크루즈는 3~4일간의 일일 식사를 요금에 포함시키고, 또한 룸서비스를 제공하는 크루즈선박도 있다. 전 세계를 관광함에 있어 크루즈선사에서 제공되는 음식과 서비스가 가장 훌륭하다는 것은 잘 알려진 사실이다.

크루즈에는 대부분 2가지의 만찬 식사시간이 있는데 정규 식사시간(main seating)과 늦은 식사시간(late seating)이 있다. 정규 식사는 이른 식사시간(early seating)이라고도 하며, 늦은 식사시간(late seating)이 시작되기 전까지를 말한다. 이것은 두 번째 식사시간(second seating)이라고도 하는데 라이브 음악 공연과 함께 이루어지기도 한다. 승객들은 정규 식사시간과 늦은 식사시간 중 선호하는 것을 선택할 수 있지만 한 번 결정한 후에는 같은 테이블에서 같은 웨이터에게 접객을 받는다.

크루즈는 승객 요구를 최대한 수용하려 노력한다. 예를 들어, 어린이와 노인이 있는 가족들은 종종 이른 식사시간을 요구한다. 저녁식사 전에 칵테일을 즐겨먹는 승객들은 보통 늦은 식사시간을 요구한다. 또한 늦은 식사시간은 해안여행을 위해 상륙하여 그곳에서 늦게까지 관광하려는 승객들이 이용할 만하다. 식당에는 금연석, 흡연석이 필요하고 홀의 크기나 연령에 따라 각기 다른 테이블이 필요하다.

6. 기항항

크루즈의 주요 특색은 그 자체에 있지만 이국적인 항구관광은 크루즈여행의 하이라이트이다. 크루즈의 종류, 지역의 매력도, 쇼핑기회와 기타 여러 요소들에 따라 목적지와 체류기간이 정해진다.

그림 5-4 | 플로리다 마이애미 기항항

대중 크루즈선들은 승객들이 간단하게 관광을 하고 기념품을 살 수 있는 짧은 시간 동안 정박한다. 고급 크루즈(Premium Cruises)와 특수목적의 크루즈(Speciality Cruises)들은 각 항구에서 좀 더 오래 머무르는 경향이 있고 때때로 호텔숙박이나 가이드 관광 같은 선택적인 현지 여행을 주선하기도 한다.

보통 여행객들이 하와이, 타히티, 알래스카, 카리브해 같은 특별한 곳에 중점을 두는 반면, 어떤 승객들은 기항항을 부차적인 것(extra feature)으로 간주하기도 한다.

7. 해안여행

크루즈 여행객들은 가이드동반 관광과 개인 관광 중 하나를 선택할 수 있다. 항구를 떠나기 전 대부분의 선박에서는 지역을 설명하는 강의, 영화, 슬라이드 등이 상영된다. 육지여행은 일반적으로 싸고 품질이 좋다.

8. 객실 선택

캐빈의 크기와 위치, 고객의 재정상태에 따라 캐빈이 선택된다.

그림 5-5 | 펜트하우스 스위트 룸 (Penthouse Suite Room)

가장 싼 캐빈에는 2층 침대가 놓여 있는데, 저렴한 요금을 찾는 여행자, 단독 여행자, 어린이들에게 적합하다. 트윈침대가 있는 적당한 가격의 캐빈이 일반적으로 선호된다. 대부분의 배에서는 더블 침대나 프렌치(French)침대로 캐빈의 수를 제한할 수 있다. 가장 비싼 캐빈은 킹사이즈 침대가 있는 고급스러운 외부캐빈이다.

대중 크루즈(Volume Cruise)에서는 승객들이 캐빈 밖에서 시간을 많이 보낼 수 있도록 하기 위해 캐빈의 크기를 제한한다. 캐빈의 크기는 배마다 다양하고 넓을수록 가격이 비싸다. 어린이를 동반한 가족들은 일반적으로 부가적인 공간과 개인적인 공간이 연결된 캐빈을 선호한다.

캐빈의 위치 또한 크루즈 가격 결정요소 중 하나이다. 경치를 볼 수 있는 외부의 캐빈은 보통 실내의 캐빈보다 비싸다. 그리고 식당, 라운지, 상점, 여가시설에 근접한 고층에 있는 캐빈은 접근성의 이점으로 가장 비싸다. 이러한 위치들은 종종 스위트와 큰 유리창이 있는 실외의 고급스러운 캐빈을 포함한다.

9. 서비스 및 봉사료(Tip)

일반적으로 서비스에 대한 대가로 지급하는 팁은 크루즈요금에 포함되지 않는다. 식사와 무알코올 음료는 크루즈 가격에 포함되므로 사례금을 결정하기가 어렵기 때문이다. 그래서 크루즈선박에서는 〈표 5-1〉과 같이 그 지침을 적용한다.

표 5-1 | 크루즈선의 서비스요금

식당종업원	하루 1인 $2.00~2.50
버스기사 또는 보조	하루 1인 $1.00~1.25
테이블장	$5.00
지배인	$5.00(선택)
와인담당 승무원	와인 가격의 10%
캐빈담당 승무원	하루 1인 $2.00~2.50
바, 갑판담당 승무원	서비스 시간의 15%

제2절 선상생활

1. 크루즈여행의 장점

1) 크루즈여행이란

크루즈여행은 호텔숙박료와 관광지 이동의 교통비가 필요 없는 여행이다. 왜냐하면, 크루즈는 숙박을 하는 운송수단, 또는 운송을 하는 숙박수단의 양면적인 성격이 될 수 있기 때문이다.

바다 한가운데서 분위기 있는 식사를 즐기며, 선사에서 주최하는 각종 레크리에이션을 즐기다 보면 서서히 밤은 저물 것이다. 다음날 잠을 자고 일어나면 가벼운 복장에 카메라를 들고 하선하여 기항지의 가장 대표적인 관광명소와 쇼핑지로 데려다주는 식으로 진행되는 게 크루즈여행이다.

여객선이 여객의 수송을 주목적으로 하는 것임에 반해 '크루즈여행'은 단순한 운송이라기보다는 '위락'을 위한 선박여행으로 숙박, 식사, 음주, 오락시설 등 관광객을 위한 각종 편의시설을 갖춰 놓고 수준 높은 서비스를 제공하면서 승객들을 안전하게 원하는 관광지까지 순항하는 여행이다.

2) 크루즈 투어의 특징

(1) 이동시간이 즐거운 크루즈

낮에는 각 기항지에서 새로운 세계 탐험, 밤에는 선내시설을 이용한 각종 레크리에이션 및 쇼 관람, 바로 크루즈만의 장점이다. 선내에서 즐기거나 잠을 자는 동안 다음 여행지로 이동하는 크루즈는 좁은 좌석과 아까운 낮 시간에 이동하는 일반 여행과는 비교할 수 없는 즐거움이 있다. 즐거움과 편안함, 그리고 시간 낭비가 전혀 없는 여행이 바로 크루즈여행이다.

(2) 여행의 수준에 비해 너무 저렴한 크루즈

크루즈를 일부 특수층만 즐기는 여행, 또는 여행비가 비싼 여행이라는 생각은 잘못된 것이다. 특급호텔 수준의 식사와 선내시설, 세계 각국의 쇼와 이벤트, 최고급 시설의 해상 스포츠를 저렴한 비용으로 즐길 수 있기 때문이다. 여행의 수준과 서비스의 질에 비한다면 오히려 저렴한 여행이 바로 크루즈여행이다.

(3) 안전하기 때문에 편안한 크루즈

해외여행에서 무엇보다도 중요한 것은 안전이다. 특히 밤에는 더욱 그렇다. 크루즈는 선내로 외부인의 출입이 금지되며, 선내에서 모든 즐거움을 만끽할 수 있다. 움직이는 환상의 도시 그 자체인 크루즈에서 편안하고 안전한 여행을 즐길 수 있다.

(4) 세계 별미의 경연장 크루즈

여행에서 잊을 수 없는 즐거움의 하나가 바로 식사일 것이다. 크루즈의 만찬은 세계 최고의 요리사들이 준비한다. 서양식, 중국식, 일본식, 한식 등 세계 각국의 별미와 화려하고 세련된 식당 분위기가 어울려 잊을 수 없는 여행의 추억을 선사할 것이다. 단 한번의 여행으로 세계의 명요리를 마음껏 먹을 수 있는 것이 바로 크루즈만의 장점이다.

(5) 세계와 친구가 되는 크루즈

이동만 함께하는 여행으로는 친구가 될 수 없다. 세계 각지의 모든 사람들과 함께 생활하고 즐기는 가운데, 서로의 문화를 이해할 수 있으며, 마음을 열어야만 진정한 친구가 될 수 있다. 짧은 기간이지만 배라고 하는 테두리 안에서 함께 생활하는 동안 무엇과도 바꿀 수 없는 소중한 경험과 귀중한 친구들을 얻을 수 있는 여행은 크루즈뿐일 것이다.

(6) 화려한 파티의 무대 크루즈

크루즈의 쇼에는 라스베이거스의 화려함이 있고, 크루즈의 쇼에는 브로드웨이의 감동이 있으며, 리오의 정열이 있다. 매일 밤 펼쳐지는 환상적인 무대와 각종 파티는 다른 여행에서는 경험할 수 없는 크루즈만의 매혹적인 밤의 여정이다.

2. 크루즈선상의 각종 서비스

1) 크루즈선상 신문

모든 크루즈선사에서는 크루즈여행의 길잡이라 할 수 있는 크루즈선상 신문을 매일 제공하고 한다.

로열캐리비언 크루즈는 크루즈 컴파스(Cruise Compass), 셀러브리티 크루즈는 셀러브리티 투데이(Celebrity Today)라는 이름으로 매일 선상에서 발행하고 있으며, 다음날의 일정 및 정보를 담은 선상 신문이 저녁에 각 선실로 배달된다. 따라서 선상 신문의 프로그램에 소개된 다음날 도착하게 될 지역의 정보와 프로그램을 보면서 하루 스케줄을 잡을 수 있으며, 선상 신문은 3~4층에 위치한 고객안내데스크(Guest Relation Desk) 앞에 항상 비치되어 있으므로 분실하더라도 쉽게 정보를 다시 얻을 수 있다.

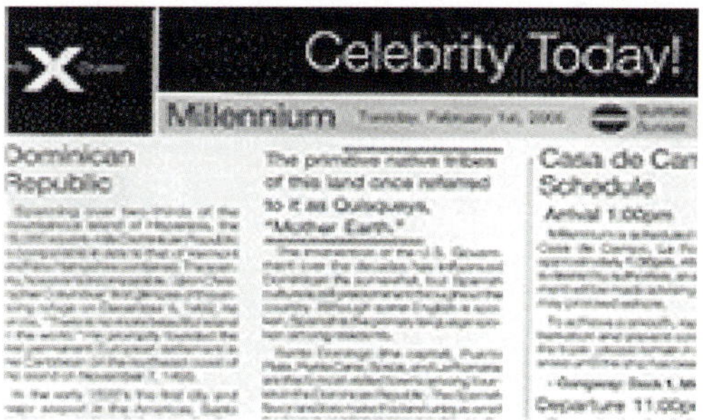
Celebrity Today!
Millennium
Dominican Republic
The primitive native tribes of this land once referred to it as Quisqueya, "Mother Earth."
Casa de Cam
Schedule
Arrival 1:00pm
Departure 11:00p

그림 5-6 | 크루즈선상 신문

(1) 선상 신문의 제공정보

① 기항지 정보 : 익일 도착하게 될 기항지에 관한 설명과 기항지 관광에 관한 정보 제공

② 행사 정보

㉠ 수영장, 헬스클럽, 도서실, 기항지 관광 신청 데스크, 면세점, 카지노, 미용실, 다양한 바 등 선내 시설의 운영시간 정보

㉡ 에어로빅, 피부관리 세미나, 음악 밴드공연, 골프 퍼팅 시합, 빙고게임, 얼음조각 시범, 선장 주최 칵테일파티 등의 다양한 선내 행사, 시간 정보

㉢ 시설 및 프로그램이 제공되는 장소에 관한 정보 제공

③ 식사 정보 : 시간별 식당 운영시간 및 식당명, 식당위치, 메뉴, 복장(드레스 코드) 등에 관한 정보 제공

④ 안전 규칙 및 기타 중요 정보 및 선장의 인사말 등

2) 크루즈에서의 통신

'움직이는 도시'로 불리는 크루즈선인 만큼 항해 중에도 인터넷, 전화, 팩스 등의 사용이 가능하다. 특히 최근에 건조된 크루즈선뿐만 아니라 개보수를 통해서 대부분

의 크루즈선에는 사이버카페를 갖추고 있으며, 사이버카페에서는 인터넷 사용뿐만 아니라 기본적인 문서작업도 가능하다. 여행 중에 찍었던 이미지 파일을 모아두면 CD(별도 비용)로 만들어주기도 한다.

그림 5-7 | 크루즈 인터넷 사용

크루즈선의 통신은 인공위성을 통해 이루어지기 때문에 통신료가 비싼 편이며, 사용요금은 인터넷의 경우 1분당 US$0.75이며, 전화의 경우 1분당 US$7.5(각 선실별 전화기를 이용해 통화가능)이다.

또한 최신 유람선의 경우 각 선실에서 인터넷 전용선을 이용한 인터넷 사용이 가능하므로 노트북을 가지고 여행하려면 일정 비용을 지불하고 Cyber Stateroom Hookup 프로그램을 통해 편리하게 인터넷을 이용할 수 있다.

3) 선상 프로그램, 다양한 강좌

크루즈여행 중 선상 프로그램으로 진행되는 다양한 유, 무료 강좌에 참가함으로써 보다 가치 있는 여행이 될 수 있다. 다양한 선상 프로그램의 진행시간, 장소 및 간략한 내용은 매일 발행되는 크루즈선상 신문(로열캐리비언 크루즈-크루즈 컴퍼스, 셀러브리티 크루즈-셀러브리티 투데이)을 참고할 수 있다.

(1) 댄스 강좌

1시간에서 1시간 30분 동안 진행되며, 왈츠, 살사, 스윙 등 각 주제별로 강좌가 진행된다. 별도의 사전예약은 필요없으며, 동행이 없더라도 즉석에서 인원에 맞춰 커플이 이루어지므로 부담 없이 참석이 가능하다. 초보자를 기준으로 기본적인 동작 및 스텝을 배우므로 새로운 춤을 쉽게 접할 수 있는 기회가 된다.

(2) 컴퓨터 강좌

1시간가량 전용 컴퓨터실에서 진행되는 강좌는 초보(메일 보내기, 윈도우 사용방법) 및 중급 수준의 컴퓨터 활용을 비롯해 디지털사진 강좌, 포토샵 강좌 등 다양하게 준비되어 있으며, 별도 비용은 없으나 사전예약이 필요하다.

(3) 게임 레슨

카지노를 보다 잘 즐기기 위해서는 기본적인 게임의 룰을 아는 것이 필요하다. 포커, 룰렛, 블랙잭, 슬롯머신 규칙 등을 30분에 걸쳐 강습하며, 별도 비용은 필요로 하지 않는다.

(4) 스포츠 관련강좌

피트니스센터에서 진행되며, 스트레칭, 에어로빅 등은 무료이다. 별도 유료 프로그램으로는 요가, 필라테스, 실내 사이클링 등이며, 1시간가량 진행되는데 비용은 1인당 US$10으로 사전예약(명단에 기입해 놓으면 됨) 후 참가가 가능하다.

이외에도 골프레슨, 동양의학 및 치위생관련 강좌 등 의료관련 강좌, 냅킨 접기, 꽃꽂이 등 다양한 강좌가 마련되어 있다.

(5) 골프 프로그램

일반적인 골프 선택 관광 프로그램에 풍부한 크루즈 경험을 가진 프로골퍼가 동행하여 선내에서 골프레슨(개인레슨, 시뮬레이션)을 제공하며, 그룹인 경우 단체경기 등을 구성하는 골프 프로그램이다. 크루즈여행 중에 골프 전문가와의 상담, 레슨을 통해서 골프에 대한 식견

그림 5-8 | 크루스선상의 골프 프로그램

을 넓히는 계기가 될 것이며, 기항지 선택 관광 골프 프로그램에 참가해 필드에서 직접 흥미진진한 경기를 즐길 수 있다. 골프 프로그램 포함사항으로는 크루즈 스태프인 공인 프로골퍼 탑승, 골프 레슨센터 설치, 고품격 골프클럽 렌털서비스, 선내 무료 퍼팅 콘테스트 등이 있다.

4) 카지노

그림 5-9 | 크루즈 카지노시설

크루즈선이 매우 작더라도 모든 선내에서는 카지노를 즐길 수 있다. 소형 크루즈선의 카지노는 단지 슬롯머신만을 제공할 수도 있다. 큰 카지노는 일반적으로 슬롯머신(Slot machines), 블랙잭(Blackjack), 룰렛(Roulette), 크랩(Craps)을 제공한다. 배가 항구에 정박할 때는 카지노가 열리지 않고, 해상 위에서 항해 중일 때만 열린다. 각 기항항은 승객들이 항구의 카지노, 바, 숍 등을 이용하고 싶어하기 때문이다. 술을 마실 수 있는 최저 나이와 같이 갬블링을 할 수 있는 최저 나이도 선장에 의해 공고되며 역시 보통 18세이다. 갬블링 비용은 크루즈 요금에 포함되지 않는다.

5) 편안한 휴식처 바(Bar) & 라운지

그림 5-10 | 바(Bar) & 라운지

은은하게 연주되는 피아노 선율을 느끼며 여유롭게 칵테일 또는 와인을 즐기는 시간. 가족이나 친구들과 함께하는 크루즈여행 중에 갖게 되는 이런 여유로운 시간은 평소에 나누지 못했던 깊은 대화를 가능하게 하며, 혹은 혼자만의 조용한 시간을 가질 수도 있다. 다양한 주제로 인테리어 된 실내외 바(Bar)와 라운지가 마련되어 있다.

(1) 바(Bar) 오픈시간

대부분의 바(Bar)는 라이브 음악을 연주하며, 주로 오후 5시부터 새벽 1시까지 문을 연다. 문을 열지 않는 시간에는 다양한 행사가 진행되거나 고객들이 편하게 쉴 수 있는 장소로 제공된다.

① 삼페인 바(Champagne Bar) : 오후 5:00~새벽 1:00
② 코바 카페 밀라노(Cova Cafe de Milano) : 오후 5:00~새벽 1:00
③ 포춘 카지노 바(Fortunes Casino Bar) : 카지노 오픈시간–공해상 운항 중에만 오픈함
④ 마티니 바(Martini Bar) : 오후 5:00~새벽 1:00
⑤ 마스트 바(Mast Bar) : 오후 3:00~오후 6:00
⑥ 랑데부 라운지(Rendez–Vous Lounge) : 오후 5:00~새벽 1:00
⑦ 리비에라 풀바(The Riviera Pool Bar) : 오전 9:00~오후 7:00
⑧ 오션카페 바(Ocean Cafe Bar) : 오전 7:30~자정
⑨ 익스트림 스포츠 바(Extreme Sports Bar) : 오후 5:00~오후 9:00

(2) 판매 음료의 종류

크루즈요금에는 하루 7차례 제공되는 뷔페스타일 및 정찬식사, 24시간 룸서비스 및 커피와 차, 과일주스(뷔페식당에서 제공)는 포함되어 있지만 와인, 칵테일, 고급 커피 등은 별도로 지불을 해야 한다.

따라서 바(Bar)에서 제공되는 음료는 유료이지만 충분히 만족할 만한 맛과 서비스, 분위기가 제공된다. 커피의 경우 US$1.95~2.75선이며, 와인은 1잔에 US$5.5~7.95, 칵테일은 US$5.5~8, 맥주는 US$3이다.

6) 최상의 미용서비스 : 십셰이프 프로그램(Shipshape Program)

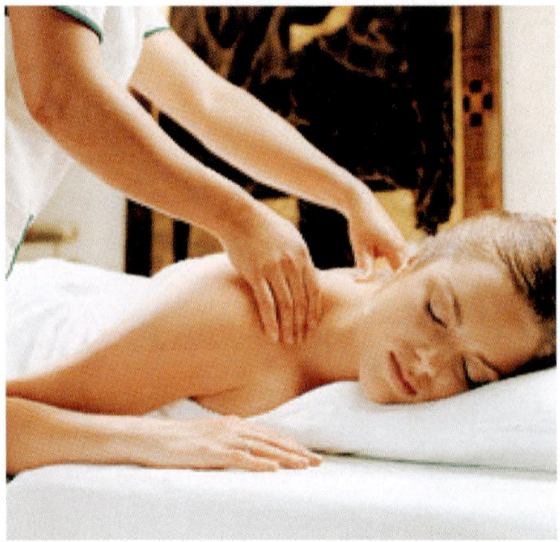
그림 5-11 | 미용서비스

전문적인 미용업체인 엘레미스(Elemis)와 십셰이프 프로그램(Shipshape Program)이 운영되고 있다.

십셰이프 프로그램에서는 최상의 재료만을 사용하고 있으며, 얼굴을 비롯해 전신 마사지, 매니큐어, 패디큐어, 아쿠아스파 등 숙련된 전문가들이 좀 더 세련되고 편안한 시간을 만들어준다. 특히 엘레미스 아쿠아스파(Elemis Aqua Spa)는 타히티에서 고대 이집트까지 시간이 흘러도 변하지 않고 전해 내려오는 모든 아름다움에 관한 비법을 그대로 발견하고 체험해 볼 수 있다.

승선 후 십셰이프센터에서 상담 후 직접 예약 또는 전화상으로도 예약을 할 수 있으며, 취소를 원할 경우에는 최소 24시간 전에 통보하면 되며, 선상 결제수단인 시패스카드(Sea Pass Card)로 간단하게 지불이 이루어진다. 각 서비스별로 요금에 차이가 있으나 보통 US$50~150 정도이다.

(1) 얼굴(Face)

① 하이드로 페이셜 테라피(50분)

② 에이지 존 집중 트리트먼트

③ 안티 옥시즌 비타민 집중 트리트먼트

④ 엘레미스 아로마 페이셜(50분)

(2) 신체(Body)

① 엘레미스 아로마 스톤 테라피(75분)

② 엘레미스 딥 티슈 근육 마사지(50분)

③ 스웨덴식 마사지(25분, 50분)

④ 반사요법/Reflexology(50분)

⑤ 커플 마사지(50분)

7) 저녁 정찬 Seating

저녁 정찬은 크루즈여행의 꽃이라고 할 수 있으며, 그만큼 각 선사별로 식사와 서비스에 많은 정성을 기울인다. 각 선사별로 크루즈의 크기 또는 서비스방침에 따라 저녁 정찬을 제공하고 있다.

그림 5-12 | 크루즈 저녁 정찬

(1) 오픈 시팅(Open Seating)

오픈 시팅 또는 프리스타일 다이닝(Freestyle Dining)으로도 불리며, 별도의 지정된 좌석 없이 저녁 정찬시간 내에 원하는 좌석에 앉아서 식사를 하는 방식이다.

따라서 본인이 원하는 자리, 시간(다이닝 오픈시간 내)을 선택해서 식사를 할 수 있다는 편리함이 있는 반면 지정 웨이터가 별도로 있는 것이 아니므로 좀 더 친근하고 섬세한 서비스를 받기는 어려운 단점이 있다.

(2) 싱글 시팅(Single Seating)

오픈 시팅과 마찬가지로 저녁 정찬시간 내에서 원하는 시간에 식사를 할 수 있으나 지정된 테이블에서 식사를 하는 방식이다. 저녁 정찬시간은 하루에 한번으로 정해져 있으며, 대부분의 소규모 크루즈선에서 채택되고 있다.

(3) 투 시팅(Two Seating)

대형 크루즈에서 채택하는 방식으로 다이닝시간을 둘(Early/Late)로 나누어 지정된 테이블에서 저녁식사를 제공하는 것으로 로열캐리비언 & 셀러브리티 크루즈에서도 투 시팅으로 저녁 정찬을 운영하고 있다.

일반적으로 Main Seating(오후 6시 30분)과 Second Seating(오후 8시 30분)으로 나누어지며, 예약 시점에서 저녁 정찬시간을 예약할 수 있다. 식사 테이블이 지정되어 있을 뿐만 아니라 담당 웨이터, 보조 웨이터, 총괄 웨이터들의 보다 섬세한 서비스를 제공받을 수 있다.

(4) 포 시팅(Four Seating)

소수의 크루즈선사에서 채택하고 있으며, 오후 5시 30분, 6시 45분, 7시 30분, 8시 45분의 지정된 시간에 식사가 가능하다. 한번 선택한 식사시간은 변경이 어려우며, 각 Seating당 1시간의 여유밖에 없으므로 여유 있는 저녁식사 및 서비스를 제공받기 어려운 단점이 있다.

8) 세탁 서비스 : 세탁물 처리방법, 요금 등

크루즈여행은 보통 일주일 이상의 일정이 많으므로, 즐거운 크루즈여행을 하면서 특히 저녁 정찬 때 정장을 입는 경우가 있어 옷에 더욱 신경을 쓰게 된다.

크루즈 내에서는 세탁물에 대한 세탁, 드라이클리닝, 다림질 서비스를 받을 수 있다. 물론 유료 서비스이나 서비스 내용을 보면 생각보다 편리하고 저렴하게 이용할 수 있다.

그림 5-13 | 크루즈선의 세탁시설

(1) 세탁물 서비스 이용방법

① 객실 내 배치된 세탁물 봉투와 신청서류를 확인한다.

② 신청서류에 이름, 객실번호, 날짜를 기입하고 해당 세탁물의 원하는 서비스를 체크한 후 서명을 한다.

예 치마, 드라이클리닝을 원하실 경우 Dry cleaning, Skirt란에 표시

③ 체크한 신청서류와 세탁뉼 봉투에 세탁물을 담아 룸메이드(객실 담당직원)에게 인계한다. 이때 동일한 3장으로 이루어진 세탁물 서비스 신청서류의 손님 보유분을 받는다.

(2) 세탁물 서비스시간

① 일반 서비스 : 오전 픽업, 다음날 오후 5시 전달

② Express 서비스 : 오전 9시 전 픽업, 같은 날 오후 5시 전달-추가 50% 비용이 적용된다.

(3) 세탁물 서비스요금

① 다림질 서비스 : US$1.5~3.5

② 세탁 서비스 : US$0.75~5.5

③ 드라이클리닝 : US$1.5~7

9) 암벽등반(Rock Climbing Wall)

암벽등반 시설은 로열캐리비언 크루즈와 셀러브리티 크루즈 중 로열캐리비언 크루즈에서 체험할 수 있는 선내 시설이다.

총 20여 척의 로열캐리비언 전 크루즈에서 체험가능하며, 로열캐리비언 크루즈 내 시설 중 가장 인기 있는 선내 Activity 시설 중 하나이다.

끝을 알 수 없는 짙푸른 카리브해에서, 신비로운 지중해에서, 거대한 빙하가 떠 있

는 알래스카에서 수면으로부터 45~60미터 높이인 크루즈의 가장 높은 곳에서 이 모든 것들을 바라보는 짜릿한 경험을 할 수 있다. 전문강사가 항상 곁에 있으므로 더욱 쉽게 암벽등반을 즐길 수 있다.

이용 신청은 암벽등반장 아래 데스크에서 신청 가능하며 이용 가능시간은 크루즈 내 정보지인 선상 신문 'ACTIVITY'란에 표기되어 있다. 등반에 필요한 안전모, 암벽화, 안전장치가 구비되어 있어 등반 중 1인당 한 명의 직원이 승객들의 안전을 책임지므로 어린이나 초보자도 안전하고 재미있게 즐길 수 있다.

그림 5-14 | 크루즈 암벽등반

10) 선상 안전훈련

본격적인 크루즈여행에 앞서 선상 안전훈련을 하는 것은 해상법상 모든 크루즈승객의 의무사항이다. 훈련은 승선 당일 크루즈 출발시간 30분 전에 실시되며, 훈련은 7번은 짧게 1번은 길게 사이렌이 울림으로써 시작된다.

교육이 시작되면 선실 내에 있는 구명조끼를 입고 해당 구명보트 있는 곳으로 집결한다. 혹은 각자의 집결장소가 있으니 해당 장소로 모이면 된다. 예를 들어, 대공연장, 바(bar) 등 사람이 많이 모일 수 있는 곳이 집결장소가 된다.

집결장소는 선실 문에 Your Muster Station란에 안내되어 있으며, 곳곳에 배치되어 있는 승무원들이 친절하게 안내해 준다. 해당 장소로 집결하면 담당자가 각자의 선실번호를 확인하게 되며, 모든 탑승객이 확인되면 교육이 끝나게 된다. 그러나 일반적으로는 대극장에서 구명조끼 착용방법 및 간단한 안내를 하는 것으로 약 20~30분 후에 종료되는 경우가 많다.

안전교육은 응급사항 발생에 능동적으로 대처하기 위해 필수적인 사항으로 조금 번거롭다고 생각될 수 있으나, 참가 후 승객들의 반응은 색다른 경험으로 오히려 즐거워하는 경우가 많다.

11) 객실 내 TV 기능과 사용법

그림 5-15 | 크루즈 선실 TV

크루즈 객실 내 TV는 일반 방송 시청뿐 아니라 여러 가지 다양한 기능이 있다. 객실 내 TV는 RCTV라고도 하며 일반 TV의 기능뿐 아니라 별도의 추가기능이 있다.

일반 방송채널을 시청할 수 있을 뿐만 아니라 크루즈관련 별도 추가메뉴를 사용할 수 있다. 별도 메뉴에서는 룸서비스 신청, 선택 관광 프로그램 예약, 마사지 예약, 영화 관람(유료), 선내 주요 프로그램 등을 시청할 수 있으며 승선카드로 결재한 내역을 볼 수도 있다.

12) 크루즈 내 복장 안내

그림 5-16 | 크루즈 선원의 보타이 착용 모습

크루즈를 예약하고자 하는 사람들 중에는 크루즈 내 분위기에 맞추어 복장을 어떻게 준비할지 걱정하는 분들이 많다. 크루즈 내에서는 편한 복장으로 다니면 되며, 너무 격식에 얽매일 필요는 없다. 그러나 크루즈를 타는 중 꼭 정장을 준비해야 하는데 이는 저녁 정찬 레스토랑에서 2번 정도(7박 8일 크루즈 기준) 입는 경우가 있기 때문이다.

정장 복장의 예로서 남자는 양복, 넥타이 혹은 보타이(나비넥타이), 한복이 있으며, 여자는 양장 정장 혹은 드레스, 한복 등이 있다.

13) 크루즈 내 공연장 시설

(1) 대형 극장(Theater)

여러분은 현재 뉴욕 브로드웨이에 계십니까? 아니면 유람선에 탑승하고 계신가요? 이런 착각을 불러일으킬 정도로 수준 높은 브로드웨이 스타일의 공연이 크루즈의 대형 극장에서 펼쳐진다. 모든 공연은 횟수에 제한 없이 무료로 감상할 수 있다.

최고의 브로드웨이 쇼들을 비롯한 뮤지컬 공연 등 수많은 볼거리들이 우아하고 럭셔리한 공연장에서 펼쳐진다. 놀라운 공중 곡예사들의 공연을 비롯하여 마술쇼, 웃음을 제공해 드릴 코미디 쇼에 이르기까지 다양한 볼거리가 준비되어 있다.

가창력이 뛰어난 싱어와 화려한 댄서의 움직임을 보고 있노라면 다른 세상에 와 있는 듯한 느낌이 들며, 대공연장은 크루즈 크기에 따라 다르나 일반적으로 800석에서 1,700석 규모이며 부드럽고 안락한 의자와 세심한 칵테일 서비스는 하이라이트라고 할 수 있다.

(2) 다양한 공연무대

크루즈에서는 보다 재미있는 시간을 보낼 수 있는 다채로운 공연 프로그램들이 준비되어 있다. 그래서 종종 무엇을 해야 할지 결정하는 것이 유쾌한 고민이 되기도 하며, 크루즈 내 각종 바와 중앙홀, 야외수영장 주변에서는 쉴 새 없이 공연무대가 펼쳐진다. 재즈 뮤지션과 함께하거나, 스쿠너 바, 피아노 바에 앉아 음악을 감상할 수도 있다. 가라오케나 퀴즈게임, 게임 쇼 등 무대 중심으로 나가 직접 참여하는 것도 색다른 경험이 될 수 있다.

그림 5-17 | 크루즈 공연장

(3) 스튜디오 B(Studio B)

스튜디오 B(Studio B)는 아이스링크를 말한다. 로열캐리비언 크루즈의 보이저 클래스(138,000톤) 이상 급의 크루즈에서 본 시설을 이용할 수 있다.

카리브해의 뜨거운 태양의 열기 속에서 얼음처럼 시원한 아이스 스케이팅의 경험은 여러분에게 평생 잊지 못할 크루즈여행의 한 페이지를 선사할 것이다. 낮에는 스케이트를 렌트해 사유롭게 아이스 스케이팅을 즐길 수 있으며 밤에는 세계 정상급 수준의 아이스 스케이팅 쇼를 감상할 수 있다.

14) 다양한 어린이 프로그램

크루즈에서는 모든 크루즈 여행객이 즐길 수 있는 프로그램이 준비되어 있다. 어린이(유아) 및 청소년들만을 위한 자연과 과학 탐험, 각종 쇼들을 포함하여 참여 가능한 활동들, 보물찾기, 테마파티 등을 통해 그들의 세계를 만들어갈 수 있다. 특히 어린이(유아) 및 청소년 전용센터와 수영장 등에서 세계 각국으로부터 온 새로운 친구들을 만날 수 있는 '선상친구 사귀기' 프로그램이 있으며, 이 모든 어린이, 청소년 프로그램은 유능한 전문 스태프에 의해 관리된다.

(1) 어드벤처 오션(Adventure Ocean)

어드벤처 오션은 재미와 교육적인 활동들을 적절히 혼합시켜 놓은 무료 어린이 프로그램이다. 크루즈마다 프로그램이 다르지만 한 가지 변하지 않는 것은 자녀가 현지의 풍습, 신기한 과학체험, 새로운 친구를 사귀는 방법을 배우게 된다는 것이다. 프로그램에 참여하기 위해서는 반드시 3살 이상, 대소변을 가릴 수 있어야 한다.

자녀를 돌보는 이들은 모두 교육 및 레크리에이션을 전공하거나 3~17세 어린이를 대상으로 하는 풍부한 경험을 가진 스태프로 구성되어 있다.

어드벤처 오션과 함께하는 가족 크루즈여행은 부모님과 아이들 모두 즐길 수 있으며, 어린이를 위한 식사, TV 프로그램, 다양한 게임, 심지어 10대를 위한 나이트클럽 등 여러 가지 프로그램들이 제공된다.

그림 5-18 | 다양한 어린이 놀이시설

(2) 과학 여행 하이라이트

셀러브리티 크루즈는 아이들에게 단지 재미만 주는 게임이 아닌 교육적인 게임을 제공한다. 과학탐구와 자연학습을 통해 아이들이 곤충을 발견할 수 있고, 바다 생물과 해적의 세계도 볼 수 있다. 3~12세 사이의 어린이들의 창의력을 키워줄 과학 여행은 하루에 30분에서 한 시간까지 추가비용 없이 제공된다.

15) 아이스링크

주간에는 일반 크루즈 손님들이 즐길 수 있는 아이스 스케이팅장, 게임장, 음식 시연회장 등으로 활용되며 야간에는 볼쇼이 발레단과 같은 아이스 스케이팅 공연장으로 활용된다.

그림 5-19 | 크루즈 아이스링크

주간에 아이스 스케이팅장을 이용할 경우 스케이트는 무료로 대여하며, 또한 크루즈 내 다양한 프로그램 중 많은 크루즈승객들이 모여 함께하는 게임장으로 이용될 경우 얼음 위를 강화바닥재로 자동 교체하는 시스템이 있어 그 활용가치가 높다.

특히 야간공연은 뛰어난 음향시설, 조명시설과 함께 아이스 스케이팅 쇼의 진수를 느낄 수 있다.

16) 선장 환영 리셉션(칵테일파티)

선장 환영 리셉션은 선장이 승객들을 환영한다는 의미로 간단한 칵테일파티 형태로 진행된다. 크루즈를 탑승하게 되면 일반적으로 크루즈 탑승 2일째, 선장이 주최하는 환영 칵테일파티가 열리게 된다. 참석 대상은 크루즈승객 모두가 되며 인원이 많은 관계로 두 차례에 나누어 행사를 갖는다.

그림 5-20 | 크루즈선상 칵테일파티

칵테일파티 참석 시 복장은 정장을 하는 것이 일반적이며, 남성은 정장에 넥타이 착용, 혹은 턱시도를 준비하면 된다. 여성은 치마 정장이나 드레스를 준비하면 된다. 장소는 주로 크루즈 내 대형 공연장이나 대형 바에서 진행된다.

진행방법은 환영 리셉션장 입구에서 선장과 간단한 사진촬영을 하며, 촬영된 사진은 크루즈 내 포토 갤러리라는 곳에서 인화되어 전시되고 원하는 경우 일정금액을 지불하고 찾을 수도 있다.

행사장 안으로 들어서면 웨이터들이 샴페인이나 음료 등을 서비스하고 자리를 잡고 앉으면 무대에서는 재즈 악단 등이 분위기를 고조시킨다. 앞 무대에서는 자연스럽게 남녀 손님이 연주되는 음악에 맞추어 춤을 추기도 한다. 시간이 어느 정도 지나면 선장의 인사말과 함께 크루즈 내 각 파트의 최고 매니저들을 선장이 직접 소개한다.

갤리라고 부르는 크루즈 주방의 총 책임자인 주방총괄매니저, 객실파트 총괄매니저, 공연 등 이벤트를 담당하는 엔터테인먼트 총괄매니저 등 여러 부문의 총 책임자를 소개하는 시간을 갖는다. 마지막으로 손님들이 어느 국가에서 왔는지 국가명을 호명하기도 하여 분위기를 고조시키며 약 1시간 정도 진행된다.

17) 쇼핑(Ship's Shops)

그림 5-21 | 쇼핑

크루즈에서는 면세(수입면세) 쇼핑을 즐길 수 있다. 해로드면세점은 Queen Elizabeth Ⅱ에 매장을 가지고 있으며, 이러한 상점들은 아스피린에서 다이아몬드에 이르기까지 모든 물품이 제공되며 매우 합리적인 가격에 구입이 가능하다. 크루즈승객들은 크루즈 내에서 프랑스의 향수, 오스트리아의 크리스털, 스위스의 초콜릿, 아일랜드의 레이스 그리고 그 외 다양한 국제적인 보석들을 구입할 수 있다.

3. 크루즈선상의 각종 규정

1) 크루즈 수하물 수속 및 규정

크루즈여행 시 수하물의 수속은 출발 항구에서 이루어지며, 항구에 대기하고 있는 포터들에게 수하물을 전달하면 된다. 수하물에는 한국 사무소에서 승선서류와 함께 발급하는 짐표를 붙여야 하며, 짐표에는 승선객 성명, 선실번호, 유람선명 등이 명기되어 있다.

짐표를 분실했을 경우에는 포터들이 여분의 짐표를 가지고 있으므로 직접 선실번호 및 고객성명을 명기한 후 짐에 붙여 맡기면 된다. 수하물은 항구에서 바로 유람선으로 이동되므로 별도의 수하물 짐표를 발행하지 않으며, 붙이는 짐에는 여권, 항공권, 현금 등 귀중품을 넣지 않도록 주의해야 한다.

항구에서 붙여진 짐은 승선 후 각 선실로 배달되며, 크루즈 출발 30분 전까지 짐이 선실로 배달되지 않았을 경우에는 룸 메이드 또는 Guest Relation Desk에 문의하면 된다. 많은 인원의 수속이 동시에 진행되므로 일단 유람선에 짐을 실은 후 각 선실로의 배달이 늦어질 수 있으므로 문의하면 직원들이 수하물 전달에 대해 친절하게 안내해 준다.

하선 시에는 하선 전날 짐을 꾸린 후 각 선실로 배달되어 온 짐표를 붙여 저녁 7시부터 11시 사이에 선실 밖에 내놓으면 된다. 각 선실로 배달되어 오는 짐표는 사전에 하선 후의 항공 스케줄 및 투어 스케줄을 확인하고 그 자료에 근거해서 순서대로 하선할 수 있도록 색상이 배정된다. 따라서 일찍 하선해야 할 경우 고객데스크에 본인 짐표의 하선순서를 사전에 확인해야 한다.

수하물은 다음날 아침 터미널에 짐표 색상별로 모여 있으며, 본인의 짐을 확인한 후 픽업하면 된다.

수하물 규정은 1인당 최대 200파운드(약 90kg)의 수하물을 별도의 추가요금 없이 유람선 안으로 반입할 수 있다. 단, 폭발물, 무기류 및 기타 위험한 물품 등은 반입이 금지된다.

크루즈선사의 과실로 인한 수하물의 분실 및 훼손의 경우 크루즈 약관에 따라 품목 확인을 통해 수하물의 개수, 가격에 상관없이 1인당 최대 US$300 이내에서 보상된다. 따라서 고가의 귀중품은 여행시에 지참하지 않는 것이 좋으며, 불가피하게 지참하는 경우에는 수하물에 넣지 말고 직접 작은 가방에 소지하도록 한다.

2) 크루즈 내 알코올(alcohol) 규정

크루즈 내에는 많은 바(bar)들이 있고 시중가격에 비해 결코 비싸지 않은 가격으로 수많은 종류의 알코올음료를 이용할 수 있다.

(1) 알코올 음용 최소 나이

크루즈 내 알코올음료를 음용할 수 있는 최소 나이는 21세이다. 그러나 북미를 제외한 기타 크루즈여행 지역의 알코올음료를 음용할 수 있는 최소 나이는 21세보다 낮은 게 일반적이다. 물론 부모님이나 보호자가 동반하는 크루즈여행의 경우 18세까지도 가능하다.

알코올 음용 나이를 결정하는 기준일은 승객이 크루즈에 탑승하는 날짜를 기준으로 하며 이러한 알코올 정책을 위반하는 승객의 경우 크루즈 탑승에 제한을 받을 수 있다.

(2) 알코올 구입

① 크루즈 내 면세점에서 구입한 경우

알코올을 크루즈 내 면세점에서 면세가로 구입할 수 있는데 이럴 경우 구입한 알코올은 크루즈선사에서 보관하며 하선 전날 밤 선실로 배달된다. 크루즈 내에서 구입 후 바로 음용을 원할 경우 면세가격으로는 구입이 안 되며, 세금을 부담하면 즉시 구입 가능하고 음용 가능하다.

② 크루즈 외 기항지 등에서 구입한 경우

크루즈 내에서 음용할 목적으로 기항지 등에서 구입한 알코올은 객실 내로 반입할 수 없고 선사에서 보관하며 하선 전날 밤 선실로 배달된다.

3) 크루즈 내 흡연정책

흡연고객의 욕구를 충족시키기 위해 크루즈는 크루즈 선내 몇 개의 바, 라운지와 크루즈 상층부의 오픈덱을 흡연지역으로 지정하였다. 따라서 크루즈 내에서는 위의 지정된 몇 군데를 제외한 공공장소에서는 흡연이 금지되어 있다. 크루즈여행을 하다 보면 많은 기항지에 들르게 되는데 이는 일반적인 사항으로 기항지 선택관광 시 이용하는 버스 또한 금연구역이다.

4) 크루즈 기항지에서의 승하선 절차

크루즈 기항지는 항구 사정에 따라 바로 항구에 접안하는 Dock 또는 운항 크루즈선이 많거나 수심이 낮아서 항구에 바로 접안하지 못하고 바다에 정박하여 텐더보트(150여 명 탑승)로 승객들을 실어 나르는 Tender가 있다.

기항지에서의 모든 승하선 절차는 전자시스템으로 이루어지며, 최초 크루즈 탑승 시 승선카드를 기계에 넣고 고객의 사진을 찍게 된다.

하선 시 출입문에 설치되어 있는 기계에 승선카드를 넣으면 최초 인식된 고객 얼굴이 화면에 나타나게 되며, 직원은 바로바로 고객을 인식할 수 있다. 또한 승선 시에는 카드 인식과 함께 간단한 소지품 X선 검사 후 바로 탑승이 이루진다. 이렇듯 승하선 절차가 간단하기 때문에 2,000~3,000명이 넘는 탑승객이 큰 혼잡 없이 기항지에서 승하선을 할 수 있다.

기항 국가가 다를 경우에도 별도의 출입국 수속은 거의 없으며, 입국수속이 필요할 경우에는 출입국 관리사무소 직원이 크루즈에 탑승해서 간단한 질문 후 입국 허가를 해주고 있다. 따라서 비자가 필요한 국가의 경우 사전에 비자를 발급받아야 하며, 기항 일정 중 필요한 비자를 받지 않았을 경우에는 탑승수속 시 탑승이 거부된다.

제3절 선상정보와 예절

1. 크루즈 승선 전에 알아야 할 정보

여행객은 승선 전 자신의 크루즈 티켓과 여권을 제시해야 한다. 이 서류들을 절대로 수화물에 넣으면 안 된다. 안전상의 이유로 승객들은 배 안으로 들어가지 못하게 되어 있기 때문이다.

승선을 위해 개인적으로 도착한 후 공항에서의 세관, 이민국 통과를 위한 항공 도착시간과 배의 출항에서의 세관, 이민국 통과를 위해서 항공 도착시간과 배의 출항시간 사이에 충분한 여유를 가져야 한다.

1) 수화물

배에 승선하기 전에 반드시 세관 홀을 통과해야 한다. 수화물 검사 후 가방은 포터에 의해 지정된 승객의 캐빈으로 전달될 것이다. 승객들은 각각의 가방이 잠겨 있는지, 이름표가 정확히 붙어 있는지, 배와 캐빈의 번호가 일치하는지를 확인하여야 한다. 자신의 캐빈번호를 모를 경우 수화물은 캐빈이 정해질 때까지 리셉션 구역에 보관되며, 캐빈번호가 확정된 이후에 담당 승무원에 의해 그곳으로 전달될 것이다.

2) 귀중품

승객들은 편의를 위해서 배의 사무장에게 일정액의 보증금을 지불하고 귀중품을 맡길 수 있다. 크루즈회사에서는 보증금을 낸 귀중품에 대해서만 분실 시 책임을 진다.

3) 사진관

전문 사진사는 배 안에서 이루어지는 모든 행사에 참여하게 된다. 승객이 희망할 경우에만 촬영을 하고 의무사항은 아니다.

4) 종교 서비스

매일 천주교 미사를 비롯하여 각 종교의 예배에 참석할 수 있다.

5) 입항과 출국

승객이 수화물을 확인한 후에는 포터들이 세관홀로 옮기는 것을 도와줄 것이다. 만약 단체그룹의 여행객이라면 그룹의 투어리더(여행인솔자)에게 자세한 사항을 문의하면 된다. 그리고 승객터미널 밖에는 택시가 항상 운행되므로 이를 이용할 수 있다.

개인승객들이 세관홀을 통과하고 배가 항구 관계자들로부터 통과를 허가받기 위해서는 입항시간과 출국시간 사이에 충분한 시간을 두어야 한다(최소한 4시간 소요). 또한 입항하는 수에 따라 택시를 잡는 시간도 고려해야 할 것이다.

6) 출항시간

① 3일 크루즈 : 올림픽(Olympic)호와 오디세우스(Odysseus)호는 Piraeus에서

금요일 11시에 출항하며 9시부터 승선이 가능하다.

② 4일 크루즈 : 올림픽호, 오디세우스호 모두 월요일 11시에 출항하며 9시부터 승선이 가능하다.

③ 7일 크루즈 : SS호는 월요일 7시에 출항하며 4시부터 승선이 가능하다. TR호는 금요일 8시에 출항하며 5시부터 승선이 가능하고, SO호는 금요일 7시에 출항하며 4시부터 승선이 가능하다. 또 OR호는 토요일 9시에 출항하며 6시부터 승선한다.

④ 10, 12, 14, 21일 크루즈 : SS호의 경우 14, 21일 크루즈는 월요일 7시에 출항하며 4시부터 승선이 가능하다. 또 OD와 SO호는 10, 12, 14일 크루즈의 출항과 승선에 관한 정보를 승객에게 서류로 전달한다.

2. 선상예절

크루즈여행을 제대로 즐기려면 미리 크루즈 소개 안내 책자를 보고 선 내에서의 생활이나 시설들을 익혀두는 것이 좋다. 또한 6개월 정도 시간여유를 고려하여 배의 중앙에 위치한 방을 배정받도록 하는 것이 현명하다. 배의 양끝보다는 여러 편의 시설을 이용하기에 동선이 짧다는 이점이 있기 때문이다.

객실을 선택할 때에는 비싼 방을 고집할 필요는 없다. 보통 카테고리 1(1박당 120달러 정도)부터 시작되는 선실은 1급이 올라갈 때마다 3~40달러 정도가 추가된다. 카테고리 6~8정도부터는 객실에 창이 나 있어 바다를 볼 수 있다는 장점이 있다. 그러나 사실상 방에서 보내는 시간은 그리 많지 않고 객실과 상관없이 동등한 서비스를 받을 수 있기 때문에 크루즈 경험이 많은 실속파들은 제일 싼 객실을 선택한다. 하지만 이 방들은 6개월 전에 미리 예약이 완료되므로 서둘러야 한다.

크루즈여행에는 반드시 정장을 준비해야 한다. 첫날 벌어지는 선장 환영파티를 비롯하여 매일 밤 벌어지는 만찬파티에는 정장이 아니면 입장이 불가하기 때문이다. 옵션투어를 위해서도 그때그때 적절하게 필요한 옷을 준비해 가는 것이 좋다. 대부분의 장비는 대여 가능하다. 매일 벌어지는 빙고게임, 퍼팅대회, 클레이사격 등 각종 오락

프로그램과 경연대회는 해당날짜에 배달되는 소식지를 참고하면 된다. 또한 기항지에서의 선택관광도 미리 예약해 두는 것이 좋다.

크루즈여행의 가장 큰 장벽으로 지적되는 건 언어장벽이다. 가능하면 영어를 잘 구사하면 좋겠지만 다소 못하더라도 분위기만 잘 맞추면 된다. 크루즈에는 전 세계에서 모인 온갖 계층의 사람들이 모여들기 때문에 진정한 크루즈의 매력을 경험하고 싶다면 가능한 많은 사람과 접촉하고 대화를 나누는 것이 좋다.

제4절 크루즈상품의 생산과 판매

1. 크루즈요금

크루즈선사는 가동률과 객실점유율 제고가 중시되므로 고객흡수를 위한 촉진방안으로서 할인요금의 적용, 비수기의 요금설정, 단골 승객(special cruise)에 대한 특별할인, 한 객실을 3~4명의 승객이 사용할 때 제공하는 할인제도, 일정기간 전에 예약을 한 승객에 대한 할인율 적용 등의 방법에 의해 신규수요를 개발하거나 승객의 고정화를 유도하고 있다. 승객에게 적용되는 요금은 12종류에 이르며 가장 고가의 요금은 가장 경제적인 요금(economy)의 약 2배 정도이다.

1) 크루즈요금 설정의 요소

① 크루즈 운항기간(duration of cruise)

② 계절(season)

③ 객실 위치 및 사용객실의 크기(cabin location & size)

④ 크루즈선박의 프로필(ship profile)

2) 크루즈요금에 포함된 사항

승객은 중요 비용을 사전에 크루즈선사에 지불하고 승선하므로 많은 돈을 지니고 여행할 필요가 없다.

① 운송(transportation)
② 선상에서의 각종 편의 제공(various convenience on ship)
③ 식사(meal)
④ 오락프로그램 참석과 각종의 선상활동(recreation activities)
⑤ 기항지에서 선박으로부터 육지에 도착하는 운송수단 이용 및 그 반대방향으로 이루어지는 운송수단의 이용(pilot service)

3) 선택적인 요소로서 크루즈요금에 포함되지 않는 사항

① 기항지관광(shore excursion)
② 치료비용(medical expense)
③ 세탁비, 사우나 및 마사지 등 개인 서비스(service charge)
④ 선상에서의 쇼핑비용(shopping expense)
⑤ 카지노게임 시 칩 구입비용(gambling chip)
⑥ 맥주와 와인 등 음료수대와 팁(tip)

4) 추가경비

미국 서부, 멕시코, 하와이제도(4N-5D)에서의 추가경비를 예로 보면 다음과 같다.

① 항만세 : US$61
② 선상에서의 팁

웨이터	Bus boy	방청소인	식당지배인	Bell boy
US$15	US$9	US$15	US$5	US$5

③ Hotel 식사 tip : US$10

④ Driver tip : US$15

2. 크루즈요금의 특징

1) 크루즈요금은 가변적이다

크루즈요금은 예약률에 따라 자동으로 변경된다. 따라서 예약률이 낮은 시점에 예약을 하는 것이 가장 저렴하므로 통상 그룹의 경우 1년에서 최소 6개월 전, FIT 예약의 경우에도 최소 2~3개월 전에 예약하는 것이 좋다.

이러한 가변적인 성격으로 동일 선박과 일정이라고 해도 출발일자별, 예약률에 따라 요금이 달라질 수 있으며 같은 날짜라 해도 선호되는 선실 등급이 오션뷰로 예약률이 높을 경우에는 오션뷰의 요금이 발코니 캐빈보다 높을 수도 있다.

2) 별도의 그룹요금이 없다

크루즈에는 항공요금처럼 별도의 그룹요금이 존재하지 않는다. 이는 시스템에서 조회되는 요금이 현시점 조회 최저요금이기 때문이다. 또한 그룹 예약의 경우 별도의 미팅룸 또는 행사 진행 서비스, FOC 등등의 서비스가 추가로 제공되므로 그룹으로 사용할 수 있는 선실의 숫자가 제한적이다.

그룹 예약의 FOC 규정은 16명 예약 기준으로 1개의 침대(1 Half twin FOC)가 제공되며, 따라서 32명이 예약할 경우 1개의 선실이 FOC로 제공된다(항구 이용료+세금 별도).

3) 크루즈요금의 구성

크루즈요금은 선실요금, 항구이용료, 세금으로 구성되어 있다. 선실요금에는 기본적으로 숙박, 기타 편의시설, 식사, 각종 공연관람 등의 비용이 포함되어 있으며 커미션은 세금 성격이 강한 항구 이용료 및 세금을 제외한 선실요금의 10%가 지급된다.

4) 싱글 Charge

크루즈 선실은 2인 1실을 기본으로 한다. 따라서 싱글로 선실을 사용하려면 2명분의 비용을 모두 지불해야 한다. 예를 들어 1인당 선실요금 US$800+항구 이용료 US$100+세금 US$50로 싱글 룸을 사용하려면 US$800×2+항구 이용료 US$100+세금 US$50로 선실요금 기준 200%를 지불해야 한다.

5) 추가 3, 4인용 성인요금 및 어린이요금

크루즈 선실에는 호텔에서처럼 별도의 침대를 추가할 수 없으며, 별도의 3, 4인용 선실이 있다. 따라서 성인 2명과 동일 선실을 사용하는 추가 3번째, 4번째 손님의 경우 할인된 요금을 적용받는다. 이는 어린이 적용 요금과 동일한데, 어린이요금 역시 부모와 동일 선실을 사용해야 하는 조건으로 만약 성인 1명과 어린이 1명이 여행할 경우 어린이도 일반 성인요금이 적용된다.

3. 크루즈 투어 예약 및 여행조건

1) 여행의 예약

여행자가 여행사에 구두, 전화, 서신, 서류 등에 의한 표시로 신청하며 여행사는 소정의 절차에 따라 이에 대한 신청을 확인한 후 여행자가 예약금을 납부하면 여행 예약이 성립되며, 여행자는 약관 및 승선 약관을 주지해야 한다.

2) 여행경비의 납부

여행경비는 아래와 같이 기일 내에 지불해야 예약 확인 및 승객 등록이 가능하다.

① 예약 신청 시 : 예약금
② 출발 45일 전까지 : 총 여행경비의 60%
③ 출발 30일 전까지 : 총 여행경비 중 잔액의 전액

3) 취소료

여행자의 여행계약이 해제·변경되거나, 여행조건을 변경, 취소할 때 이에 대한 취소료는 다음과 같다.

① 출발일 45일 전 : 예약금 전액
② 출발일 30일 전 : 여행경비의 50%
③ 출발일 2일 전 이후 100%

4) 여행조건 및 일정의 변경

① 2인 1실 기준의 크루즈선 Out-Side 객실 기준
② 이코노미 클래스 항공료 포함
③ 관광 및 교통편 포함
④ 항구세 및 공항세 포함
⑤ 공항 및 호텔의 포터 봉사료
⑥ 각 지역 옵션관광은 별도
⑦ 크루즈사는 여행자의 안전과 보호를 위해 쌍방의 합의 시에는 일정의 일부 또는 전부를 변경할 수 있다.
⑧ 천재지변, 불의의 재해, 정변, 전란, 파업, 크루즈선의 납치, 그 외 불가항력의 사유로 인한 부득이한 경우에는 여행의 원활한 진행을 위해 출발 전후에 관계없이 여행조건 및 일정의 일부를 당사의 판단에 의해 변경할 수 있다.

4. 크루즈 예약 진행

처음 크루즈 문의를 받을 때 가장 당황하는 것은 바로 크루즈 예약 진행을 어떻게 해야 하는지에 대한 사전지식이 없기 때문일 것 같다. 이는 크루즈라는 생소한 상품이 주는 막연한 어려움 때문일 수도 있다. 하지만 크루즈상품의 예약방법은 그리 복잡하거나 어렵지 않다.

1) 여행 목적지, 여행 시점 결정

일반 패키지상품과 동일한 부분이며, 먼저 크루즈 상담이나 예약 진행 시에 결정해야 하는 부분은 바로 어디를 여행할 것이냐이다. 주요 여행지의 경우 알래스카, 지중해, 북유럽, 카리브해, 멕시코, 바하마 등지이며, 이외에도 버뮤다, 파나마운하, 남미, 갈라파고스 등으로 매우 다양하다. 그렇기 때문에 조금 막막할 수 있지만 한국인들이 가장 많이 선호하는 일정은 알래스카, 지중해, 북유럽, 카리브해, 멕시코 등이기 때문에 좀 더 쉽게 접근할 수 있다. 특히 알래스카, 지중해, 북유럽의 경우 연중 운항하지 않으므로 여행 시점의 결정도 중요하다.

① 자연의 아름다움, 대빙하의 장대함을 느끼고 싶은 여행객 → 알래스카(5~9월)
② 그리스, 로마 유적, 그리스 섬들의 아름다움, 유럽의 건축물들 선호하는 여행객 → 지중해, 북유럽(5~11월)
③ 여름철 리조트와 같이 바다를 즐기거나 새로운 문화체험을 원하시는 분들 → 카리브해, 멕시코(연중)

2) 선실 등급의 결정

선실 등급은 내측, 오션뷰(창문은 있으나 열지 못함), 발코니, 스위트 선실로 나누어진다. 각 등급별로 요금이 구분되기 때문에 여행경비 예산에 따라 결정하는 것이 일반적이다. 여러 등급의 요금은 실시간으로 안내되며 가격대비 선실의 효용도에 따라 결정하는 것이 일반적이다.

3) 예약 시 필요사항

예약 시 필요사항은 예약을 원하는 일정 및 날짜, 성명, 생년월일, 여권번호 등이며, 최초 예약 시에는 기본적인 여행 일정 및 날짜, 영문 성명만 있으면 예약이 가능하다.

4) 예약 확정서 발급 및 신청금 입금

예약 일정, 예약 확정 사항 : 선실번호, 선실요금, 항구 이용료, 세금, 신청금 입금 요청사항, 취소료 적용일자가 안내되어 있는 예약 확정서가 발급되며, 예약 확정 1주일 내에 5박 이하-1인당 US$100, 7~8박 1인당 US$250, 9박 이상 1인당 US$450의 신청금을 입금하면 예약이 최종 확정된다.

5) 잔액의 완납 및 승선서류 발급

예약 확정서에 안내한 입금 스케줄에 따라 잔액을 입금하면 크루즈 승선 수속을 위한 승선서류를 발급한다.

5. 예약 시스템

로열캐리비언/셀러브리티 크루즈의 요금조회 및 예약 시스템은 Cruise Match 2000(CM 2000)이다. Cruise Match 2000(CM 2000)은 인터넷 사이트를 통해 접속 가능한 로열캐리비언/셀러브리티 크루즈의 자체 예약시스템이다.

크루즈요금을 비롯한 여러 가지 정보를 조회하는 방법은 로열캐리비언/셀러브리티 크루즈 홈페이지에서 쉽게 조회할 수 있다.

Cruise Match 2000(CM 2000)에서는 조회 시점에서 다양한 요금제 중 가장 저렴한 요금을 조회하며 실시간 예약이 가능하다. 또한 크루즈 객실번호를 선택, 예약할 수 있어 원하는 객실타입, 객실위치를 조회, 예약하여 최적의 예약 만족도를 제공한다. 식사시간의 선택, 저녁 정찬 시 일행이 있을 경우 동일 정찬 테이블 요청, 트윈/

싱글 베드 요청 등 다양한 욕구에 부응하는 맞춤 서비스를 제공하고 있다.

6. 일정 및 가격

1) 알래스카 크루즈 7박 8일

알래스카는 천혜 야생동물의 보고라고 할 만큼 아름다운 자연환경과 야생동물(고래, 곰, 독수리), 다양한 해양동물 등을 만날 수 있다. 자연뿐만 아니라 토착 인디언들의 문화와 옛 골드러시의 정취를 느낄 수 있는 다양함이 있는 곳이다.

낮에는 빙하 투어, 개썰매, 금광으로 향하는 스릴 넘치는 기차여행, 연어 낚시, 고래 관찰 등으로 바쁜 하루를 보냈다면 저녁에는 세레나데호로 돌아와 스파나 사우나를 즐기며 휴식을 취할 수 있다. 풀코스로 제공되는 정찬식사에 맛좋은 와인을 곁들인다면 저녁식사가 더욱 풍성해질 것이다. 저녁식사 후에는 가볍게 브로드웨이 스타일의 공연을 관람한 후 카지노를 즐기거나 다양한 라운지와 바(Bar)에서 담소를 나눌 수 있다. 혹은 라이브 음악에 맞춰 커플댄스를 즐길 수도 있다. 하루의 모든 일정을 마치고 편안한 침실에서 달콤한 잠에 빠져 있는 동안 세레나데호는 아름답고 멋진 알래스카의 다음 기항지로 이동할 것이다.

- 출발일자 : 2006년 7월 23일부터 9월 10일까지 매주 일요일
- 유람선명 : 로열캐리비언 크루즈 – 세레나데호(90,090톤)
- 이용선실 : 디럭스 발코니
- 판매요금 : 3,990,000원부터
- 이용항공 : 에어캐나다(AC)
- 간략일정 : 밴쿠버 – 세레나데호 탑승 7박(내수면항해 – 허바드빙하 – 스캐그웨이 – 주노 – 케치칸) – 밴쿠버

그림 5-22 | 알래스카 크루즈 운항 모습

2) 노르웨이 피오르 크루즈

날씨가 여름으로 향해 갈수록 시원한 곳으로의 여행을 꿈꾸게 된다. 이때 시원하고 색다른 노르웨이 피오르 크루즈를 즐길 수 있을 것이다. 패키지로 판매하고 있으며, 인솔자가 확정되어 있어 보다 편안한 크루즈여행을 즐길 수 있다.

【아름다운 섬들 & 노르웨이 피오르 크루즈 17일 : 컨스텔레이션호/인솔자 동행 확정】

- 출발일자 : 7월 14일~7월 30일(총 17일)
- 유람선명 : 셀러브리티 크루즈 컨스텔레이션호(91,000톤)
- 이용선실 : 디럭스 발코니(2A)
- 판매요금 : 8,340,000원(여행사 예약 시 일정 커미션 지급)
- 간략일정 : 인천 – 런던 – 도버(1) – 크루즈승선, 르아브르(프랑스) – 코크(아일랜드) – 더블린(아일랜드) – 그리녹(스코틀랜드) – 벨파스트(북아일랜드) – 게이랑게르, 헬러실트(노르웨이) – 올덴(노르웨이) – 베르겐(노르웨이) – 코펜하겐(덴마크) – 도버 – 런던 – 기내(1)

그림 5-23 | 북유럽 기항지

3) 머큐리호와 함께하는 호주, 뉴질랜드 고품격 크루즈여행

2007년 12월 셀러브리티 크루즈 머큐리호(77,000톤)가 환상적인 호주, 뉴질랜드로 안내한다. 볼거리는 많지만 국가 간, 도시 간 이동이 많아 다소 피곤했던 호주, 뉴질랜드 패키지여행을 이제는 편안한 크루즈여행으로 즐길 수 있다.

빙하, 호수, 폭포가 만들어내는 기막힌 장관이 일품인 뉴질랜드의 기항지들, 태고의 아름다움과 신비로움을 느낄 수 있는 태즈메이니아섬, 아름다운 항구 시드니를 체험할 수 있다. 여러분이 선상 프로그램과 공연, 식사를 즐기는 동안 머큐리호는 아름다운 기항지로 이동한다. 다음날 아침에 펼쳐지는 놀라운 장관을 볼 때마다 크루즈여행의 진정한 묘미를 느낄 것이다.

【호주/뉴질랜드 크루즈 14박 15일】

- 일정 : 호주/뉴질랜드 14박 15일
- 출발일자 : 2007년 12월 9, 23일, 2008년 1월 6, 20일, 2월 3, 17일
- 유람선명 : 셀러브리티 크루즈, 머큐리호(77,000톤, 승객수 : 1,870명, 승무원 : 935명)
- 출발항구 : 시드니/호주 또는 오클랜드/뉴질랜드
- 세부일정 : 시드니 – 멜버른 – 호바트/태즈메이니아 – 밀포드사운드 – 다우풀사운드 – 더스키사운드 – 더니든 – 크라이스트처치 – 웰링턴 – 볼캐닉 화이트섬 – 타우랑가 – 오클랜드(오클랜드 출발의 경우 역순)

그림 5-24 | 뉴질랜드 크루즈 운항 모습

4) 아름다운 지중해 14박 15일 크루즈

코발트 빛 아름다운 지중해와 그리스 로마 유적을 찾아가는 고품격 여행, 지중해 크루즈 일정을 대표하는 12박 일정을 셀러브리티 크루즈 밀레니엄호(91,000톤)가 안내한다. 인솔자가 동행하므로 크루즈여행에 익숙지 않은 사람도 편안하게 크루즈여행을 즐길 수 있을 것이다.

【지중해 14박 15일 : 밀레니엄호】

- 출발일자 : 2006년 7/24(월)
- 유람선명 : 셀러브리티 크루즈 – 밀레니엄호(91,000톤)
- 이용선실 : 디럭스 발코니(2A)
- 판매요금 : 7,450,000원
- 간략일정 : 바르셀로나 – 해상 – 빌프랑슈 – 리보르노 – 치비타베키아 – 나폴리 – 해상 – 산토리니 – 피래우스 – 해상 – 두브로브니크 – 베니스

그림 5-25 | 지중해 크루즈 운항 모습

5) 아름다운 지중해 9박 10일 크루즈

그리스 로마시대의 주요 유적과 아름다운 자연이 있는 지중해와 유럽지역의 크루즈 노선은 2005년 한 해 전 세계 크루즈승객 중 15%가 이용하였으며 로열캐리비언 & 셀러브리티 크루즈 한국사무소 2005년 전체 송객대비 20%를 차지하고 있다. 지중해, 북유럽 노선의 지속적인 수요 증가로 인하여 로열캐리비언 크루즈에서도 2006년 들어 138,000톤급의 보이저호를 지중해 7박 일정으로 운항하고 있다.

【지중해 로열캐리비언 보이저호 10일】

- 출발일자 : 2006년 9월 8, 22, 29일(추석특선), 10월 13, 27일
- 유람선명 : 로열캐리비언 크루즈 보이저호
- 이용선실 : 발코니 객실
- 판매요금 : 4,590,000~5,490,000원
- 간략일정 : 바르셀로나(스페인) – 마르세유(프랑스) – 빌프랑슈(니스/칸/몬테카를로) 프랑스 – 리보르노(피렌체/피사) 이탈리아 – 치비타베키아(이탈리아) – 나폴리(이탈리아) – 해상(항해) – 바르셀로나(스페인)

그림 5-26 | 지중해 크루즈 정박 모습

6) 신이 준 선물 아름다운 알래스카 크루즈

2005년 한국의 크루즈 출국자 수를 5,000명으로 추정했을 때 약 28%, 1,400명을 나타내 단연 한국에서 크루즈 여행지 1위로 꼽히고 있는 알래스카는 거대한 빙하와 야생의 동물들을 가깝게 접할 수 있는 매력을 지니고 있다.

사람의 손길이 닿지 않은 자연 그대로의 모습은 언제나 우리에게 휴식처럼 다가온다. 아름답게 수놓아진 그 이름을 다 알 수 없는 야생화와 묵묵히 그 자리를 지키고 있는 거대한 빙하들은 한 폭의 그림이 된다. 거대한 고래와 독수리, 물살을 거슬러 올라가는 연어떼, 각종 해양 동식물들을 만나는 기쁨과 개썰매, 빙하체험, 연어 낚시를 즐길 수 있는 알래스카는 신이 준 선물이다.

【알래스카 10일】

- 출발일자 : 2006년 7월 29일(토요일) – 인솔자 동행 확정
- 유람선명 : 셀러브리티 크루즈 인피니티호(91,000톤)
- 이용선실 : 디럭스 발코니
- 판매요금 : 5,490,000원
- 간략일정 : 시애틀 – 밴쿠버 – 인사이드 패시지 – 케치칸 – 허바드빙하 – 주노 – 시트카 – 밴쿠버 – 시애틀

그림 5-27 | 알래스카 크루즈 운항 모습

7) 바하마와 멕시코 크루즈와 라스베이거스/그랜드캐니언

바하마 멕시코 운항 일정은 캘리포니아와 멕시코의 해변 휴양지, 멕시코의 음식과 문화체험, 골프 투어 등 짧은 여정과 저렴한 요금으로 크루즈여행을 경험할 수 있는 이점이 있어 동문회 행사나 가족모임 등으로 인기 있는 일정이다.

운항 유람선인 모나크호는 무려 5억 불을 투자해서 탑승객들에게 즐거움과 편안함을 줄 수 있는 새로운 모습으로 거듭났으며, 1년 내내 금요일 출발 3박(엔세나다-해상) 일정, 월요일 출발 4박(샌디에이고-카탈리나섬-엔세나다) 일정을 운항하고 있다.

【멕시코 크루즈/라스베이거스/그랜드캐니언】

- 출발일자 : 10월 2, 9, 16, 23, 30, 11월 6, 13, 20, 27일(9박 10일 일정)
- 항공 : KE017 15:00/KE012 00:30
- 유람선명 : 로열캐리비언 크루즈 모나크호
- 이용선실 : 오션뷰
- 판매요금 : 2,190,000원부터
- 간략일정 : 로스앤젤레스 – 모나크호 탑승 4박(샌디에이고 – 카탈리나섬 – 엔세나다) – 로스앤젤레스(1) – 라플린(1) – 그랜드캐니언 – 라스베이거스(1) – 로스앤젤레스 – 기내(1)

그림 5-28 | 바하마 멕시코 크루즈 운항 모습

8) 기항지에서의 투어

크루즈여행의 가장 큰 매력은 세계적으로 유명한 기항지를 편안하게 이동하면서 여행할 수 있다는 점이다. 일반적으로 크루즈 일정은 오전에 기항지에 정박한 후 오후에 다음 기항지로 이동하게 되는데, 기항지에서 정박하는 시간 동안 자유여행 또는 선사의 선택 관광 프로그램인 Shore Excursions에 참가하게 된다.

그림 5-29 | 스페인 바르셀로나 기항지 구엘 공원

(1) 기항지 자유여행

항구에서 가까운 곳의 도보여행 또는 현지 교통편을 이용해 자유여행을 할 수 있다. 단, 주의할 점은 선상 신문에 안내되는 크루즈 탑승시간을 꼭 지켜야 한다는 것으로 탑승시간보다 여유 있게 크루즈에 탑승할 수 있도록 해야 한다.

(2) 선택 관광 : Shore Excursions

각 선사는 기항지의 주요 볼거리, 즐길거리 등을 묶어 다양한 선택 관광 프로그램을 판매하고 있다. 다년간의 경험으로 최상의 프로그램을 제공하는 만큼 만족도도 높은 편이며, 영어 가이드가 투어를 진행한다. 현지 랜드사가 투어 서비스를 제공할 수 없는 지역에서는 그룹인 경우에도 본 선택 관광 신청 후 인솔자가 통역해 주는 식으로 진행하게 된다.

(3) 선택 관광 예약

선택 관광은 선내 또는 출발 10일 전까지 인터넷에서 예약이 가능하다. 선내에는 선택 관광 예약을 전담하는 데스크가 마련되어 있으며, 신청리스트에 예약을 원하는 투어를 선택한 후 캐빈번호, 이름을 적은 후 제출하면 된다. 결제는 승선카드로 이루어지며, 연계되어 있는 신용카드로 결제 청구된다.

지중해, 알래스카의 경우 인기 있는 선택 관광이 마감되는 경우가 자주 발생하므로 출발 전에 인터넷 예약을 하도록 권하고 있다.

(4) 기항지 투어 자체 수배

지중해 또는 북유럽 일정을 인센티브 또는 그룹으로 진행할 경우 현지 랜드사를 통한 기항지 투어를 자체 수배하는 것이 좋다. 이는 각 기항지별 역사·문화를 한국 가이드가 설명해 준다는 장점이 있어 그만큼 투어에 대한 만족도를 높일 수 있기 때문이다.

9) 남미 일주 : 인피니티호 26일

아직도 많은 미스터리를 안고 있는 신비한 잉카문명과 안데스산맥, 정열적인 삼바와 탱고, 그 규모와 아름다움으로 모두의 찬사를 받는 이구아수폭포 등 남미대륙은 놀라움에 대한 기대를 만족시켜 줄 최상의 여행지이다.

그림 5-30 | 중남미 기항지

남미 크루즈여행은 보다 편안하고 만족스러운 경험을 줄 것이며, 고대문명의 유적지, 축제와 파티의 도시, 눈 덮인 안데스산맥과 멋진 빙하지대로 안내한다. 브로드웨이의 화려한 쇼, 한밤의 피아노 바에서의 칵테일 한 잔, 일출을 바라보며 사랑하는 사람과 함께하는 아침식사, 이 모든 것이 인피니티에서는 가능하며, 대리석과 원목, 유리로 장식된 밀레니엄 클래스 중 특히 우아한 멋을 자랑하는 크루즈이다.

【남미일주 : 인피니티호 26일】

- 출발일자 : 2006년 12월 11일(월요일)
- 여행기간 : 2006년 12월 11일부터 1월 5일(26일)
- 항공 : 인천 – LA : 2006년 12월 11일 월 15:00 KE017, LA – 인천 : 2007년 1월 5일 금 17:30 KE094
- 유람선명 : 셀러브리티 인피니티호(91,000톤급)
- 이용선실 : 발코니(디럭스 발코니)
- 판매요금 : 11,000,000원/성인
- 일정 : 인천 · 로스앤젤레스 – 리마 · 쿠스코 · 우루밤바(페루) – 마추픽추–우루밤바 · 쿠스코 – 훌리아카 · 리마 – 파라카스 · 바예스타섬 · 나스카 – 리마 · 부에노스아이레스(아르헨티나) · 몬테비데오(우루과이) – 공해상 – 푸에르토마드린(아르헨티나) – 공해상 – 공해상 – 케이프호른(칠레) – 우수아이아(아르헨티나) – 푼타아레나스(칠레) – 마젤란해협 – 항해 – 칠리안 피오르 – 항해 – 푸에르트몬트(칠레) – 공해상 – 발파라이소 · 산티아고(칠레) – 리우데자네이루(브라질) – 이구아수 – 상파울루 – LA – 인천

10) 서부 카리브해

그림 5-31 | 카리브해 크루즈 정박

아름다운 바다에 점점이 보석처럼 박혀 있는 크고 작은 섬들과 어깨를 들썩이게 하는 신나는 레게음악이 떠오르는 카리브해, 정열적인 태양이 이글거리지만 시원한 바다가 있어 더욱 시원하고 색다른 추억을 즐길 수 있는 곳으로 스쿠버다이빙, 스노클링, 돌고래와 함께하는 수영 등 잊지 못할 추억을 선물할 것이다.

최고 깊이가 무려 7,686m에 이르는 카리브해는 푸른 하늘을 고스란히 옮겨 놓은 듯 말로 표현하기 어려운 아름다운 바다 빛을 만들어낸다. 카리브해를 수놓은 크고 작은 섬들은 각각의 특색을 지니고 있으며, 많은 사람들이 즐겨 찾는 최상의 휴양지이다.

- 내비게이터호(Navigator of the sea) : 138,000톤, 승객 3,114명, 승무원 1,181명
  - 특급 호텔 수준의 휴양 & 편의 시설 : 바이킹 크라운 라운지, 아이스링크, 암벽등반, 실외 수영장, 미니어처 골프 코스, 카지노 로얄, 나이트클럽, 쇼핑센터, 쇼룸, 미용실, 비디오 아케이드, 헬스클럽 등의 시설이 완벽하게 갖추어져 있어 시간을 알차게 꾸밀 수 있다.
  - 하루 7번 제공되는 환상적인 식사 : 정찬과 뷔페식을 포함해 하루 7차례의 식사가 제공되며 매일 저녁 이탈리아식, 프랑스식, 지중해식, 카리브해식 등 세계 각국의 특별요리를 음미할 수 있다.

【서부 카리브해 크루즈 내비게이터호 11일】

- 출발일자 : 2006년 11월 24일(금요일)
- 여행기간 : 2006년 11월 24일부터 12월 4일(11일)
- 항공 : 인천 – 뉴욕 : 2006년 11/24 19:00 KE085
  뉴욕 – 인천 : 2007년 12/3 00:50 KE086
- 유람선명 : 로열캐리비언 내비게이터호(138,000톤급)
- 이용선실 : 발코니(슈페리어 발코니)
- 판매요금 : 4,490,000원/성인
- 일정 : 뉴욕(1) – 마이애미 – 유람선 7박(라바디 – 오초리오스 – 조지타운 – 코수멜) – 마이애미 – 뉴욕

11) 산타 크루즈 서부 카리브해

그림 5-32 | 로열캐리비언 내비게이터호

환상의 카리브해는 남아메리카대륙 북해안, 중앙아메리카 동해안, 남·북 아메리카 사이에 있는 크고 작은 섬들로 이루어진 서인도제도에 둘러싸인 대서양의 내해를 말한다.

신나는 레게음악이 떠오르는 카리브해, 정열적인 태양이 이글거리지만 시원한 바

다가 있어 더욱 시원하고 색다른 추억을 즐길 수 있는 곳으로 스쿠버 다이빙, 스노클링, 돌고래와 함께하는 수영 등 잊지 못할 추억을 선사할 것이다. 푸른 하늘을 고스란히 옮겨 놓은 듯 말로 표현하기 어려운 아름다운 바다 빛을 지닌 카리브해는 수많은 크고 작은 섬들이 각각의 특색을 지니고 있으며, 많은 사람들이 즐겨 찾는 최상의 휴양지이다.

- 내비게이터호(Navigator of the sea) : 138,000톤, 승객 3,114명, 승무원 1,181명
  - 특급 호텔 수준의 휴양 & 편의 시설 : 바이킹 크라운 라운지, 아이스링크, 암벽등반, 실외 수영장, 미니어처 골프 코스, 카지노 로얄, 나이트클럽, 쇼핑센터, 쇼룸, 미용실, 비디오 아케이드, 헬스클럽 등의 시설이 완벽하게 갖추어져 있어 시간을 알차게 꾸밀 수 있다.
  - 하루 7번 제공되는 환상적인 식사 : 정찬과 뷔페식을 포함해 하루 7차례의 식사가 제공되며 매일 저녁 이탈리아식, 프랑스식, 지중해식, 카리브해식 등 세계 각국의 특별요리를 음미할 수 있다.

【서부 카리브해 크루즈 내비게이터호 11일】

- 출발일자 : 2006년 12월 8일(금요일)
- 여행기간 : 2006년 12월 8일부터 12월 18일(11일)
- 항공 : 인천 – 뉴욕 : 2006년 12월 8일 11:00 KE081
  뉴욕 – 인천 : 2006년 12월 17일 00:50 KE086
- 유람선명 : 로열캐리비언 내비게이터호(138,000톤급)
- 이용선실 : 발코니(슈페리어 발코니)
- 판매요금 : 4,490,000원/성인
- 일정 : 마이애미 – 해상 – 라바디(하이티) – 오초리오스(자메이카) – 조지타운(그랜드케이맨) – 코수멜(멕시코) – 해상 – 마이애미

12) 2007~2008년 로열캐리비언 크루즈 랩소디호 아시아 일정

2007년 12월 10일을 시작으로 로열캐리비언 크루즈 랩소디호가 아시아지역 운항을 시작하여 2008년 3월부터는 한국을 기항하는 일정으로 운항되었다.

로열캐리비언 크루즈 랩소디호의 아시아 운항 결정으로 아시아지역 크루즈승객들은 보다 격조 높은 크루즈 탑승의 기회를 갖게 되었고, 아시아 크루즈시장의 부흥에도 상당부분 일조했다.

78,000톤급인 랩소디호는 암벽등반 시설을 비롯해 특색 있는 크루즈여행을 즐길 수 있도록 설계된 크루즈로서 유리를 많이 사용한 디자인으로 현재 아시아지역을 운행하고 있다.

또한 중국, 아시아계 탑승객들이 주를 이루는 현재 아시아 운항 크루즈와 달리 북미, 유럽, 호주, 뉴질랜드 거주 탑승객들에게 높은 평가를 받고 있는 로열캐리비언 크루즈가 운항을 개시함에 따라 보다 즐겁고 편안한 인터내셔널 분위기의 크루즈 서비스를 제공하고 있다.

【운항일정】

① 2-Nights Malaysia Getaway
- 출발일 : 2007년 12월 10일
- 일정 : 싱가포르 – 포트켈랑(말레이시아) – 싱가포르

② 5-Nights Spice of Southeast Asia
- 출발일 : 2007년 12월 12일, 21일, 29일
- 일 정 : 싱가포르 – 포트켈랑(말레이시아) – 페낭(말레이시아) – 푸켓(태국) – 싱가포르

③ 4-Nights Isles of Southeast Asia
- 출발일 : 2007년 12월 17일
- 일정 : 싱가포르 – 푸켓(태국) – 랑카위(말레이시아) – 싱가포르

④ 3-Nights Best of Malaysia
- 출발일 : 2007년 12월 26일
- 일정 : 싱가포르 – 포트켈랑(말레이시아) – 페낭(말레이시아) – 싱가포르

⑤ 5-Nights Gems of Asia
- 출발일 : 2008년 2월 8일, 21일, 3월 2일
- 일정 : 홍콩 – 오키나와(일본) – 타이베이(대만) – 가오슝(대만) – 홍콩

⑥ 3-Nights Sanya Getaway

- 출발일 : 2008년 2월 13일
- 일정 : 홍콩 – 산야(중국) – 홍콩

⑦ 5-Nights Indochina Explorer

- 출발일 : 2008년 2월 16일, 26일, 3월 7일
- 일정 : 홍콩 – 하노이(베트남) – 다낭(베트남) – 산야(중국) – 홍콩

⑧ 5-Nights Asian Legacies(Seoul)

- 출발일 : 2008년 3월 14일, 24일, 4월 3일, 13일, 5월 7일
- 일정 : 상해 – 서울, 평택(한국) – 제주도(한국) – 나가사키(일본) – 상해

⑨ 5-Nights Asian Legacies(Seoul)

- 출발일 : 2008년 3월 19일, 29일, 4월 8일, 18일, 5월 12일
- 일정 : 상해 – 후쿠오카(일본) – 부산(한국) – 제주도(한국) – 상해

⑩ 7-Nights Pearls of the Orient

- 출발일 : 2008년 4월 23일, 30일
- 일정 : 상해 – 서울, 평택(한국) – 제주도(한국) – 부산(한국) – 가고시마(일본) – 상해

랩소디호(Rhapsody of the seas)의 제원	
총톤수	78,491톤
길이	279m(915ft)
너비	32m(105.6ft)
최고속도	22노트
총탑승객	2,435명
총승무원	765명
운항 개시일	1997년 5월(2002년 4월 보수)

그림 5-33 | 로얄캐리비언 크루즈 랩소디호

13) 남미일주 크루즈 31일

눈을 감으면 인디오들이 만들어내는 신비한 선율이 온몸을 감싸는 듯하다. 남미는 알프스보다 많은 산맥, 북유럽보다 많은 피오르, 알래스카보다 많은 빙하가 만들어내는 장관뿐만 아니라 지구의 허파라 불리는 아마존, 세계 3대 폭포인 이구아수가 있는 곳이다. 아직도 많은 미스터리를 안고 있는 신비한 잉카문명과 정열적인 삼바와 탱고는 여러분의 기대를 만족시켜 드릴 최상의 여행지가 될 것이다. 셀러브리티 크루즈는 고대문명의 유적지, 축제와 파티의 도시, 눈 덮인 안데스산맥과 멋진 빙하지대로 초대한다.

【남미일주 인피니티호 31일 : 출발 확정】

- 출발일자 : 2007년 1월 7일(일)
- 도착일자 : 2007년 2월 6일(화) - 31일간
- 항공 : 인천 - LA : 1월 7일 15:00 KE017
  LA - 인천 : 2월 5일 00:10 KE012
- 유람선명 : 셀러브리티 크루즈 인피니티호(91,000톤)

14) 동남아시아의 정취 7박 8일

정통 크루즈여행을 동남아시아에서 즐길 수 있다는 것은 크루즈여행을 위한 이동시간 및 비용 등을 감안했을 때 크루즈여행을 위한 절호의 기회이다. 또한 금액이나 여행기간 때문에 멀게만 느껴졌던 크루즈여행을 보다 쉽게 접할 수 있다.

동남아시아는 이미 많은 여행객들이 여행했던 곳이다. 그러나 크루즈로 여행하는 동남아시아는 색다르고 독특한 추억을 선물할 것이다.

【동남아시아의 정취 7박 8일】

- 출발일자 : 2007년 12월 20일(목요일)
- 도착일자 : 2008년 1월 2일(수요일)
- 항공 : 인천 – 싱가포르 12/20 16:05 KE641, 싱가포르 – 인천 01/02 06:35 KE642
- 유람선명 : 랩소디호(78,491톤)
- 이용선실 : 내측선실 기준
- 판매요금 : 1,990,000원
- 일정 : 인천 – 싱가포르 – 포트켈랑 – 푸켓 – 해상 – 싱가포르 – 인천

그림 5-34 | 싱가포르 에어텔 전경

CHAPTER_6

세계의 주요 항구와 항해구역

CHAPTER

6 세계의 주요 항구와 항해구역

제1절 대표적인 시장 현황

1. 북미지역

북미 수요의 대부분은 미국, 캐나다라고 할 수 있으며, 미국의 수요는 뉴욕 인근 지역과 미국의 동남부지역 및 태평양지역에서 이루어진다. 뉴욕은 미국에서 크루즈수요가 가장 큰 지역으로 분류할 수 있고, 미국 동남부지역은 크루즈 중심지가 형성되어 있어 다른 지역보다 접근성이 좋기 때문에 크루즈 수요발생이 용이하다. 이 지역의 크루즈 중심지로는 마이애미항(Port of Miami), 에버글레이즈항(Port Everglades) 및 캐너브럴항(Port Canaveral) 등이 있으며, 세 곳의 크루즈항을 중심으로 카리브해 크루즈와 바하마 크루즈가 이루어진다. 태평양지역에서는 주로 로스앤젤레스, 샌프란시스코가 중심이 된다. 캐나다는 밴쿠버의 캐나다 플레이스 크루즈 터미널을 중심으로 여름철에 한정되기는 하지만, 알래스카의 빙하, 피오르 등 웅대한 자연경치와 함께 계곡에서의 낚시, 강물살 타기 등 활력 있는 스포츠를 즐길 수 있다.

이 지역 항해는 일본 등 동양권을 대상으로 현지까지 항공편으로 가서 유람선을 이용하는 항공·항해방식의 마케팅이 활발하다.

2. 중남미

세계에서 가장 아름다운 바다의 낙원이라 불리는 카리브해는 가장 인기 있는 항해권이다. 마이애미를 모항으로 바하마, 푸에르토리코, 멀티니, 자메이카를 항해하는 크루즈선은 호화로움과 서비스를 갖추고 있다. 내력 있는 명승지가 가까이에 있어 4~5일의 단기항해가 많은 것도 유리한 점이다. 또한 파나마운하를 지나 카리브해와 태평양연안의 아카풀코를 잇는 운하 경유항해(Trans Canal Cruise)도 유명하다.

멕시코는 최고의 크루즈여행 목적지로 떠오르고 있고, 멕시코의 코수멜(Cozumel)은 가장 대표적인 기항항이다.

3. 유럽

역사와 문화의 뿌리를 자랑하는 지중해, 에게해 지역도 세계를 대표하는 항해권이다. 봄부터 가을까지가 성수기이다. 대형 호화 크루즈선부터 작은 요트 크루즈선에 이르기까지 다양한 크루즈선들이 아드리아해, 흑해까지 운항되기도 한다. 북해나 발트해도 유럽을 대표하는 항해권이다. 피오르의 웅장한 풍경이나 코펜하겐, 스톡홀름, 헬싱키 등 북유럽의 아름다운 도시들이 매력 포인트이다. 이 지역은 성수기가 여름에 한정되어 있긴 하지만 제철에는 인기가 매우 높다.

4. 아시아, 태평양 지역

아시아, 태평양 지역은 높은 관심과 무한한 성장잠재력을 지닌 곳이다. 아시아에서 해양레저대국을 자칭하는 일본을 시발점으로 중국, 한국, 대만, 홍콩 등의 단기항해나 괌, 사이판, 싱가포르 등을 시발점으로 한 항공·항해 등 다양한 상품을 여러 해운회사에서 제시하고 있다. 한국, 중국, 대만과 일본을 연결하는 국제페리나 정기여객선들도 크루즈선과는 또 다른 항해를 맛보게 한다. 일본의 북해도 끝에서 발리섬까지 남북으로 길게 펼쳐진 권역의 특징으로 폴리네시아, 미크로네시아의 섬들, 특색 있는 풍물들을 자원으로 하는 항해는 성장성이 높다.

5. 하와이, 오세아니아, 기타 지역

사철 여름인 하와이는 섬들을 잇는 단기항해와 태평양 횡단 항해의 중계지로서도 중요한 유람항해 구역이다. 한국, 일본, 중국 등과 반대의 계절을 지닌 호주, 뉴질랜드 등 오세아니아도 크루즈 권역에 들어 있다. 또한 남극, 아마존에서의 항공·항해, 라인강을 따라 가는 항해(River Cruise), 세계일주 항해 등의 특별상품으로써 크루즈 상품들도 선보이고 있다.

6. 항해환경과 성공요인 분석

1) 관광시장과 크루즈 환경 분석

유엔세계관광기구(UNWTO)는 최단시간에 다양한 경험을 즐길 수 있는 크루즈여행을 21세기 최고의 관광상품으로 선정했다. 북미지역 크루즈 관광객은 1990년부터 2007년까지 평균 7.4%씩 증가(일반여행의 2배 급성장)하는 경향을 보였다. UNWTO의 통계에 따르면, 전 세계적으로 크루즈 관광객의 비율은 국제여행객의 1.399%를 차지한다. 2010년 한국 국제여행 출국자의 수는 약 1,249만 명이다. 한국 관광시장에 적용한다면 연간 16만 명 정도의 잠재수요를 판단 추정할 수 있다.

표 6-1 | 내국인 해외출국자에 따른 크루즈 잠재수요 예측

(단위 : 만 명)

연도	출구자 예측치	크루즈 잠재수요 예측(%)
2012	1,167.00	16.2
2013	1,232.00	17.1
2014	1,296.20	18.0
2015	1,339.00	18.6
2020	1,543.80	21.5
2025	1,733.00	24.1
2030	1,906.70	26.5

주 : 잠재수요예측 = 내국인 출국자 예측치×1.399(%)

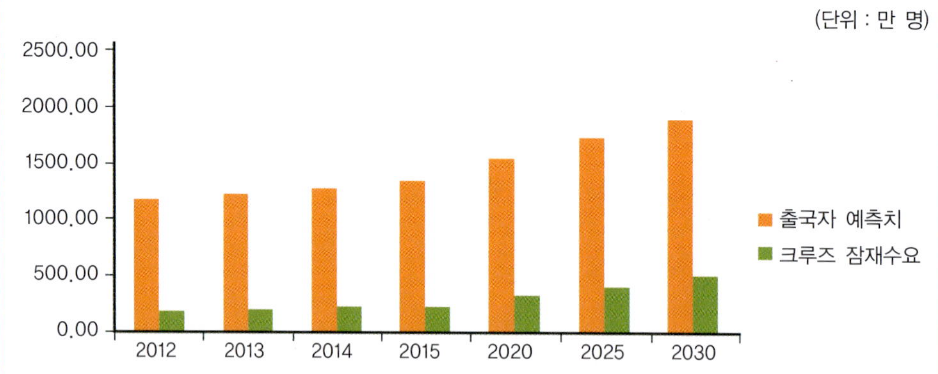

그림 6-1 | 출국자로 본 크루즈 잠재수요

한국인의 해외 개별여행 평균경비는 200만 원 정도로 아직은 고가의 관광으로 인식하고 있는 크루즈상품에 적절한 가격을 반영한다면 고정적인 수요확보에 긍정적으로 작용하리라 판단하고 있다.

현재 경쟁지역으로 볼 수 있는 중국과 일본의 크루즈운항 판매가를 비교해 보면 크루즈 판매요금의 경우, 1박에 평균 한화기준 약 48만 원으로 조사되었다(업계 면담조사).

표 6-2 | 해외여행 경비 : 개별여행

(단위 : 만 원)

구분	2008	2007	2005	2003	2001	1999	1997
총경비	205.7	175.9	177.9	170.9	191.4	164.6	168.7

자료 : 한국관광공사

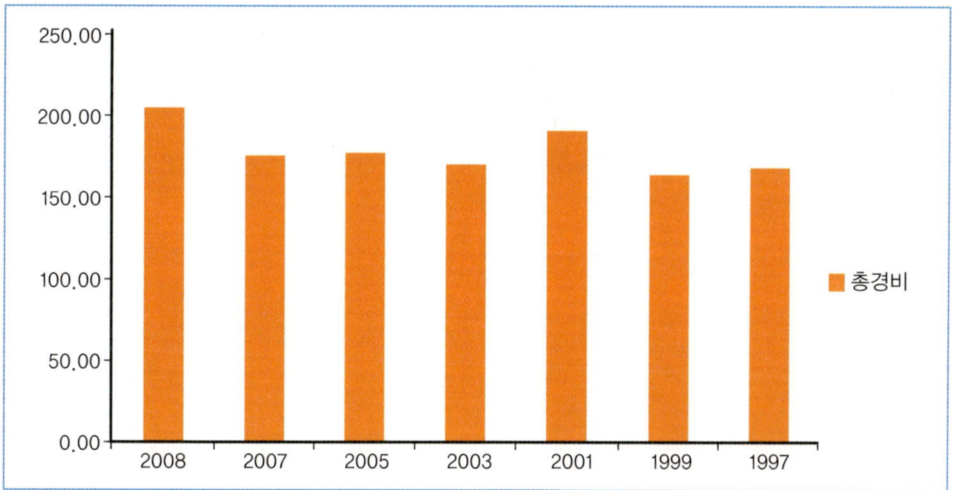

그림 6-2 | 해외여행 경비(개별여행)

2) 성공요인 분석

(1) 경제성 있는 선박의 선택

해양도시를 중심으로 아름다운 항구, 다양한 선박, 편리한 친수시설(워터프런트 건축물) 등이 조화롭게 발전되었다. 처음부터 대양을 항해하는 크루즈선이 발전하는 것은 아니다. 수상택시, 리버캣, 고래탐사선, 연안크루즈선 등 쉽고 저렴한 선박여행이 발전한 지역에서 대양크루즈선이 발전한다.

다양한 크루즈항으로서의 조건이 완성되면, 보다 더 발전하기 위해 편리하고 아름다운 지역에 중형 크루즈선 전용항을 만들 경우 발전의 극성기를 누릴 수 있다.

그림 6-3 | 호주 시드니 카타마란

그림 6-4 | 시드니 서큘러키 크루즈선 전용터미널

(2) 효율적인 프로그램

고객 세분화를 통한 프로그램 개발로 가족여행객을 1차 목표고객으로, 단체고객을 2차 목표고객으로 설정하여 관광의 형태별 고객지향형 프로그램을 개발한다. 유람선 및 크루즈여행의 장점인 해상에서의 장기체류 시간을 이용, 직접 체험할 수 있는 프로그램을 다양하게 개발하여 상설과 옵션형태로 운영한다.

제2절 세계의 주요 크루즈지역

1. 주요 크루즈지역

세계의 주요 크루즈지역은 카리브해, 지중해, 알래스카 지역 및 유럽 등이며, 카리브해를 제외하고, 계절에 따라 운항하는 지역이 달라지기도 한다. 아직 아시아・태평양지역은 크루즈의 주요 목적지로 여겨지지는 않지만, 1992~2001년 동안 134% 성장하여 세계시장에서 3.5%의 점유율을 나타내며, 꾸준한 성장세를 보이고 있다. 아시아・태평양지역은 전통적으로 남태평양, 동남아, 극동아시아 및 태평양횡단으로 구분된다.

2. 세계의 주요 크루즈지역과 최적 크루즈시기

대부분의 크루즈지역은 계절에 따른 수요변화가 있으므로 카리브해의 경우 10~3월 사이에 수요가 많은 편이고, 4~9월 사이에는 지중해에 가장 많은 수요가 집중되는 편이다. 이에 비해 알래스카 및 북유럽 등과 같이 지구 북반구지역은 하절기 수요가 많은 편이고, 호주, 뉴질랜드 및 남미 등과 같은 지구 남반구지역은 동절기 수요가 많은 편이다.

표 6-3 | 세계 주요 크루즈지역과 계절

크루즈지역별 \ 월별	1	2	3	4	5	6	7	8	9	10	11	12
알래스카						◎	◎	◎	◎			
아마존	◎	◎	◎									◎
남극대륙	◎	◎									◎	◎
영국 주변지역					◎	◎	◎	◎	◎			
남미지역	◎	◎	◎							◎	◎	◎
호주/뉴질랜드	◎	◎	◎							◎	◎	◎
카리브해	◎	◎	◎	◎	◎	○	○	○	○	○	○	◎
지중해				◎	◎	◎	◎	◎	◎	◎		
멕시코해안/미국 서부해안	◎	◎	◎								◎	◎
노르웨이 북단 · 피오르/아이슬란드						◎	◎	◎				
홍해/동아프리카/인도양	◎	◎	◎							◎	◎	◎
동남아시아	◎	◎	◎							◎	◎	◎
남태평양				◎	◎	◎	◎	◎	◎			
세계일주	◎	◎	◎	◎								◎

자료 : 이경모(2004), 『크루즈산업의 이해』

3. 주요 크루즈지역별 점유율

세계의 주요 크루즈지역에서 가장 높은 점유율을 나타내는 지역은 카리브해로 전체 시장의 42.06%를 차지하며, 다음으로 유럽과 지중해가 각각 10.89%와 10.22%를 차지하고 있다. 우리나라가 포함된 극동아시아는 전체 시장의 0.57%를 차지하고 있어 매우 미미한 시장점유율을 보이고 있다.

표 6-4 | 주요 크루즈지역별 점유율

(단위 : berth X days)

DESTINATION	1987	1995	2000	2002	
	TOTAL BED-DAYS	TOTAL BED-DAYS	TOTAL BED-DAYS	TOTAL BED-DAYS	점유율 (%)
CARIBBEAN	8,828,791	15,254,551	21,510,142	26,741,052	42.06
MEDITERRANEAN	841,051	3,477,729	6,277,064	6,497,444	10.22
ALASKA	1,715,197	3,008,146	4,197,332	5,052,907	7.95
BAHAMAS	1,922,386	2,761,224	3,200,346	2,876,295	4.52
TRANS CANAL	970,191	2,277,201	2,573,444	2,092,723	3.29
MEXICO WEST	1,131,462	1,754,312	2,680,934	3,386,475	5.33
EUROPE	357,516	1,582,589	3,744,693	6,922,608	10.89
BERMUDA	1,141,121	1,094,707	988,391	1,226,806	1.93
TRANSATLANTIC	339,388	658,928	1,015,625	1,005,665	1.58
HAWAII	602,728	601,542	857,390	1,903,302	2.99
SOUTH PACIFIC	352,983	574,218	1,155,217	835,454	1.31
SOUTH EAST ASIA	272,592	430,123	244,620	346,196	0.54
AFRICA	0	347,432	502,773	259,962	0.41
CANADA/NEW ENGLAND	283,714	334,735	1,107,689	1,150,950	1.81
FAR EAST(ORIENT)	465,608	327,009	201,582	360,022	0.57
MISSISSIPPI	231,392	286,228	347,140	0	0.00
WORLD	0	272,425	414,342	582,314	0.92
SOUTH AMERICA	620,396	255,83	825,670	1,394,808	2.19
U.S. COASTAL WEST	64,444	108,092	217,518	216,338	0.34
INDIAN OCEAN	0	84,009	120,698	93,708	0.15
UNCLASSIFIED	0	69,560	108,676	233,258	0.37
TRANS PACIFIC	17,904	42,610	52,400	143,020	0.22
U.S. COASTAL EAST	132,794	42,840	1,402,429	147,422	0.23
ANTARCTICA	0	12,240	48,499	73,176	0.12
PARTY CRUISES	85,336	3,602	68,203	43,296	0.07
계	20,376,994	35,661,526	53,862,817	63,585,211	100

자료 : 이경모(2004), 『크루즈산업의 이해』

제3절 세계의 크루즈 목적지와 기항항

크루즈지역을 살펴보기 전에 몇 개의 용어들을 알아볼 필요가 있다. 각각의 크루즈 지역은 승선지점(Point of Embarkation)으로 사용되는 특정한 항구도시를 가지고 있다. 승선지점은 승객들이 크루즈를 시작하기 위해 배에 오르는 항구이다. 그리고 특정한 지역에서 각각의 크루즈선들은 승객들이 관광, 쇼핑, 문화, 역사체험 또는 이와 비슷한 활동을 하기 위해 배를 하선하는 데, 그 정박항을 기항항(Port of Call)이라 하며, 크루즈를 마치는 항구도시를 상륙지점(Point of Debarkation)이라 한다. 상륙지점은 승선지점과 동일 항구일 수도 아닐 수도 있다. 크루즈승객들은 여행을 마치고 이 항구에서 하선한다.

크루즈선사, 승선지점, 기항항, 그리고 이들 지역에서 운항하는 몇몇 크루즈선사들을 살펴보자.

1. 북미권역 기항지(Cruising North America)

1) 알래스카(Alaska)

그림 6-5 | 알래스카 연안 기항지 및 운항노선

알래스카는 5월 말에서 10월 초까지 크루즈를 운항할 수 있다. 승선 항구는 알래스카의 앵커리지(Anchorage), 주노(Juneau), 휘티어(Whittier) 캐나다의 프린스루퍼트 비시(Prince Rupert, B.C), 밴쿠버(Vancouver)를 포함한다. 이들 항구 중에서 밴쿠버(Vancouver)가 승선지점으로써 가장 많이 이용된다. 밴쿠버에서 출발하는 전형적인 7일 일정의 크루즈에서 기항항은 알래스카의 주노(Juneau), 스캐그웨이(Skagway), 케치칸(Ketchikan), 글래시어 베이(Glacier Bay), 수어드(Seward) 등이 있다.

2) 북동부(Northeast)

대서양 해안을 순항하는 승선항구는 캐나다의 할리팩스(Halifax), 노바스코샤(Nova Scotia), 매사추세츠의 보스턴(Boston), 플로리다의 포트로더데일(Port Lauderdale)과 포트마이어스(Port Myers), 조지아의 서배너(Savannah)가 있다. 이 지역의 크루즈는 대부분 7일 일정이며, 7~14일 범위 내에서 일정을 제공한다. 크루즈의 기간에 따라 세인트존스(St. John's)섬, 찰스턴(Charleston)에 기항한다. 핼리팩스(Halifax), 보스턴(Boston), 뉴포트(Newport), 뉴욕(New York), 볼티모어(Baltimore), 바 하버(Bar Harbor), 퀘벡시티(Quebec City)로부터의 운항도 크루즈 기간에 따라 포함될 수 있다.

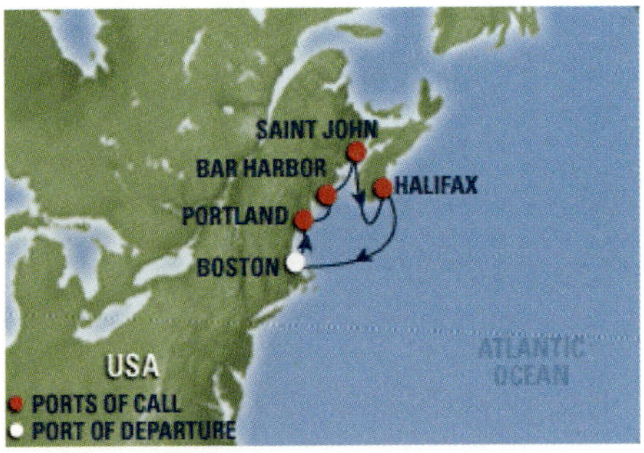

그림 6-6 | 대서양 해안 기항지 및 운항 노선

3) 미시시피강과 그 지류들(Mississippi River and Its Tributaries)

미시시피강은 일반적으로 수심이 얕고, 대형 크루즈선은 운항이 불가능하지만 소형 크루즈선박은 운항이 가능하다. 미시시피강을 운항하는 동안 카준음악축제(Cajun Music Festival)에 참여하고 여러 중요도시를 방문하며 미국 역사에 대해 많은 체험을 할 수 있다.

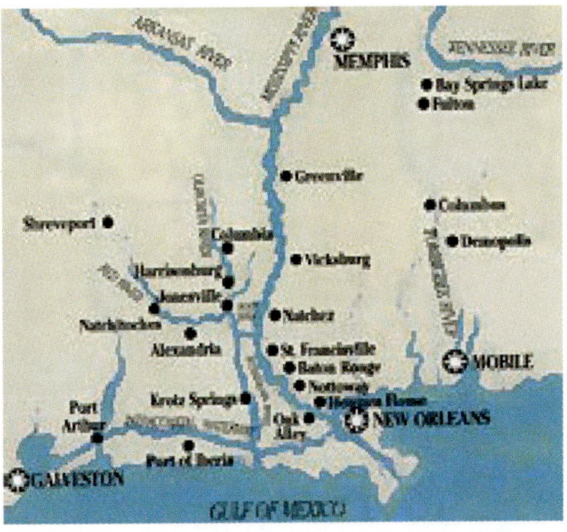

그림 6-7 | 미시시피강 기항지 및 운항 노선

4) 멕시코와 태평양 연안(Mexican and Pacific Ocean)

멕시코의 아카풀코(Acapulco)와 푸에르토바야르타(Puerto Vallarta)와 캘리포니아의 로스앤젤레스(Los Angeles) 샌디에이고(San Diego)를 승선지점으로 하는 크루즈는 일반적으로 3~4일, 길게는 10~16일 정도 운항한다. 로스앤젤레스(Los Angeles)와 푸에르토바야르타(Puerto Vallarta)를 운항하는 동안 캘리포니아 해안에서 26마일 떨어진 카탈리나(Catalina), 카보 산 루카스(Cabo San Lucas), 마사틀란(Mazatlan), 엔세나다(Ensenada)에 들른다.

그림 6-8 | 멕시코 리비에라 기항지 및 운항노선

5) 카리브해(The Caribbean)

카리브해 연안은 세계 최고의 크루즈 운항지로 알려져 있다. 카리브해는 주로 동부, 서부, 남부의 세 지역으로 나뉘어 운항되며, 바하마(Bahamas) 지역은 네 번째 지역으로 포함하여 운항된다. 카리브해 전역은 서로 혼합하여 운항되며, 일 년 내내 크루즈 운항이 제공된다.

그림 6-9 | 카리브해 지역의 기항지와 운항노선

6) 바하마(The Bahamas)

바하마(Bahamas)는 동쪽 카리브해와 혼합되어 운항되기도 하며, 일반적으로 3~4일 일정으로 운항된다. 일반적으로 플로리다 마이애미(Miami), 에버글레이즈(Everglades)항이 주요 승선항이며, 때때로 탬파(Tampa), 캐너브럴(Canaveral)항에서 승선하기도 한다. 바하마 지역의 주요 기항지는 나소(Nassau)와 프리포트(Freeport)항으로 쇼핑은 물론 역사적으로 흥미로운 유적지 등의 볼거리를 제공한다.

그림 6-10 | 바하마 지역의 기항지와 운항노선

7) 카리브해 동부(Caribbean-Eastern)

카리브해 동부지역의 항해는 7~14일 일정의 크루즈이며 일 년 내내 운항된다. 그러나 몇 개의 크루즈라인들은 겨울에 카리브해를 운항하고, 여름의 알래스카 운항을 위해 그들의 크루즈선을 옮긴다. 승선항은 마이애미(Miami), 에버글레이즈(Everglades)항, 탬파(Tampa), 푸에르토리코의 산후안(San Juan)이다.

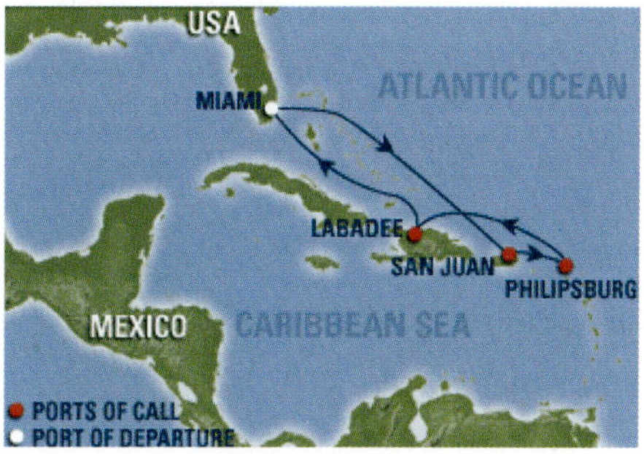

그림 6-11 | 카리브해 동부 기항지 및 운항노선

주요 기항지로는 세인트 토마스(St. Thomas), 세인트 크로이(St. Croix), 세인트 존(St. John), 세인트 마틴(St. Martin) 안티구아(Antigua), 과들루프(Guadeloupe), 마르티니크(Martinique) 등을 들 수 있다. 안티구아는 독특한 매력을 가진 열대섬이며, 과들루프, 마르티니크는 프랑스 문화 및 화산지형으로 매우 다양한 볼거리를 제공한다. 그 밖의 기항지로는 도미니카(Dominica), 세인트 루시아(St. Lucia), 세인트 빈센트(St. Vincent), 그레나다(Grenada), 세인트 키츠(St. Kitts) 등을 들 수 있다.

8) 카리브해 남부(Caribbean-Southern)

그림 6-12 | 카리브해 남부 기항지 및 운항노선

카리브해 남부는 주로 산후안(San Juan)에 승선한다. 주요 기항지로는 ABC섬이라 불리는 아루바(Aruba), 보네어(Bonaire), 큐라소(Curacao)이며 다이빙을 즐기기에는 최고의 장소이다. 또한 트리니다드(Trinidad), 바베이도스(Barbados) 등을 방문하여 이국적인 문화를 접할 수 있다. 카리브해 남부는 남아메리카의 베네수엘라 과이라(La Guaira), 콜롬비아 카르타헤나(Cartagena) 등의 기항항을 운항하기도 한다.

9) 카리브해 서부(Caribbean-Western)

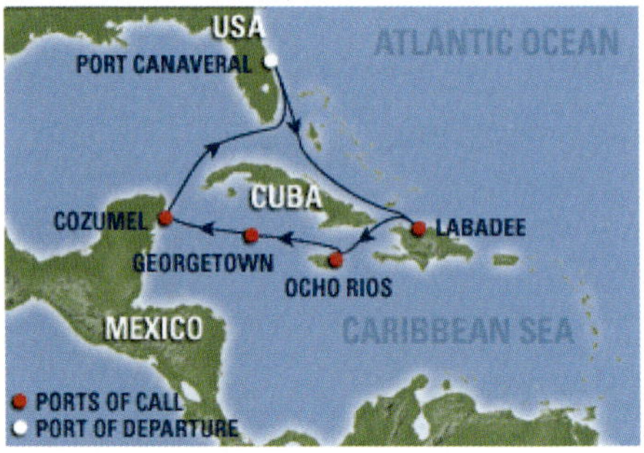

그림 6-13 | 카리브해 서부 기항지 및 운항노선

바하마(Bahamas)의 승선항구와 동일하며 때때로 휴스턴(Houston), 갤버스턴(Galveston), 뉴올리언스(New Orleans)에서 승선하기도 한다.

주요 기항지로는 유카탄반도(Yucatan Peninsula)의 칸쿤(Cancun), 코수멜섬(Cozumel Island), 케이맨섬(Cayman Island), 자메이카(Jamaica), 아이티(Haiti) 등이 있다.

칸쿤(Cancun)은 멕시코인이 거주하며 마야문명으로도 유명하다. 다양한 볼거리와 함께 가까운 코수멜섬(Cozumel Island)에서는 다이빙 및 낚시 등 해양스포츠를 즐길 수 있으며, 자메이카(Jamaica)는 레게음악(Reggae Music)으로 유명하다. 또한 아이티(Haiti)에서는 프랑스와 아프리카의 조화된 문화를 감상할 수 있다.

2. 유럽 기항지(Cruising Europe)

1) 지중해 서부(The Western Mediterranean)

그림 6-14 | 서부 지중해 기항지 및 운항 노선

서부 지중해에는 크루즈 승선을 위한 많은 항구들이 발전되어 있다. 이 항구의 주축이 되는 나라는 스페인, 프랑스, 이탈리아이며 발레아리스섬(Balearic Island), 코르시카섬(Corsica Island) 사르디니아섬(Sar-dinia Island), 시칠리아섬(Sicily Island), 몰타섬(Malta Island) 역시 기항지로서 매우 인기 있는 곳이다. 또한 카나리아제도(Canaria Island)로 갈 수 있는 스페인의 지브롤터(Gibraltar) 역시 매우 인기 있는 승선항이다. 대표적인 기항항으로는 스페인의 바르셀로나(Barcelona), 프랑스의 니스(Nice), 이탈리아 로마(Roma) 등이 있다. 운항일자는 짧게는 3~4일, 길게는 7~14일 사이로 다양하다.

2) 지중해 동부(The Eastern Mediterranean)

그림 6-15 | 동부 지중해 기항지 및 운항 노선

동부 지중해에는 유럽 고대도시의 문명을 감상할 수 있는 많은 기항지들이 있다.

주요 승선항으로는 이탈리아의 베니스(Venice), 그리스 아테네(Athens), 크로아티아의 두브로브니크(Dubrovnik), 터키의 이스탄불(Istanbul) 등이 있으며, 코르푸(Corfu), 미코노스(Mikonos), 크레타(Crete), 산토리니(Santorini), 로도스(Rhodes) 등의 그리스 섬은 에게해에서 가장 인기 있는 기항지이다. 또한 유럽이 아닌 아프리카의 고대문명을 감상할 수 있는 기항지인 이집트의 알렉산드리아(Alexandria)까지 운항하는 것도 있다.

3) 대서양(Atlantic Ocean)

유럽 대서양을 운항하는 크루즈라인은 스페인 말라가(Malaga), 포르투갈 리스본(Lisbon), 프랑스 르아브르(Le Havre)가 주요 승선항이며, 때때로 아일랜드, 영국에서 승선하기도 한다. 운항일자는 대략 7~14일 정도로 긴 편이며, 카나리아제도를 병행하여 운항하기도 한다.

그림 6-16 | 대서양 기항지 및 운항노선

4) 아일랜드, 영국과 북극해(Ireland, Great Britain, and The North Sea)

북서유럽은 특히 매력적인 지역으로 명성을 떨치고 있다. 몇몇 크루즈항은 아일랜드(Ireland)와 영국(Great Britain)을 선회하며 네덜란드의 암스테르담(Amsterdam), 독일의 함부르크(Hamburg), 덴마크의 코펜하겐(Copenhagen), 노르웨이의 베르겐(Bergen) 등 대표적인 기항지들을 경유하여 운항한다.

그림 6-17 | 아일랜드, 영국, 북극해 기항지 및 운항노선

5) 발트해(Baltic Sea)

발트해는 유럽 여러 나라들과 인접해 있으며, 발트해로 향하는 승선항은 독일의 브레머하벤(Bremerhaven)과 함부르크(Hamburg), 덴마크의 코펜하겐(Copen-hagen), 영국의 런던(London), 노르웨이의 오슬로(Oslo) 등에서 시작한다. 각 승선지

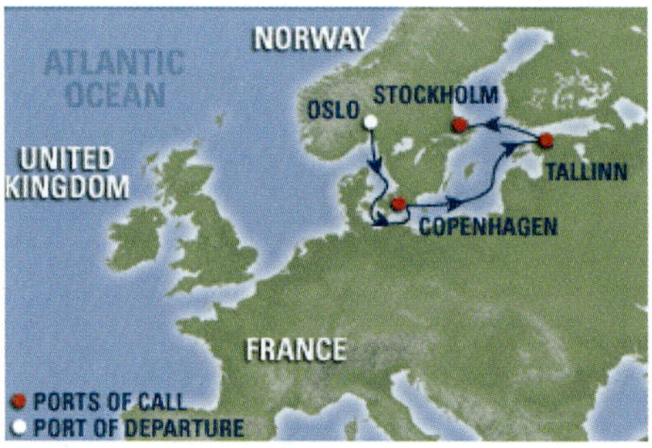

그림 6-18 | 발트해 기항지 및 운항노선

점인 크루즈의 기항항은 스웨덴의 스톡홀름(Stockholm), 핀란드의 헬싱키(Helsinki), 러시아의 상트페테르부르크(St. Petersburg), 독일의 함부르크(Hamburg), 네덜란드의 암스테르담(Amsterdam) 등으로 다양하다.

6) 리버 크루즈(River Cruise)

가장 일반적인 리버 크루즈는 프랑스의 론강(Rhone), 독일의 라인 및 엘베 강(Rhein and Elbe), 러시아의 볼가강(Volga)을 통해 운항되고 있다. 다뉴브강(Danube)은 오스트리아 비엔나(Vienna), 헝가리의 부다페스트(Budapest), 슬로바키아의 브라티슬라바(Bratislava) 등을 경유할 수 있어, 많은 관광객들이 선호하고 있다.

그림 6-19 | 리버 크루즈 운항노선

3. 기타 세계의 크루즈지역

1) 중남미(Central and South America)

현재 남아메리카 대서양 해안은 크루즈 운항에 매우 인기 있는 곳이다. 일반적으로 산후안(San Juan), 브라질의 푸에르토리코(Puerto Rico) 및 리우데자네이루(Rio de Janeiro)가 주요 승선항이다. 주요 기항지는 데빌스섬(Devil's Island)으로 브라질의 벨렘(Belem), 레시피(Recife), 살바도르(Salvador)에서 출항하기도 한다. 아마존(Amazon) 리버 크루즈를 이용할 때에는 브라질의 마나우스(Manaus)가 주요 기항지이다.

그림 6-20 | 남아메리카 기항지 및 운항노선

또한 남아메리카에서는 태평양 연안으로 출항하는 몇 달간의 긴 크루즈 일정을 제공하기도 한다. 주요 크루즈 라인은 우루과이의 몬테비데오(Montevideo), 아르헨티나의 부에노스아이레스(Buenos Aires)에서 승선하여 마젤란해협(Strait of Magellan)을 경유하여 태평양 연안으로 운항된다. 남아메리카 태평양 연안 주요 기항지로는 칠레의 발파라이소(Valparaiso), 페루의 칼라오(Callao)를 들 수 있다. 몇몇 크루즈선들은 남아메리카를 우회하기 이전에 남극대륙(Antarctica)을 거쳐서 가기도 한다. 자연생태계를 그대로 보존하고 있는 이스터(Easter), 갈라파고스(Galapagos)섬도 각광받는 기항지 중 하나이다.

2) 태평양(The Pacific)

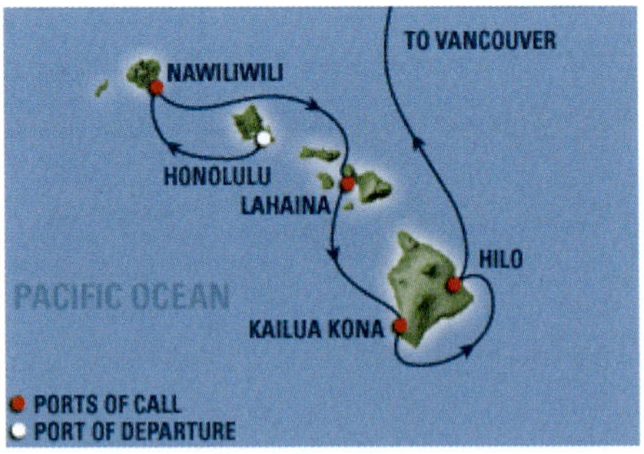

그림 6-21 | 하와이 기항지 및 운항노선

태평양은 1억 6,500만 평방미터의 해안에 수천 개의 아름다운 열대섬이 펴져 있으며, 타히티(Tahiti) 및 피지(Fiji)는 남태평양 항해의 중요한 섬들이다. 파푸아뉴기니(Papua New Guinea), 뉴 칼레도니아(New Caledonia), 바누아투(Vanuatu), 사모아(Samoa), 통가(Tonga), 쿡 섬(Cook Island) 역시 남태평양의 주요 기항지 중 하나이며, 호주(Australia) 동쪽 해안의 섬들과 뉴질랜드(New Zealand) 주위에 위치한 많은 섬들 역시 중요한 기항지 중 하나이다. 크루즈 운항은 주로 11월과 다음해인 4월 사이에 이루어진다. 또한 하와이(Hawaii)는 20세기 초 인기 있는 크루즈 노선 중 하나로써 로열캐리비언 크루즈라인(Royal Caribbean Cruise Line)은 연중 일주일을 기준으로 오아후(Oahu)섬부터 3~10일 일정의 크루즈를 제공한다. 주요 기항지로는 전형적인 7일 크루즈에서 카나이(Kanai)와 마우이(Maui)섬에 하와이의 큰 섬인 힐로(Hilo)와 코나(Kona) 및 호놀룰루(Honolulu)에 정박한다.

3) 아시아(Asia)

아시아 기항지는 세 가지 유형으로 순항하는 특징이 있다. 인도네시아(Indonesia), 말레이시아(Malaysia), 필리핀(Philippines), 싱가포르(Singapore)의 많은 섬으로 구성되어 있는 기항지를 운항하거나, 인도(India), 스리랑카(Sri Lanka), 몰디브(Maldives) 등 서로 다른 문화를 연결시켜 운항하거나, 마지막으로 한국(South Korea), 일본(Japan), 중국(China) 등 지형상의 이점을 이용하여 운항하는 방법이다. 아시아 기항지는 주로 10월과 다음해인 5월 사이에 승선하여 운항된다.

그림 6-22 | 아시아 기항지 및 운항노선

4) 아프리카(Africa)

북서쪽 아프리카의 주요 크루즈 승선항은 튀니지와 모로코에 있으며, 주로 카나리아제도(Canaria Island)와 마데이라제도(Madeira Island)를 운항하고 있다. 일반적으로 크루즈는 5월에서 10월 사이에 출항한다. 또한 아프리카 동쪽 해안 케냐의 몸바사(Mombasa) 및 다르에스살람(Dar es Salaam)의 주요 기항항이 있고 잔지바르(Zanzibar), 마다가스카르(Madagascar), 세이셸(Seychelles), 코모로(Comoros), 리유니온(Reunion), 모리셔스(Mauritius)섬 등 여러 기항지가 있다.

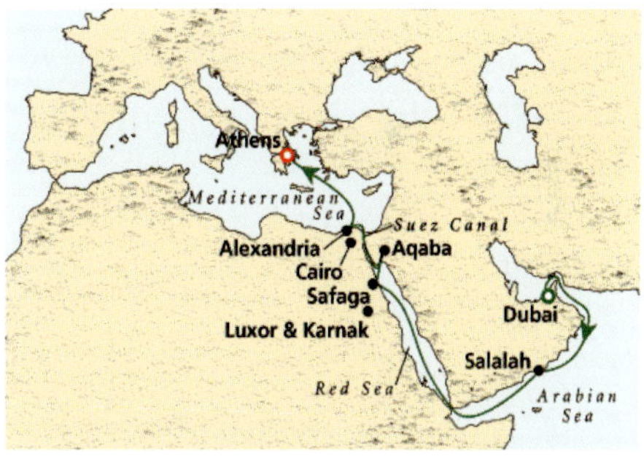

그림 6-23 | 아프리카 기항지 및 운항노선

표 6-5 | 크루즈지역별 시즌 및 주요 승선항과 기항항

지역	주요 승선항과 기항항	시즌
알래스카 (Alaska)	밴쿠버(Vancouver), 시애틀(Seattle), 앵커리지(Anchorage)	5월~10월
북미 북동부 (Northeast)	뉴욕(New York), 몬트리올(Montreal)	늦은 봄~가을
북미-리버 (North America-Rivers)	미시시피 강 항구(Mississippi River ports)	매년
멕시코 태평양 연안 (Mexico Pacific Coast)	로스앤젤레스(Los Angeles), 샌디에이고(San Diego), 아카풀코(Acapulco)	겨울
바하마 (Bahamas)	마이애미(Miami), 캐너브럴(Port Canaveral), 탬파(Tampa), 에버글레이스(Port Everglades)	매년
카리브해-동부 (Caribbean-Eastern)	마이애미(Miami), 에버글레이스(Port Everglades), 산후안(San Juan)	매년
카리브해-남부 (Caribbean-Southern)	산후안(San Juan), 아루바(Aruba), 바베이도스(Barbados)	매년
카리브해-서부 (Caribbean-Western)	마이애미(Miami), 에버글레이스(Port Everglades), 캐너브럴(Port Canaveral), 탬파(Tampa), 휴스턴(Houston), 갤버스턴(Galveston), 뉴올리언스(New Orleans)	매년
지중해-서부 (Mediterranean-Western)	바르셀로나(Barcelona), 니스(Nice), 치비타베키아(Civitavecchia)	늦은 봄~초가을
지중해-동부 (Mediterranean-Eastern)	베니스(Venice), 이스탄불(Istanbul), 피레우스(Piraeus)	늦은 봄~초가을
유럽-대서양 (Europe-Atlantic)	말라가(Malaga), 런던(London), 리스본(Lisbon), 르아브르(Le Harve)	늦은 봄~초가을
아일랜드, 영국, 북해 (Ireland, Britain, North Sea)	런던(London), 코펜하겐(Copenhagen)	늦은 봄~초가을
유럽-발틱해 (Europe-Baltic Sea)	함부르크(Hamburg), 코펜하겐(Copenhagen), 상트페테르부르크(St. Petersburg)	늦은 봄~초가을
유럽-리버 (Europe-Rivers)	론(Rhone), 라인(Rhein), 엘베(Elbe), 볼가(Volga), 다뉴브 항구(Danube Port)	늦은 봄~초가을
중남미 (Latin America)	산후안(San Juan), 리우데자네이루(Rio de Janeiro)	10월~익년 4월
태평양 (Pacific Ocean)	다양한 항구 이용(Various)	11월~익년 4월
아시아 (Asia)	다양한 항구 이용(Various)	10월~익년 5월
아프리카-북서 (Africa-Northwest)	다양한 항구 이용(Various)	5월~10월
아프리카-동부 (Africa-East coast)	몸바사(Mombasa), 다르에스살람(Dar es Salaam)	11월~익년 3월
아프리카-서부 (Africa-West coast)	다양한 항구 이용(Various)	11월~익년 3월

자료 : Marc Mancini, Ph.D., *CRUISING : A Guide to the Cruise Line Industry*, p. 111

CHAPTER_7

여행업과 크루즈상품의 판매

CHAPTER

7 여행업과 크루즈상품의 판매

제1절 여행업과 크루즈업무

1. 여행업과 크루즈여행

크루즈여행이 초기에 이루어진 것은 영국의 사우샘프턴(Southampton)에서 식민지내에 있는 뉴욕까지 항해하는 것이었다. 서쪽으로의 항해 시에 누구나 Port Cabin(배의 왼쪽에 있는 선실)을 요구했으며, 돌아올 때는 Starboard Cabin(배의 오른쪽에 있는 선실)을 요구했다. 이러한 방법으로 엘리트 크루즈승객들은 따뜻한 남쪽으로 트인 선실에서 여행을 즐겼다.

크루즈사업의 활성화가 여행사에는 음악과 같이 즐거운 것이었다. 대부분의 여행사들은 크루즈상품 판매를 선호한다. 크루즈를 이용했던 크루즈승객 대다수가 고객불만을 거의 드러내지 않기 때문이다. 많은 크루즈 고객들은 일 년에 한두 번, 또는 매년 여행을 한다.

크루즈에서는 일반적으로 선불을 할 경우 고객에게 몇 가지 직접적인 이익을 준다. 선불은 고객에게 명백한 이익처럼 느껴지지는 않지만 이것은 틀림없이 이익이 되는 것이다. 왜냐하면 고객이 여행 중에 개인적으로 부대시설에 대해 일일이 지불하는 번거로움이 없을 뿐만 아니라 총 여행경비를 더 정확하게 알 수 있게 해주기 때문이다. 국제적인 항구들을 경유한다면, 출발하는 크루즈에서 선불하는 것이 외국통화의 변화에 현명하게 대처하는 이점이 있기 때문이다.

크루즈여행에서 서비스는 승객들이 즐기는 놓칠 수 없는 이익이다. 많은 크루즈선사들은 1~2명의 승객을 위해 한 명의 승무원을 배정한다. 이와 같은 비율의 결과는 일반적으로 훌륭한 서비스와 높은 관심으로 나타난다. 서비스가 최고인 이유는 모든 승무원들이 그들이 하는 일을 즐기고 있기 때문일 것이다.

크루즈여행은 숙박, 이동, 식사, 오락 등 모든 것을 포함하고 있으며, 고객의 집으로부터 항구도시로의 왕복 항공운송수단과 같은 요소들까지도 포함한다.

수직적 여행자이자 때로는 수평적 여행자이고 싶은 여행자들에게 크루즈만큼 만족스러운 휴가프로그램은 없을 것이다. 수직적 여행자들은 모든 것을 보고, 즐기고 싶어 하기 때문에 크루즈에서는 많은 형태의 오락, 사교, 레크리에이션 활동 등을 제공한다. 수평적 여행자들은 수영장 주변에서 좋은 책을 읽으면서 시원한 음료수 한 잔에 가장 행복해 한다. 다시 말해 크루즈에서는 수평적 여행자들을 위해 긴장완화를 제공한다. 크루즈에서 승객들은 모든 것을 할 수 있으며 또 전혀 하지 않아도 된다.

2. 여행업의 크루즈 예약업무

선박과 항해 날짜를 선택한 다음 고객은 요금 종류를 선택해야 한다. 일반적으로 크루즈상품은 가능한 한 빨리 예약하는 것이 좋다. 크루즈상품을 예약하면 크루즈회사는 구두로 예약을 확인한다. 대부분의 경우 고객은 7일 안에 크루즈회사에 크루즈 비용을 지불해야만 최종 크루즈 예약이 이루진다. 지불 마감시간은 선택한 날짜에 따라 달라진다. 만약 예약할 때 선택한 날짜까지 크루즈회사에 금액이 지불되지 않으면 그 예약은 자동으로 취소된다. 마지막 요금 지불은 보통 선박의 항해 전 45~60일 안에 완료되어야만 한다.

예약할 때 승객들은 이른 식사를 할 것인지 늦은 식사를 할 것인지 미리 신청한다. 또한 한 테이블에서 몇 명이 식사할 것인지, 금연구역을 원하는지의 여부도 함께 결정해야 한다. 특별한 식이요법을 하거나 의학적 장애가 있는 경우에는 크루즈회사의 담당의사도 이를 알고 있어야 한다.

어떤 선박은 항해 전까지 객실을 지정하지 않는다. 이 경우 크루즈회사는 고객에게 요금보증제를 제공할 것이다. 이러한 유형은 승객이 원하는 요금범위 안에서 객실을 받을 것이라는 약속이다. 그러나 특별한 객실은 보증되지 않는다. 만약 요금보증을 이용할 수 없다면 크루즈회사는 승객이 원하는 객실 유형을 위해 대기자 명단에 올릴 것이다. 크루즈여행 요금을 모두 지불한 승객은 계약금만 낸 승객들보다 대기자 명단에서 높은 우선권을 갖는다.

몇몇 크루즈선사는 일부분의 기본금이라 불리는 비용을 제공한다. 〈표 7-1〉은 여행사에서 예약업무를 실행할 경우에 사용하는 고객정보사항의 항목들이다.

표 7-1 | 예약정보 항목

1. 승객이름	2. 여행 스케줄
3. 이용할 수 있는 시간	4. 모든 경비
5. 서비스 등급	6. 객실 요구사항
7. 활동 정도	8. 원하는 항해날짜
9. 식사준비 시 요구사항	10. 육지에서의 짧은 여행

크루즈여행의 예약 취소 시 대부분 수수료를 지불해야 한다. 취소수수료 규정과 여행조건은 계약금이 지불되기 전에 승객에게 정확히 명시되어야 한다.

크루즈여행은 때때로 비자나 여권을 요구하는 나라의 여행지도 방문한다. 승객들은 어떠한 건강상태이며 안전한 여행을 위한 검역과 관련된 서류까지 모든 여행서류가 갖추어져 있어야 한다. 여행자보험은 취소수수료와 여행 중 피해로부터 승객을 보호하기 위해 권장한다. 계약금이 지불된 후에 승객은 다음의 정보를 포함한 영수증을 받게 된다. 〈표 7-2〉는 계약 후의 고객에게 전달되는 사항이다.

표 7-2 | 고객전달용 예약정보

1. 선박이름	2. 항해일
3. 요금부문 구분	4. 객실형태
5. 여행지역	6. 승선할 항구
7. 종착할 항구	8. 객실번호
9. 객실당 승객 수	

3. 크루즈 브로슈어에 의한 판매

대부분의 여행사에서 브로슈어는 크루즈여행상품의 판매를 위해 가장 널리 사용되는 방법이다. 크루즈 브로슈어의 앞쪽 페이지에는 일반적으로 즐거워하는 승객들, 갑판에서의 활동, 음식, 기항항의 사진으로 구성된다. 여행사와 고객들은 이러한 모습으로부터 많은 것을 알 수 있다. 이 사진들을 통해서 여행사의 담당자는 크루즈여행의 등급 수준을 이해할 수 있다. 선실의 모습과 승객의 옷을 통해 크루즈가 보통 등급인지 딜럭스 등급인지에 대해 판단할 수 있다.

그림 7-1 | 코스타 한글 크루즈 브로슈어

크루즈여행에 적합한 연령대는 몇 살인가? 사진 속의 승객들은 대부분 아이들을 동반한 젊은 가족인가 아니면 노년층인가? 이 사진은 즐거움과 활동에 더 많은 비중을 두었는가? 아니면 스트레스 해소를 위한 품위 있는 분위기인가? 이들 브로슈어의 내용은 고객들이 크루즈상품을 선택하는 데 도움을 준다.

몇몇 크루즈회사는 특별한 주제의 여행을 개발해 왔다. 이들 목록은 브로슈어의 앞부분에서 볼 수 있다. 주제 크루즈여행의 몇몇 예들은 큰 밴드, 재즈, 50년대와 60년대 음악, 포커, 풋볼, 야구, 자연연구와 고고학을 체험할 수 있도록 계획되어진다.

일반적으로 크루즈회사는 몇 척의 배에 대하여 두세 장의 사진을 싣고 있다. 각 선박의 갑판시설, 일정, 기항항, 운항일수, 선실요금 등에 대한 것들이 이 페이지의 내용이다. 크루즈여행상품의 판매에 대한 대부분의 정보는 'individual ship page'에서 알 수 있다.

크루즈 브로슈어의 뒷부분에는 승객의 거주지에서 항구까지 항공요금의 부과 여부가 실려 있다. 더불어 이들 차트는 승객이 무료 항공요금을 받을 자격이 있는지, 제한 요인은 무엇인지를 설명해 준다. 또한 브로슈어의 뒷부분에는 크루즈여행 전후에 대한 정보가 있다. 이것들은 일반적으로 항구도시의 호텔패키지에 관한 것이고 렌터카와 갈아타는 곳이 포함된다. 브로슈어의 뒤쪽 페이지에는 'General Information' 또는 'the fine print'라고 이름붙여진다. 여기에서는 계약금과 최종 지급요금, 만기일, 예약취소규정, 예약취소보험, 부두에서의 주차, 팁제도, 입・출항시간 등에 대한 정보를 얻을 수 있다.

4. 선실 선택과 가격결정

예산책정과 최대의 안락함을 제공하는 선실 선택은 여행사가 고객을 돕기 위해 노력해야 하는 가장 중요한 부분이다. 일반적으로 이러한 것은 말처럼 쉬운 것이 아니다.

그림 7-2 | CUNARD회사의 Queen Mary 2호 스위트 룸

낮은 가격의 장점을 가진 선실의 경우 두 가지 단점이 있다. 낮은 가격의 선실은 높거나 낮은 침실이 비치되어 있는데 몇몇 승객(특히 노인)들에게 이러한 선실은 좋지 않다. 또한 이들 선실은 뱃머리나 선박의 뒷부분에 위치한다. 뱃머리와 배 뒷부분에서 어떤 움직임이 있는지 보자. 앞과 뒷부분에 있는 선실은 중간에 위치한 선실보다 더 많이 흔들린다. 밑 갑판과 중간에 위치한 선실은 중력의 중심에 더 가깝

다. 물리학적으로 보았을 때 중력의 중심이나 근처에 위치한 선실이 더 적게 움직인다는 것을 보여준다.

큰 선실과 스위트는 높은 갑판에 위치한다. 이들 선실은 바다와 항구의 아름다운 전망을 제공한다. 그러나 높은 곳의 선실은 낮은 갑판의 선실보다 흔들리는 것을 더 많이 느끼게 된다.

크루즈 브로슈어에서 보듯이 선실은 가격에 따라 색이 결정된다. 이들 차트에서의 가격은 하나의 선실에 두 명의 어른을 기준으로 개인당 책정된 요금이다. 차트에는 다른 항해시즌을 반영하는 두 개 이상의 가격이 있을 수 있다. 날씨가 좋은 성수기는 가장 비싼 때이다. 비수기는 가격이 가장 낮고 날씨가 별로 좋지 않은 시기이다. 시즌은 나라에 따라 다르다는 것을 숙지해야 한다. 예를 들어, 알래스카의 성수기는 카리브해의 성수기와 반대이다.

1) 기본 가격결정

10월 16일 항해에서 선실 6의 한 커플에 대한 총 항공/항해요금은 얼마일까? 10월 16일 항해는 'Value'날짜이고, 선실 6은 개인당 1,619달러이기 때문에 1,619달러×2명=3,238달러이다.

가격차트에서 크루즈요금은 주요 북아메리카 도시로부터의 왕복 여행요금을 포함하기 때문에 만약 항공운송수단이 필요하지 않다면 가격차트 아랫부분의 'Cruise Only Travel Allowance'를 살펴보자. Celebration에서 항공운송수단이 필요하지 않은 승객은 차트의 가격에서 개인당 250달러를 빼야 한다.

만약 고객이 그들의 10월 16일 항해에 포함된 항공요금을 원하지 않는다면 그들의 총 크루즈요금은 1,619달러−250달러(Cruise only travel allowance)×2명=2,738달러가 된다. 그러나 3,238달러 또는 2,738달러를 고객에게 제시하지 않는다. 왜냐하면 아직 크루즈요금에 항구요금, 관세 또는 미국 출발세금(때로는 국제출발세라고 부름)을 더하지 않았기 때문이다.

2) 개인여행의 가격결정

Celebration을 위한 가격차트의 아래 있는 개인여행을 다루는 부분을 살펴보자.

가격차트를 사용하여 4월 3일 항해의 카테고리 3에서 싱글 여행자를 위한 항공/항해요금은 1,509달러×1.5(150%)=2,263.50달러이다. 이것에 69달러 항구요금, 1.50달러의 세금, 3달러 미국 출발세를 더하면 이 고객에 대한 총비용은 2,342달러가 된다.

만약 동일한 고객이 예를 들어, 카테고리 6의 더 높은 선실 카테고리를 원한다면, 1,769달러×2(200%)=3,538달러+69달러(항구세), 6.50달러(관세), 3달러(미국 출발세)이므로 총 3,616.50달러이다.

개인 여행자가 많은 돈을 절약할 수 있는 다른 상품이 있다. 이러한 선택품들은 아래 'Guaranteed Share Fare'에 자세히 설명되어 있다.

3) 3~4명의 가격결정

2명 이상의 승객이 동일한 선실로 여행할 때에는 세 번째, 네 번째 승객을 위한 가격 인하가 있다.

가격차트 아랫부분에서 세 번째와 네 번째 승객을 위한 비용을 볼 수 있다. 그러나 이것은 단지 크루즈요금이다. 이것은 항공요금이 포함되지 않은 것을 의미한다. 만약 모든 승객들이 항구도시까지의 항공운송을 원한다면 여행사는 세 번째와 네 번째 승객을 위한 총 항구요금을 더하여 계산해야만 한다.

카니발사는 여행사가 크루즈회사에 전화할 때 요청하는 첨가된 승객에 대한 'add-on airfare'를 제공한다. 다른 선택은 최상의 이용 가능한 항공요금을 사용하고 승객들이 첫 번째와 두 번째 승객과 같이 동일한 항공사에 예약할 수 있도록 하는 CRS에 첨가된 승객을 예약하게 하는 것이다.

우리가 마이애미(항구도시)에 사는 4명의 가족을 가지고 있다고 가정하자. 이들 가족의 총비용을 계산하기 위하여 가격차트를 사용한다. 그들은 4월 17일 선실 카테고리 4를 이용하여 여행하기로 결정했다.

가격결정을 위한 계산은 다음과 같다.

- 조건 : 고객은 10월 16일 선실 카테고리 6으로 여행하는 부부이다. 그들은 조지아 아한타로부터의 항공운송수단이 필요하다.
- 첫 번째, 두 번째 승객의 크루즈요금 : 1,619달러×2명=
- 항공세 : 69달러×2명=
- 미국 출발세 : 3달러×2명=
- 관세 : 6.50달러×2=
- 부부의 총계=

항공운송수단 없이 4월 17일 선실 카테고리 4로 여행하는 4인 가족의 가격을 책정해 보자.

- 첫 번째, 두 번째 승객의 요금 : 1,499달러×2명=
- 첫 번째, 두 번째 승객의 Cruise only travel allowance : 250달러×2명=
- 세 번째, 네 번째 승객의 크루즈요금 : 399달러×2명=
- 항구세 : 69달러×4명=
- 미국 출발세 : 3달러×4명=
- 관세 : 6.50달러×4명=
- 4인가족의 총비용=

4) 특별할인요금(Guaranteed Share Fare)

많은 크루즈라인들은 다른 싱글 승객과 선실을 공유하고자 하는 싱글여행자에게 여행비용을 절약할 수 있는 옵션을 제공한다. 비용절약은 실용적인 것이다. 승객들은 전혀 안면이 없는 승객과 선실을 공유해야 한다. 만약 크루즈회사가 룸메이트를 찾지 못한다면 고객은 낮은 요금을 그대로 유지하고 선실은 고객 혼자서 사용한다.

650달러의 특별할인요금(Guaranteed Share Fare)을 볼 수 있다. 이 요금은 크루즈에서 개인당 적용된다. 이것에 항구세, 미국 출발세, 필요하다면 항공요금을 더한다. 항공운송수단을 얻기 위한 선택은 3~4명의 경우에서 묘사된 것과 동일하다.

5. 비교분석

고객이 크루즈를 원한다고 말하고 당신에게 크루즈보다 500달러 저렴한 리조트의 광고를 보여준다면 당신은 어떻게 할 것인가? 첫째로 당신은 리조트 패키지에 무엇이 포함되어 있는가를 정확하게 보고 관찰해야 한다. 결과적으로 이러한 형태의 휴가는 호텔과 호텔까지의 이동수단을 포함한다. 몇몇 경우에 왕복 항공운송수단은 이 리조트 휴가에 포함된다.

크루즈와 리조트 패키지를 정확하게 비교하기 위해서 포함된 내용들은 동일하게 만들어져야 한다. 예를 들어, 크루즈의 비용은 모든 식사를 포함하나 리조트 휴가는 그렇지 않은 것을 들 수 있다.

6. 예약과 요금지불

몇몇 크루즈회사는 주요 항공사 컴퓨터시스템을 통해서도 예약할 수 있지만 아직 대부분의 예약은 전화를 통해 행해진다. 크루즈회사에 전화하거나 예약을 위해 컴퓨터를 사용하기 전에 고객에 대한 정보를 가지는 것은 매우 중요하다.

많은 여행사들은 각각의 고객에 대한 정보를 모으기 위해 예약양식을 만들어왔다. CLIA는 CLIA매뉴얼의 뒷부분에 있는 Cruise Data and Reservation Sheet라 불리는 조그마한 양식을 만들었다. CLIA의 예약시트는 모든 것을 막론하고, 모든 관련된 데이터를 위한 공간을 포함한다.

이러한 특성의 예약시트는 여행사가 고객에게 특별한 질문을 하도록 유도함으로써 도움을 준다. 이와 같이 유도하는 것이 없다면 여행사는 고객의 시민권, 특별한 식이요법, 선호하는 음식세팅 등에 관해 질문하지 않을 수도 있다. 비록 CLIA양식이 '특별한 기념일'을 포함하지 않을지라도 여행사는 고객이 크루즈여행 동안에 기념할 일이 있는지 물어보아야 한다. 대부분의 크루즈라인들은 비용의 추가 없이 생일, 결혼기념일, 신혼여행에 대한 특별행사를 제공한다.

고객에 대한 모든 정보를 모은 후에 크루즈회사에 예약을 하기 위해 전화를 한다.

우선 여행사를 확인한다. 그 다음부터 배, 항해일, 승객수, 선실 수준을 얘기한다. 예약자는 요구된 항목 중에 이용 가능한 선실을 말한다. 만약 당신이 갑판 평면도가 나와 있는 브로슈어를 가지고 있다면 당신은 제공된 선실을 찾을 수 있다. 당신과 당신의 고객 사이에서 당신은 특별한 선실을 선택할 수 있다.

예약자는 이용 가능한 선실 대신에 TBA를 제안할지도 모른다. 앞에서 배웠듯이 이것에서 요금은 정확히 보장되나 항해 날까지 실질적인 선실은 알 수 없다는 것을 의미한다. 할당된 선실은 돈을 지불한 항목보다 더 좋거나 같을 것이다. TBA는 불안하게 들릴지 모르나 이 관점이 긍정적인 결과를 자주 유발한다는 것을 고객에게 재보증하게 된다.

완벽을 기하기 위해 예약자는 승객이름, 나이, 특별한 요구 등을 포함한 첨부된 정보를 요구한다. 예약번호는 예약자에 의해 여행사의 담당자에게 주어진다. 빠놓은 것 없이 예약번호와 예약 대리점의 이름을 포함하여 예약자에 의해 주어진 정보를 쓴다. 이때 Option date(일반적으로 예약한 날로부터 7일)가 당신에게 주어진다. 만약 예약자가 요금 지불방법(여행사 직원, 신용카드번호) 등을 뚜렷이 지정하지 않으면 물어보아야 한다.

1) 여행자수표에 의한 지불

대부분의 크루즈회사들은 비용의 지불이 여행자수표에 의해 이루어질 것을 요구한다. 어떠한 크루즈라인도 고객 개인수표를 받지는 않는다. 여행사가 여행자수표를 크루즈회사에 지불했을 때 고객은 일반적으로 개인수표를 여행사에 지불한다. 그러나 몇몇 여행사는 신용카드로 지불받는다. 신용카드로 지불받는 여행사는 은행과 같은 방법으로 신용카드를 보급한다. 비록 고객이 신용카드로 지불할지라도 여행사는 현금으로 교환해서 크루즈회사에 여행자수표로 지불한다. 고객이 수표로 계약금을 지불할 경우 여행사는 그 수표를 받고 전체 계약금을 여행자수표로 발행하여 크루즈회사에게 지급한다. 수표에 의해 계약금이 지불될 때에도 커미션은 보류되지 않는다. 최종 지불시기에 만약 고객이 또다시 개인수표로 지불한다면 이것은 은행계정에 저축된다. 여행사가 크루즈라인에게 수표로 발행하기 전에 총 커미션은 순 여행자수표를 만들기 위해 공제된다.

크루즈판매의 표준 커미션 비율은 10%이다. 이 비율은 항공/항해요금, 크루즈 전후활동, 미리 지불된 해변 관광상품 등을 합산하여 계산된다. 커미션은 항구세, 미국출발세, Cruise only travel allowances 또는 디스카운트에서 지불되지 않는다.

여행사가 여행자수표를 크루즈회사에 지불할 때, 여행사는 일반적으로 수표와 함께 통지서를 사용하거나 간단한 편지를 쓴다. 통지서 또는 편지의 목적은 자금을 적절한 예약에 적용하도록 크루즈라인의 회계부서를 지원하기 위한 것이다. 이때 고객이름, 예약번호, 항해날짜, 배이름, 선실번호 등이 포함되어야 함을 명심하라.

2) MCO에 의한 지불

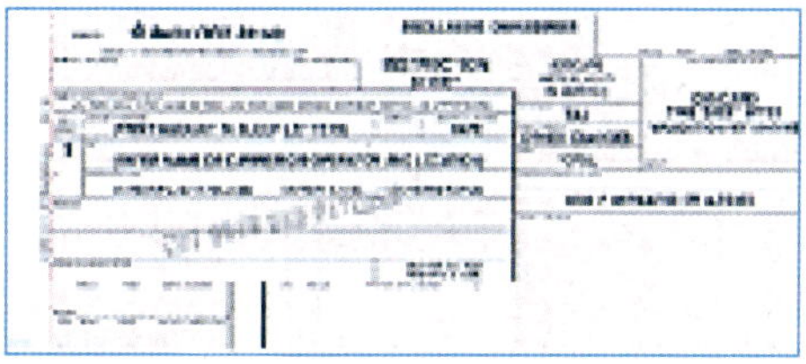

그림 7-3 | MCO(Miscellaneous Charges Order)

크루즈라인이 MCO형식으로 지불하기를 원할 때 고객은 수표나 신용카드로 여행사에 지불한다. 비록 여행사가 신용카드로 지불받는 곳이 아닐지라도 이것은 사실이다. MCO는 항공사 인증 표지판에 의해 확인되는 책임 있는 ARC문서이다. 크루즈회사는 확인을 위해 어떤 항공사를 사용하는지에 대하여 물을 것이다.

만약 대부분의 여행사들이 그들 자신만의 방법을 가지고 있다면 커미션은 여행자수표 발행절차와 다르게 지불될 때 계약금에 포함되기 때문에 MCO에 의해 크루즈라인에 대한 지불이 이루어진다. 최종지불 시 커미션은 더 적은 항구세와 세금을 최종지불액에 포함한다.

MCO는 확인 후에 버려지는 하나의 커버시트로 구성된다. 녹색 감사원 쿠폰, 핑크색 여행사 쿠폰, 누르스름한 교환용 쿠폰, 흰색 승객영수증 등으로 구성된다. 감사원쿠폰은 주 단위의 ARC 티켓보고서를 포함한다. 여행사 쿠폰은 적어도 2년 동안 여행사파일에 보관된다. 교환쿠폰은 크루즈라인에 직접 보내진다(일반적으로 통지서 또는 편지와 함께). 승객 영수증은 승객에게 주어진다.

7. 확인 편지

고객의 크루즈 계약금을 받은 후 고객에게 확인 편지를 보내는 것은 모두에게 이로운 것이다. 이러한 절차를 밟음으로써 고객을 위해 무엇이 예약되어졌는지 정확하게 기입할 수 있다. 만약 고객 또는 여행사의 실수가 있었다면 이것은 확인 편지에 의해 바로잡아질 수 있다. 편지에는 쓰여야 할 네 개의 주요 정보영역이 있다.

편지의 시작은 사업적 입장에서 고객을 생각한다. 그리고 무엇이 예약되었는지 정확하게 언급하고, 예약의 진행 또는 상태를 언급한다. 고객에게 지불된 가격 안에 무엇이 포함되고 포함되지 않았는지 보여준다. 어떤 여행상품이건 간에 해약 시 벌금을 내야 한다. 고객에게 크루즈라인의 해약정책을 말하고 만약 이미 구매되었다면 해약보험을 추천해 준다.

투어 오퍼레이터(tour operator)를 가진 많은 크루즈라인은 그들 스스로 해약보험을 제공하고 있다. Mutual of Omaha와 같은 몇 개의 주요 보험회사들은 여행해약/중간보험을 제공하나 크루즈라인에서 제공되는 정책보다 더 많은 비용이 든다.

제2절 여행업과 크루즈상품의 구성

1. 크루즈문서

항해하기 약 2~3주 전에 크루즈라인은 여행사에 크루즈문서의 우편물을 보낸다. 이들 우편물은 크루즈티켓, 항공티켓(항공/항해일 경우), 수화물 꼬리표, 상륙서류양식, 일반정보, 크루즈 팁, 항송선에 대한 증빙서류, 항해선물 주문서 등이다. 몇몇 여행사는 그들의 고객에게 여행선물을 보낸다. 일반적으로 선물비용은 개인 여행사가 아닌 대리점이 부담한다. 비록 대리점이 선물비용을 지불할지라도 여행사의 이름은 카드에 같이 나온다. 와인 한 병은 좋은 선물이다. 선물은 선실에 비치될 수도 있고,

저녁식사에 제공될 수도 있다. 다른 여행선물은 갑판구매에 대한 고객계정의 돈 지불, 전채요리, 꽃꽂이, 과일 바구니 등이다.

많은 여행사들은 여행선물로 꽃과 과일을 원하고 있다. 만약 꽃이 크루즈가 끝날 때까지 신선하다고 해도 승객이 집으로 그 꽃을 가져가는 것을 미국 관세법은 금하고 있다. 몇몇 크루즈는 충분한 여행과일 바구니를 만들어 각각의 선실에 신선한 과일을 무료로 제공한다. 항해선물 주문서는 비록 선물이 보내지지 않더라도 여행사에 의해 고객 우편물에서 제거되어야 한다.

각각의 우편물은 각 기항항에 대한 상륙서류를 포함한다. 승객은 이 양식을 완성해서 기항항에 상륙하기 전에 사무장에게 주어야 한다. 상륙서류는 기항항의 정부가 들어온 방문객을 감독하는 데 도움을 준다(국적, 입국방법 등). 여기에서 든 예는 Bahamas의 상륙양식이다.

고객 크루즈 우편물을 받았을 때 모든 것을 검사하고, 정보가 정확한가를 확인해야 한다. 6월 2일자 크루즈티켓을 가지고 6월 9일에 여행하는 고객은 반갑지 않다. 만약 고객이 물어본다면 고객에게 우편물 안에 있는 각각의 아이템을 설명할 수 있도록 준비해야 한다.

일단 정보가 확인되면 고객과 접촉하여 우편물 도착을 알려야 한다. 대부분의 크루즈승객들은 우편물을 받기 위해 사무실에 오기를 원한다. 이때 고객과 함께 우편물의 내용을 다시 한번 살펴보아라. 우편물의 내용 설명은 쉬운 일이다. 이때가 고객에게 크루즈를 위해 요구되는 다른 서류(여권, 생년월일 확인서, 이입확인서 등)를 상기시킬 좋은 기회이다.

서류를 우편으로 보낼 것을 요구하는 고객도 있다. 우편물은 현금으로 교환 가능한 크루즈와 항공티켓이 들어 있다. 때문에 대부분의 여행사는 확인된 서류를 우편으로 보내고, 영수증을 받을 것을 추천한다. 이러한 절차를 거쳤을 때 만약 우편물이 분실되면 확인넘버로 추적할 수 있다. 누가 우편물을 받았으며 언제 도착했는지에 대한 기록을 알 수 있다.

2. 즐거운 여행

대부분의 크루즈여행은 항구도시까지 비행기로 온 승객으로 시작된다. 다음에 무엇이 이루어질까? 첫째, 승객은 수화물을 찾는다. 공항의 수화물 찾는 장소 근처에 크루즈라인을 나타내는 플래카드를 든 크루즈라인 대리인이 있다. 승객은 수화물을 대리인에게 맡긴다. 동항 밖에는 몇 대의 버스와 밴이 있을 것이고 대리인은 어떤 것을 타야 하는지 승객들에게 설명할 것이다. 수화물은 트럭에 의해 부두에 내려지고 승객의 선실로 날라진다. 크루즈라인은 어떻게 어떤 수화물이 어떤 선실에 가야 하는지 알까? 승객의 크루즈 우편물 내용물 중 하나였던 수화물 꼬리표를 기억하는가? 이들 꼬리표가 배, 항해일정, 승객이름, 선실번호 등을 확인시켜 준다.

부두에서 승객은 일단 체크-인을 한다. 이 과정에서 의무적으로 크루즈라인 대행사에게 크루즈티켓을 보여준다. 만약 승객이 TBA(To be assigned : 승객의 요금은 확인되나 선실의 번호는 확인되지 않은 크루즈요금정책, 항해를 시작하는 날 선실이 배정되고 이때 지불된 요금보다 더 좋거나 동일한 등급의 선실을 배정받는다)등급이라면 실제 선실번호는 이때 주어진다. 식사시간과 테이블 할당도 이때 이루어진다. 그러나 몇몇 크루즈에서 식사시간과 테이블 할당은 승객의 선실에 있는 카드에 기록되어 있다.

승객은 이제 승선할 준비가 되었다. 영화에서 여행파티는 승객의 출발을 기념하는 친구와 친척들로 이루어진다. 실제로 대부분의 크루즈라인은 비승객이 승선하는 것을 허락하지 않는다. 이 정책은 테러가 만연한 사회에 살고 있다는 사실에 의한 필요성의 안전장치이다.

3. 상륙

크루즈가 완료되면 대부분의 라인들은 표준상륙절차를 행한다. 각각의 승객은 색이 다른 꼬리표로 구분된 상륙시간을 할당받는다. 1,000명의 승객이 한번에 배를 이탈하려고 하는 것을 피해야 한다.

배가 본 항에 도착하면 배와 승무원들은 통관수속을 받아야 한다. 통관공무원은 통관수속을 위해 승선한다. 일단 배와 승무원이 통관수속을 받고 나면 승객들 차례가 된다. 몇몇 도시는 항구에 통관사무실을 가지고 있으나 그렇지 않은 곳도 있다. 영구적인 통관사무실을 가지고 있는 도시에서 승객들은 수속을 밟기 위해 공무원에게 들고 있는 가방을 제시한다. 항구 통관사무실이 없는 도시에는 일반적으로 배의 가장 큰 공공장소에 일시적인 통관사무실을 설치한다. 승객과 짐은 이러한 일시적인 통관사무실에서 통관절차를 밟는다.

48시간 이상을 미국 밖에 있었던 미국시민은 총 400달러의 면세품(수입무관세)을 들여올 수 있다. 미국의 Virgin Island를 여행할 때는 1,200달러가 허용된다. 다른 카리브해 섬에 가는 승객들은 800달러의 면세가 허락된다. 만약 승객이 48시간 미만 동안 미국을 떠나 있었다면 25달러가 허락된다. 미국시민은 30일에 한번씩 이것이 허용된다.

몇몇 품목은 미국 통관법에 의해 금지된다. 금지된 품목은 밀수품(Contraband)이라 불린다. 곤충, 병원균인 박테리아와 곰팡이가 제품에 존재할 수 있기 때문에 식물원료는 허용되지 않는다. 같은 이유로 과일과 채소 역시 미국으로 들여오는 것을 허락하지 않는다.

카리브해를 여행할 때 승객은 거북이껍질로 만든 물품과 쿠바시가를 구매할 수 있다. 그러나 이것들은 다른 이유에서 밀수품이다. 거북이껍질과 모든 거북이를 이용한 물품은 거북이가 멸종위기에 놓인 종으로 분류되기 때문에 금지되어 있다. 쿠바 시가(쿠바의 다른 물품들)는 쿠바와 미국 사이에 외교관계가 수립되지 않았기 때문에 미국으로 들여올 수 없다.

미국과 북한, 베트남, 캄보디아는 외교관계의 부재로 특별한 자격증을 소지하고 있지 않으면 이들 나라에서 구매하거나 만든 품목을 미국에 들여올 수 없다(밀수품의 다른 예들 : 동물(특별한 자격증 없이). 많은 납을 함유한 외국에서 만들어진 세라믹 식탁용 식기류, 환각제와 환각제 제조기구, FDA(Food and Drug Administration)에 의해 승인되지 않은 의약품, 총기류와 탄약, 음식, 멸종위기에 있는 동물과 그 동물로 만든 생산품).

고객에게 제공하는 유용한 책자는 미국 통관청에서 발행한 *Know Before You Go*

이다. 이 책에는 무관세품, 제한품목, 과다구입 시 관세적용 비율과 다른 유용한 정보가 포함되어 있다.

4. 여행사의 후속조치

비록 고객이 크루즈에서 집으로 돌아갔을지라도 여행사로서의 당신의 직무는 끝나는 것이 아니다. 뒤이은 편지와 고객에게 전화를 하는 것은 판매과정에서 중요한 단계이며 두 개의 목적을 달성할 수 있다.

전화 또는 편지는 고객에게 당신이 단순히 판매하기 위한 것 이상의 관심을 가지고 있다는 것을 보여주는 것이다. 고객의 충성도를 만들고 유지하기 위해 이러한 단계는 기본적인 것이다. 대부분의 크루즈가 성공적일 수 없다. 그리고 당신이 제공한 상품에 대해 고객이 자랑하는 것은 즐거운 일이다. 후속조치는 여행사가 고객으로부터 격려받을 기회를 준다.

그러나 고객이 피할 수 있건 없건 간에 문제점을 경험했다면 후속의 편지와 전화를 고객에게 해야 한다. 고객이 친구와 친척이 아닌 당신에게 문제점을 직접 말하는 것이 훨씬 좋은 것이다.

문제의 형태는 당신의 행동과정을 통제할 것이다. 공을 지금 놓지 말아라! 만약 문제가 누구도 통제할 수 없는 단순한 실수라면 고객의 편을 들어주어 성난 군중을 누그러뜨리는 것이다. 다른 피할 수 없는 큰 문제의 경우에는 편지를 써야 한다. 문제를 제시하고 보상을 요구하는 크루즈에 온 편지는 명령과 같다.

정확하게 크루즈를 대변하고 판매하고, 결과를 논증하는 여행사는 이 산업의 영웅들이다. 고객은 가족, 친구, 사업동반자들에게 이 여행사를 추천할 준비가 되어 있고, 추천하고자 하며 추천할 수 있다.

제3절 크루즈사업과 정보통신기술의 활용

크루즈회사의 정보수요는 항해기간이 길고 많은 시설이 필요하기 때문에 정보의 양과 범위가 다양하다. 크루즈회사는 컴퓨터 예약시스템이 필요하다. 크루즈회사는 개별적으로 그들의 상품과 승객에 관한 상세한 정보를 처리하고 있다. 크루즈는 항공사의 좌석이나 렌터카보다 더욱 복잡한 상품이다.

'CruiseMatch'는 로열캐리비언 크루즈회사에 의해서 운영되는 크루즈 CRS이고 GDS와 연결되어 있다. 대부분의 GDS는 크루즈회사의 특별상품을 예약할 수 있도록 보여주고 있다. 그러나 GDS를 통한 크루즈상품의 예약률은 아직 10% 이하이다. GDS를 통한 크루즈상품을 예약하는 데 필요한 스크린의 한 예이다. 위성통신정보는 다른 교통기관보다 수상교통기관에서 더욱 중요한 역할을 수행한다. [그림 7-4]는 크루즈선의 정보시스템으로 선박과 육지 사이의 통신은 주로 이 방법을 사용한다. 위성통신항법시스템이 GPS기술을 이용하여 위성과 선박을 연결한다. 선박과 해안과의 위성통신연결로 선박에서 1일 업무를 처리할 수 있다. 예를 들어 신용카드 소유자는 위성통신이 없으면 신용카드를 크루즈선 안에서 사용하기가 곤란하다. POS시스템도 크루즈 선내의 상점에서 이와 같은 원리로 사용된다. 크루즈선에서 컴퓨터는 상품과 재고관리를 하기 위해 필수적으로 쓰인다. 이것은 특히 장거리여행 중 선박에서 필요한 각종 물품의 재고관리를 위해 유용하게 쓰인다. 선박이 항구에 도착하기 전 필요한 물품을 통신으로 보내어 정박할 항구에서 신속하게 물품을 선적하기 위해 컴퓨터가 유용하게 쓰인다. [그림 7-4]는 선박에서 사용할 수 있는 여러 가지 정보통신의 사례를 보여준다(김천중, 1998 : 222).

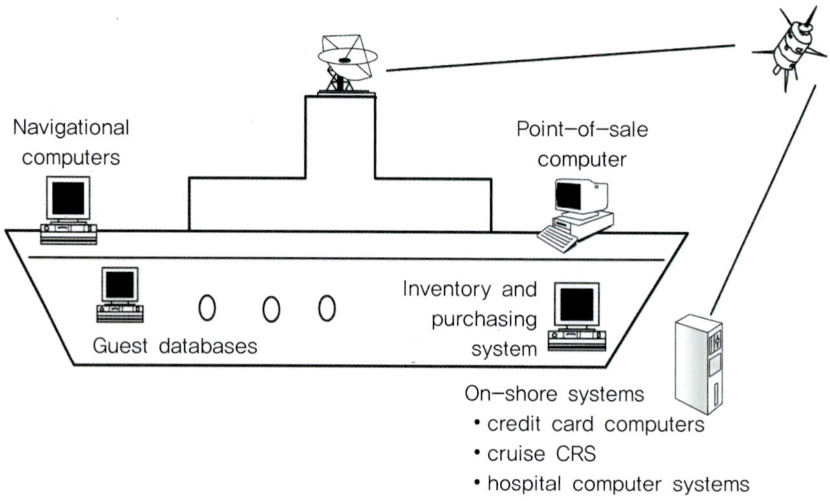

자료 : Pauline J. Sheldon(1997), Tourism Information Technology, p. 82

그림 7-4 | 크루즈 정보통신시설

1. 로열캐리비언 크루즈라인

1,950명의 고객과 750명 이상의 승무원을 나르는 로열캐리비언 크루즈라인(Royal Caribbean Cruiseline)의 그랜저호(Grandeur of the Seas, 74,000톤)는 컴퓨터기술과 결합된 인간의 창조력의 결과이다. 이 선박은 컴퓨터를 사용하여 디자인하였고, 스케줄 구성은 컴퓨터에 의해 계획되고, 속력 · 위치 · 안전 · 엔진 · 운항 · 숙식 시스템은 모두 컴퓨터에 의해 관리된다. 컴퓨터는 배의 운영을 더 쉽고, 안전하게 그리고 경제적으로 할 수 있도록 하며, 이들 모든 시스템은 컴퓨터에 의해 운영된다.

컴퓨터 디자인(CAD)은 편안함을 유지하면서 연료소비를 최소화할 수 있는 적합한 외형을 만드는 데 이용된다. CAD시스템은 그리기와 교정을 쉽게 할 수 있도록 한다. 컴퓨터화된 청사진은 작은 밑그림을 큰 규모의 복사본으로 만들어 정확하게 제도할 수 있도록 컴퓨터 안에 저장된다. 철의 절단에서 처녀운항까지 전통적인 방법으로 했을 때 걸렸던 4, 5년보다 30개월은 더 적게 걸린다.

갑판에는 많은 컴퓨터 시스템들이 있다. 극장은 컴퓨터기술을 사용한다. 대부분의 조명신호, 커튼신호, 세트변화는 쇼진행 중의 정확한 순간에 작동될 수 있도록 컴퓨터 안에 미리 프로그램화된다. 배의 운항시스템은 컴퓨터 네트워크화된 데이터, 전륜나침판, 운항상황판 등과 연결되어 있고, 배의 관리자가 배를 정해진 항로로 운항하도록 한다.

재고와 관리시스템은 컴퓨터에 의해 통제되고, 음식과 다른 서비스가 주문되면 승무원에게 자동적으로 알린다. 고객의 소비는 크루즈 선내에 있는 동안 고객카드로 기록되어 현금이 필요 없도록 전산화되어 있다(김천중, 1997 : 228).

CHAPTER_8

국내 연안크루즈산업 활성화방안

CHAPTER 8 국내 연안크루즈산업 활성화방안

제1절 세계의 연안크루즈시장 분석

1. 국립공원과 기항섬 연계 크루즈 현황

1) 세계 주요 크루즈지역과 국립공원 연계 현황

세계의 주요 크루즈지역은 아름다운 바다와 절경이 있는 카리브해, 지중해, 알래스카지역 및 유럽 등이다. 대부분의 주요 크루즈선사들은 자연과 동・식물 등의 생태계가 아름답고 잘 보전된 국립공원을 기항지로 하거나 항로에 포함하고 있다. 아시아 기항지는 3가지 유형으로 순항하는 특징이 있다. 인도네시아, 말레이시아, 필리핀, 싱가포르가 가진 많은 섬에 기항지를 두고 순항하거나, 인도, 스리랑카, 몰디브 등 서로 다른 문화를 연결시켜 순항하거나, 한국, 일본, 중국 등 지형상의 이점을 이용하여 순항하는 방법 등이다. 아시아・태평양지역은 크루즈의 주요 목적지로 여겨지지는 않지만, 점유율이 점차 증가하는 추세이며, 꾸준한 성장세를 보이고 있다.

표 8-1 | 국립공원 연계 세계 크루즈 기항지 현황

유럽 (지중해)	크루즈지역	Asinara 국립공원, Timanfaya 국립공원, Gibraltar Range, Cabrera 해상 및 지상 국립공원, Malaga 국립공원, 독일 갯벌국립공원, Tyresta국립공원, Donau-Auen 국립공원(Vienna)
	크루즈선사	Princess Cruises, Royal Caribbean, Swan Hellenic, Costa Cruises, Seabourn, Hapag-Lloyd Cruises, Silversea, Holland America, Oceania Cruises, Voyages of Discovery
아시아	크루즈지역	Gunung Mulu 국립공원(Borneo, Malaysia), 한려해상국립공원
	크루즈선사	Pandaw River Cruise, Oceania Cruises, Azamara Club Cruise, 팬스타크루즈(공단)
북미권역 (알래스카)	크루즈지역	글래시어 베이 국립공원(유네스코 세계문화유산), 클론다이크러시 국립 역사공원, Prince Edward Island 국립공원, Baltimore 국립공원, 미시시피 국립공원 등
	크루즈선사	Carnival Cruise Lines, Celebrity Cruises, Crystal Cruises, Disney Cruise Line, Holland America Line, Lindblad Expeditions, Norwegian Cruise Line, Oceania Cruises, Princess Cruises, Regent Seven Seas, Royal Caribbean, Silversea Cruises
카리브해	크루즈지역	Caribbean 국립공원, Bahamas 국립공원, Signal Hill 역사 국립공원, Guadeloupe 국립공원, San Juan 국립 역사지구, Arikok 국립공원, Bonaire 해양 국립공원, Curacao 국립공원, Cancun 해양 국립공원, Chankanaab 국립공원
	크루즈선사	Carnival, Celebrity, Disney, Holland America, Crystal Cruise, Norwegian Cruise Line, Princess, Regent Seven Sea, Seabourn Caribbean Cruises, Silversea Caribbean Cruises, Star Clipper, Oceania Cruise 등
중남미	크루즈지역	Galapagos 국립공원, Cabo Pulmo 국립공원
	크루즈선사	Carnival, Crystal Cruise, Oceania Cruise, Regent Seven Sea, Holland America, Celebrity, Disney, Princess, Norwegian Cruise Line,
하와이/ 남태평양	크루즈지역	Hawaii Volcanoes 국립공원, Rapa-Nui 국립공원
	크루즈선사	Seabourn, Holland America, Celebrity Cruises, Regent Seven Seas, Oceania Cruises, Hapag-Lloyd Cruises, Crystal Cruises
아프리카	크루즈지역	Black River Gorges, Madagascar 국립공원
	크루즈선사	Hapag-Lloyd Cruises, Oceania Cruises, Silversea, Holland America

그림 8-1 | 세계의 주요 크루즈지역

2) 섬 크루즈 기항지 사례분석

(1) 일본 노고노지마섬

후쿠오카시 부두에서 쾌속선으로 약 10분 거리에 위치해 있으며 아름다운 정원 같은 자연 식물공원인 아일랜드공원을 조성하여 수많은 관광객이 방문한다. 도자기 가마시설과 독특한 불고기요리가 유명하다. 문학축제, 전위예술제 등 다양한 행사를 개최한다.

그림 8-2 | 노고노지마섬(일본)

(2) 일본 하쓰시마섬

시즈오카현의 아타미 동남쪽 약 10km에 위치한 섬으로 둘레 1.6km, 면적 0.44km² 에 인구 약 200명이 거주하고 있다. 1984년에 해양자료관 완공(민자), 대규모 리조텔이 설립(부지를 매입하지 않고 주민과 주식형태로 임대)되었다.

그림 8-3 | 하쓰시마(일본)

(3) 이탈리아 카프리섬

이탈리아 남부 캄파니아주에 위치한 이 섬은 면적 10.36km², 인구 약 7천 명이 거주하며 연간 300만 명의 관광객이 방문한다. 체류형 관광지로 75%가 체류한다. 유명 인사들의 별장과 주택이 많고 엄격한 건축물 규제로 높이, 재료, 색채를 규제하고 있다. 해발 299m의 정상까지 리프트가 건설되어 운영하고 있고, 상록수림과 기암괴석의 해안경관과 청정바다는 최고의 경관을 연출한다.

그림 8-4 | 카프리섬

2. 세계 연안크루즈선박 및 운항사례

1) 세계 수상버스 운항사례

(1) 시티캣(호주 브리즈번의 수상버스)

호주 퀸즐랜드주의 수도인 브리즈번(Brisbane)에는 도시를 관통하는 브리즈번강을 중심으로 수상교통수단인 시티캣을 운항하고 있다.

표 8-2 | 시티캣(City Cat) 제원

정원	162명
총톤수	75t
크기(전장 및 선폭)	25m×7.3m
흘수	0.8m
선속	34knots(제한된 곳 28knots)

(2) 클리퍼(영국 템스강)

클리퍼(Clipper)는 쾌속범선을 의미하는 단어였으나 현재 쾌속정의 의미로도 사용되고 있으며, 템스 클리퍼는 템스강에서 운영하는 수상버스 서비스로서 런던 동부와 중부 간 통근서비스와 관광서비스를 제공하고 있다. 영국의 기후적 특성으로 인하여 계절에 따라 운항노선에 차이가 있다.

표 8-3 | 템스 클리퍼의 주요 선박과 제원

구분	Sky, Storm, Star Clipper	Hurricane Clipper	Sun & Moon Clipper
선형	쌍동선형	쌍동선형	쌍동선형
정원	62명	220명	220명
선속	25knot	28knot	25knot
전장	25m	38m	32m
선폭	5.7m	9.3m	7.8m
동력	워터제트	쌍동스크루	쌍동스크루

(3) 히미코(동경 스미다강 수상버스)

'우주 전함 야마토'로 알려진 만화가 마쓰모토 레이지 씨가 디자인한 관광선. 실버의 선체는 마쓰모토 씨가 만화에 등장하는 독특한 메카닉 디자인을 재현하였으며, 천장은 하늘을 볼 수 있도록 투명하게 제작했다. 히미코는 스미다강과 동경만을 운항하는 수상버스로 오다이바~동경 아사쿠사를 연결하고 있다. 독특한 외관 디자인으로 인해 레인보우 브리지와 함께 스미다강의 상징으로 자리 잡고 있다.

표 8-4 | 히미코 수상버스 제원 및 항로

Himiko 제원		
무게	114t	
전장	30.3m	
선폭	8m	
선속	12knot(7~8knot)	
운항구간	아사쿠사~오다이바	
최대출력	620PS	
정원	231명(좌석수 약 70석)	

■ 위치 및 운항요금

표 8-5 | 히미코 수상버스의 위치

위치(도쿄도 다이토구에 위치)	
가는 길	액세스 도쿄 메트로 아사쿠사역 4번 출구 → 걸어서 바로. 또는 지하철 아사쿠사역 A4 출구 → 도보 2분 거리
운항시간	0:10, 13:20, 15:20 등에 아사쿠사역의 수상버스 승선장을 출발하고, 17:20에 운영하는 것은 임시편이며, 매월 둘째주 화, 수요일은 운항하지 않는다.

표 8-6 | 히미코 수상버스의 운항요금

번호	노선	소요시간	요금
1	浅草(아사쿠사) → お台場(오다이바)	약 50분	1,520엔(20,472원)
2	お台場(오다이바) → 豊洲(도요스)	약 20분	760엔(10,236원)
2+3	お台場(오다이바) → 浅草(아사쿠사)	약 60분	1,520엔(20,472원)
3	豊洲(도요스) → 浅草(아사쿠사)	약 40분	1,060엔(14,276원)

그림 8-5 | 히미코 정박 모습

(4) 수상택시(뉴욕 허드슨강)

뉴욕 허드슨강의 수상교통수단으로 전장 22m, 선폭 8.3m, 정원은 99~149명이다.

(5) 수상버스(이탈리아 ACTV)

총톤수 75t, 전장 25m, 선폭 7.3m, 정원 160여 명이다.

허리케인 클리퍼(영국)

히미코(일본)

수상택시(미국)

수상버스(이탈리아)

그림 8-6 | 수상교통 사례

2) 세계의 연안크루즈 운항사례

(1) 미국

① 디스커버리 크루즈

디스커버리 크루즈 라인은 '베스트 데이 크루즈'로서 9년 연속 '포트 홀 크루즈 매거진'에 선정되었다. 크루징여행으로서의 디스커버리사는 미국인들이 선호하는 바하마(Bahamas)로 이어지는 편안하고 재미있는 서비스 제공으로 유명하다. 선 데크에서의 아웃도어활동은 물론 따뜻한 스파풀, 디스커버리사의 림보 콘테스트에도 참여할 수 있으며 음악과 함께 연안을 항해하며 아름다운 바하마를 즐길 수 있다. '원데이 바하마' 크루즈에서는 뷔페 스타일의 음식이 두 번 제공되며 다양한 음료, 크루즈 빙고, 비디오서비스, 디스코와 재미있는 게임들이 준비되어 있다. 특별한 모임이나 행사를 가진 단체그룹에도 적합하도록 특별 프로모션과 프로그램을 준비해 두고 있다. 스케줄은 여행자에 따라 자유롭게 정할 수 있어 출항일을 선택하고 숙박일정에 따라 원하는 만큼 예약이 가능하다. '사우스 플로리다(South Florida)'에서 여행자가 원하는 날에 돌아올 수 있다. 그러나 '원데이 바하마 크루즈'상품은 반드시 같은 날 오후 돌아와야 한다. 디스커버리사는 자사를 이용하는 여행객들에게 특별한 가격으로 리조트도 선택할 수 있는 서비스를 제공하고 있다.

생일을 맞은 여행객은 그 달에 무료로 크루즈 탑승이 가능하다. 예약창에서 간편하게 등록할 수 있으며 일행 또한 특별한 가격할인을 받아 모든 서비스를 동일하게 이용할 수 있다. 생일을 맞은 여행객을 제외한 나머지 동승객들은 $45의 크루즈 운영비와 $12의 연료비로 총 $57만 지불하면 된다.

표 8-7 | 디스커버리 크루즈(Discovery Cruise) 제원

총톤수	11,979t
전장	411feet
선폭	79feet
객실 수/정원	84실/1,000명
승무원 수	약 377명
비용	$99.99

표 8-8 | 디스커버리사 일정표

출항	From Port Everglades in Ft. Lauderdale → South Florida
	매일 9:30am(Gate close at 8:00am)
	그랜드바하마 도착(at 10:00am)
리턴	From Grand Bahamas Island → South Florida
	매일 5:15pm 출항
	사우스 플로리다 도착 10:30pm
가격	월, 화, 목, 금 $79.99

② 디즈니 크루즈 라인

어린이를 포함하여 모두를 위한 서비스가 준비된 디즈니 크루즈 라인. 편안한 휴식을 원하는 어른들의 공간, 다양한 재미를 추구하는 어린이들을 위한 공간 및 서비스를 비롯해 가족 전체까지 어우러질 수 있는 공간이 바로 디즈니 크루즈이다. 재미가 가득한 선상 위의 활동들, 레스토랑에서 즐기는 3가지 스타일의 식사와 개인주문 서비스가 가능하다. 브로드웨이를 능가할 만한 다양한 공연의 엔터테인먼트는 물론 가족과 즐기는 데크 위의 파티, 선상 불꽃놀이를 즐길 수 있다.

목적지인 나소는 아주 오래된 도시로 유명하다. 어린이들은 'Scuttle's Cove'라는 곳에서 자유롭게 뛰어놀 수 있고, 투명한 바다에서 수영, 스노클링, 카야킹 등 다양한 활동이 가능하다. 어른들을 위한 프로그램으로는 바다를 전경으로 한 마사지 서비스, 요가 클래스, 분위기 있는 바 시설 이용, 어른들만 쉴 수 있는 전용 해변 등으로 어린이들에게서 잠시 벗어나 스트레스를 풀 수 있게끔 하였다. 바하마에선 다양한 음식들을 쉽게 찾아볼 수 있는데, 신선한 로브스터(lobster)부터 많은 해산물 요리와 지역 전통음식도 맛볼 수 있다.

그림 8-7 | 디즈니 크루즈 바하마지역 운항경로

표 8-9 | 디즈니 원더(Disney Wonder) 제원

총톤수	83,000t
전장	964feet
선폭	106feet
객실 수/정원	877실/1,754명
승무원 수	약 950명
비용	$399~$769
일정	4일간

표 8-10 | 디즈니 원더 운항표

Day port	Guest a shore	Guest on board
1. Port Canaveral, Florida	–	3:45pm
2. Nassau	9:30am	6:00pm
3. Castaway Cay	8:30am	4:30pm
4. At Sea	–	–
5. Port Canaveral, Florida	7:30am	–

(2) 뉴질랜드

① 고래 탐사 크루즈(Whale & Dolphin Cruise)

복잡하고 북적이는 도시를 뒤로하고 뉴질랜드에서 가장 편안한 탐사선을 타고 하우라키(Hauraki)만에서 돌고래 관광을 즐길 수 있다.

표 8-11 | 뉴질랜드 익스플로어 차터 보트(Explore NZ Charter Boat)

정원	100명
무게	280t
전장	16m
선속	20knot

표 8-12 | 돌핀 크루즈요금 및 일정(5세 미만 어린이 무료)

성인	$155(168,175원)
어린이(5~15세)	$105(113,925원)
가족(어른 2, 어린이 2)	$399(432,915원)
운항시간	4시간 30분
출발(여름/겨울)	01:30pm/12:00pm
도착(여름/겨울)	06:00pm/04:30pm

그림 8-8 | 하우라키만 지형

② 홀인 록 크루즈(Hole in the Rock Cruise)

선장의 해설과 함께 144개의 섬 사이를 순항한다. '홀인 록(Hole in Rock)'이라는 거대한 자연을 품은 장관을 경험하고 돌고래를 볼 수도 있다. 선택적으로 마오리족의 '항이(Hangi)'문화를 체험할 수 있고, BBQ요리 또한 즐길 수 있다.

표 8-13 | 홀인 록 크루즈요금 및 일정(5세 미만 어린이 무료)

성인	$89(96,565원)
어린이(5~15세)	$45(48,825원)
운항시간	4시간
PAIHIA 출발	매일 09:00am, 01:30pm
RUSSEL 출발	매일 09:10am, 01:40pm
Hangi문화 체험	$25(27,125원)
점심 BBQ	$16(17,360원)

그림 8-9 | 홀인 록(Hole in Rock) 크루즈

③ 돌고래 수영체험 크루즈(Swim with the Dolphins Cruise)

인간친화적이고 활동적인 포유류를 만나고 그들의 세계에서 돌고래와 함께 수영할 수 있는 독특한 경험을 할 수 있다.

표 8-14 | 돌고래 수영체험 요금 및 일정(5세 미만 어린이 무료)

성인	$89(96,565원)
어린이(5~15세)	$45(48,825원)
운항시간	4시간
PAIHIA 출발	매일 08:00am, 12:30pm
RUSSEL 출발	매일 08:10am, 12:40pm

표 8-15 | 오션 어드벤처 콤보 추가 시 요금 및 일정(5세 미만 어린이 무료)

성인	$155(168,175원)
어린이(5~15세)	$95(103,075원)
운항시간	5시간
PAIHIA 출발	매일 08:00am, 12:30pm
RUSSEL 출발	매일 08:10am, 12:40pm

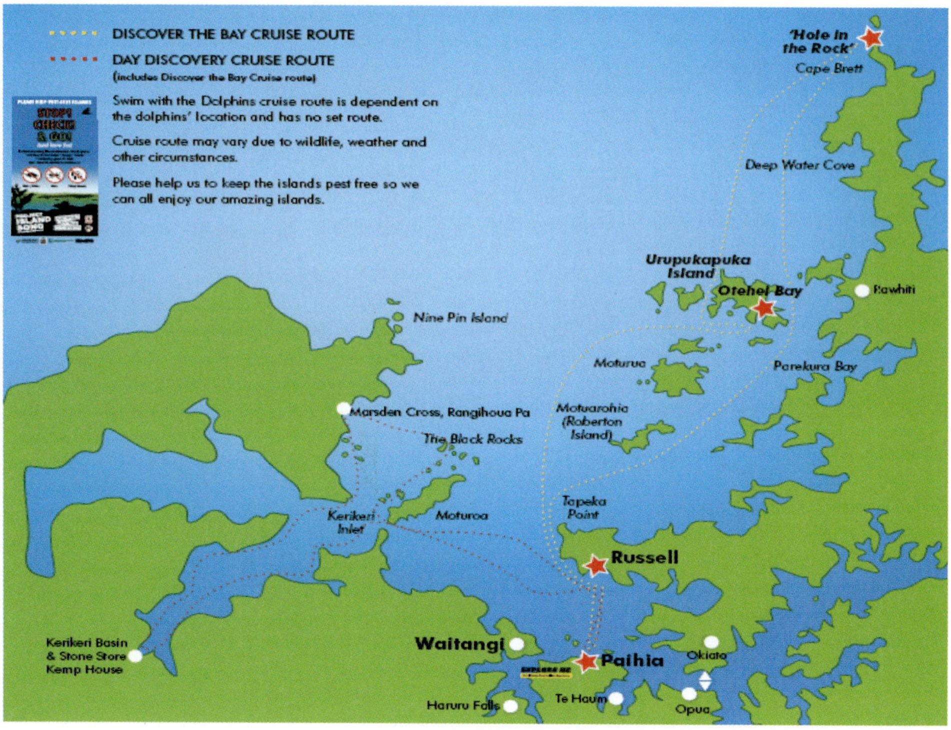

그림 8-10 | 디스커버리 데이 크루즈 & 데이 디스커버리 크루즈 루트

(3) 호주

① 식 · 음료 크루즈(MV Sydney 2000)

표 8-16 | MV 시드니 2000 제원

정원	1,950명
무게	1,684t
전장	63m

표 8-17 | 해산물 뷔페 크루즈 요금표

1인당 가격	2011.04.01~2011.10.31	2011.11.01~2012.03.31
성인	$75(81,375원)	$77(83,545원)
어린이(5~14세)	$45(48,825원)	$47(50,995원)
창가 자리	+$15(16,275원)	+$15(16,275원)

시드니 바위 굴, 홍합, 왕새우, 다육성 생선 등 해산물 외에 샐러드와 디저트, 그리고 치즈와 커피를 즐길 수 있다.

표 8-18 | 런치 크루즈 요금표

1인당 가격	2011.04.01~2011.10.31		2011.11.01~2012.03.31	
	2course	3course	2course	3course
성인	$75(81,375원)	$85(92,225원)	$77(83,545원)	$87(94,395원)
어린이(5~14세)	$45(48,825원)	$55(59,675원)	$47(50,995원)	$57(61,845원)
창가 자리	+$20(21,700원)	+$20(21,700원)	+$20(21,700원)	+$20(21,700원)
Bar Package	+$19(20,615원)	+$25(27,125원)	+$19(20,615원)	+$25(27,125원)

2 또는 3코스의 오스트레일리아 요리를 즐길 수 있다. 시드니 하버의 해안경관과 음악을 감상할 수 있다.

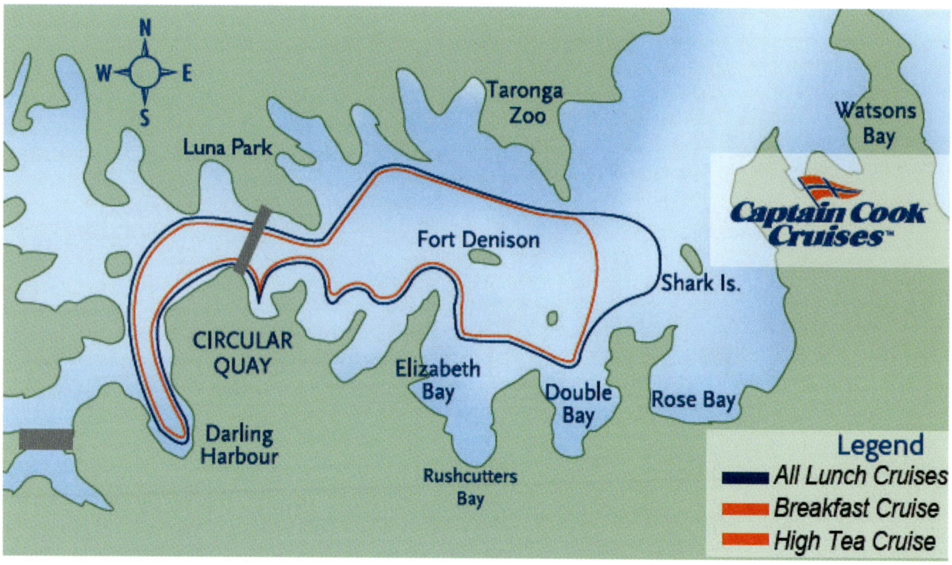

그림 8-11 | 운항코스

표 8-19 | 서큘러 키-6번 제티 일정

출발시간	Cruise
09:30am	Sunday Breakfast
12:30pm	Seafood Buffet Lunch
12:30pm	Top Deck Lunch
02:30pm	High Tea – Wed & Sat

표 8-20 | 달링 하버-1번 부두 일정

출발시간	Cruise
09:00am	Sunday Breakfast
12:00pm	Seafood Buffet Lunch
12:00pm	Top Deck Lunch

② 숙박 크루즈(MV Captain Cook's Explorer Overnight Cruises)

표 8-21 | MV 캡틴 쿡 익스플로어(MV Captain Cook's Explorer) 제원

	정원	350명
	숙박인원	116명
	무게	1,160t
	전장	53m
	객실 수	61개

표 8-22 | 2박 시드니 주말 크루즈(2 Night Sydney Weekender Cruise) 일정

금요일	Sydney Opera House, Botanic Gardens $95(103,075원)
토요일	Sydney's historic 암벽탐사, 시장, 쇼핑, 미술관 관람
일요일	커다란 주택지역, 화려한 요트를 볼 수 있고, 과거의 항해에 대한 흥미로운 이야기를 들을 수 있다.

표 8-23 | 신년맞이 크루즈(New Years Eve Overnight Cruise) 일정

토요일	Sydney's historic 바위지역 탐사, 시장, 쇼핑, 미술관 관람
일요일	느긋한 아침식사 후 도착

표 8-24 | 2박 시드니 주말 크루즈 일정

No. 1 King Street Wharf	출발	도착
05:00pm 탑승	금요일 6:00pm	일요일 3:00pm

표 8-25 | 신년맞이 숙박 크루즈 일정

No. 1 King St. Wharf Darling Harbour	도착
2011.12.31 토요일 정오 12시 출발	2011.01.01 일요일 11:00am

표 8-26 | 2박 시드니 주말 크루즈요금(2011.04.01~2012.03.31)

1인당 가격	Early Booking		Brochure Fares	
	내부 이층침대	외부 twin침대	내부 이층침대	외부 twin침대
2인 1실	$431(454,274원)	$539(568,106원)	$479(504,866원)	$599(631,346원)
개인	$431(454,274원)	$629(662,966원)	$479(504,866원)	$699(631,346원)

표 8-27 | 신년맞이 숙박 크루즈요금

1인당 가격	내부 이층침대	내부 double침대	외부 twin침대	외부 double침대
2인 1실	$1,199 (1,168,886원)	$1,299 (1,369,146원)	$1,399 (1,474,546원)	$1,499 (1,579,946원)
개인	$20,699 (2,180,726원)	×	$2,340 (2,466,360원)	×

3. 국내의 연안크루즈시장 현황

1) 한국의 크루즈 관광여건

한국의 크루즈 관광은 '연안여객선'이나 '관광유람선'의 개념과 혼재되어 이루어져 왔으며 본격적인 의미의 크루즈 관광은 1998년 금강산 크루즈 관광이 시작되면서 도입되었다.

금강산 크루즈 관광은 크루즈사업의 등록과 각종 인·허가, 기반시설의 부족 등 법적·제도적 기반의 미흡으로 인해 크게 활성화되지 못했으며 육로를 통한 관광이 가능해지면서 중단되었다. 스타 크루즈사에서 부산과 평택을 모항으로 크루즈선박을 운영했지만 수익성 부족으로 운항이 중단되었다. 국내에서도 연안크루즈가 몇 차례 운항을 모색했으며, 2008년 '남해안 크루즈사업'까지 추진되었지만 2009년 국제 금융위기의 여파와 고유가, 수요부족 등의 문제로 성공적인 운영을 하지 못한 채 운항이 중단된 상태이다.

표 8-28 | 한국의 국제크루즈시장 여건 변화 현황

연도	내용	비고
1998	금강산 크루즈 취항	동해 ↔ 금강산 운항
2000	부산시-스타 크루즈사 취항	한국 ↔ 일본 운항
2001	금강산 크루즈 운항 중단	
	스타 크루즈사 부산기항 포기	
2002	스타 크루즈사 평택기항	한국 ↔ 중국 ↔ 일본 운항
2003	스타 크루즈사 평택기항 중단	
2004	팬스타호 연안크루즈 운항	부산항 내 크루즈 운항
2008	팬스타 허니호 남해안 크루즈 운항	부산 ↔ 통영 ↔ 여수 ↔완도 ↔ 제주
2009	팬스타 허니호 운항 중단	
2010	테즈락 센트럴 베이 크루즈	중앙동↔오륙도↔광안대교↔태종대
2011	팬스타 크루즈	한려해상국립공원(남동크루즈) 시범운항

2) 연안크루즈 운영 현황

숙박하는 의미의 연안크루즈는 2004년 12월 팬스타드림호가 최초로 시작하였으며 「관광진흥법」상 크루즈업으로 등록운항 중에 있다. 부산항에서 운항하는 팬스타 크루즈는 21,535톤 규모로 약 550여 명이 승선 가능하며, 주중에는 부산-오사카 페리를 운항하고 주말에는 부산 연안을 운항한다. 테즈락 센트럴 베이 크루즈는 부산의 관광랜드마크로 꼽히는 광안대교 인접 부산 용호만 부두에서 358톤 규모로 승선정원 278명, 최대선속 13knot의 누리마루호(2009년 취항)를 운영하고 있다. 연안크루즈는 순항 여객운송사업이나 복합 여객운송사업으로 국토해양부 장관의 면허를 받아 운항한다. 한국의 연안크루즈업은 「관광진흥법」에 의하여 관광사업자로 등록된 일반관광유람선업(30개사)과 크루즈업(1개사)으로 등록된 선사와 유사하며, 순항 및 복합해상여객운송사업 면허를 취득해야 복수의 다양한 국내 기항지를 자유롭게 항해할 수 있다. 기타 국내운항선사는 전국의 지방항만청에 등록되어 운영하고 있으며, 대부분 내항정기, 부정기 여객운송사업 면허를 취득한 후에 일정한 허가구역에서만 운항하고 있다(부록 참고).

4. 국내 유사 연안크루즈 현황

1) 국내 연안크루즈 및 유사 크루즈 현황

(1) 국내 유람선관광 현황

국내 연안크루즈와 유사한 사업은 일반 관광유람선업과 유선업으로 이루어져 있다. 항해지역에 따른 크루즈관광의 동향을 보면, 대양 크루즈는 전무한 실정이고 연안지역을 대상으로 한 금강산 크루즈가 운항되었으며, 1개의 크루즈사업자를 제외하면 하천・호수에서 운항되는 한강 유람선, 충주호 유람선, 그리고 동서남해안의 소형 유람선 등이 운항되고 있는 실정이다. 유람선관광중앙회에서는 유람선관광의 공간적 권역을 서해권・제주권・남해권・부산광역권・동해권-내수면권의 5개 공간권역으로 구분하고 있다. 서해권은 인천・대천・군산・목포지역이며, 제주권은 제주일원 전체, 남해권은 통영・사천(삼천포)・거제・여수, 부산광역권은 부산동부・부산서부, 그리고 동해권-내수면권은 울릉도・속초의 해안지역과 춘천・충주・한강 등의 내륙지역을 포함하고 있다.

(2) 유람선관광 자원

국내 유람선관광 욕구는 점차 증가하고 있으므로 우리의 현실에 적합한 유람선관광이 필요한 시기이다. 동서남해안 지역은 자연환경적 특성이 상이하여 유람선관광을 위한 자원에 대한 조사가 요구되고 있다. 유람선관광에서 해안과 내륙의 자원은 유람선관광 상품전략의 다양화가 가능하기 때문에 조사의 중요성은 매우 크다. 남해안은 다도해・한려해상국립공원 등을 중심으로 유람선 관광활동의 70% 이상이 이루어지고 있다. 전국 유람선 관광자원의 대부분은 자연상태의 섬・해안・동굴・기암괴석 등의 형상에 따라 동물・사람 등의 이름을 붙여 상품화하거나 그 자체가 지닌 설화・전설・역사 등을 각색하여 상품으로 활용하고, 섬 생태자원, 바다생물에 관광자원으로서의 가치를 부여하여 상품화하고 있다.

표 8-29 | 서해안 유람선 운항지역 주변 자원

구분	섬, 바다, 등대
전북	• 새만금 방조제 · 횡경도 해식동굴 · 방축도 독립문 바위 · 장자도 가마우지섬 · 전북선유도 인어등대 · 신시도 야미도 닭섬 등
인천	• 인천갑문 · 영종도 · 팔미도 · 송도 국제도시 · 인천대교 · 인천남항 · 작약도
충청	• 해안 : 신진도 · 안흥 · 마도 · 정족도 · 목개도 · 대천해수욕장 · 다보도 · 월도 · 허육도 · 몽덕도 · 추도 · 소도 · 안면도 · 원산도 · 불로도 · 외점도 · 녹도 등

표 8-30 | 남해안 유람선 운항지역 주변 자원

구분	해수욕장
경남	• 통영주변 : 소매물도 · 비진도 · 한산도 · 학섬 · 제승당 · 죽도 · 사량도 · 홍도(괭이갈매기) · 세병관 · 케이블카 등 • 거제주변 : 구영 · 명사 · 학동 · 구조라 · 흥남 · 죽립 · 덕포 · 사촌 · 와현 · 도장포 · 해금강 · 외도 · 지심도 · 저도 등 • 사천주변 : 코끼리섬 · 죽방염원시어업 · 남해-창선대교 • 남해주변 : 은모래 · 세존도 · 노도(서포 김만중 유적지) · 노량해전유적지 • 고성주변 : 상족암 · 당항포 유적지 등
전남	• 목포주변 : 홍도 · 삼학도 · 고하도 · 영산호 · 평화광장 · 소록도 등대 · 이충무공 유적지 • 여수주변 : 보길도 뾰족산 · 보길도 윤선도 유적 · 나로도 · 백도 · 오동도 · 장군도 · 우두리 기암절벽 · 오동도 등대 · 만성리 해수욕장 · 진남관 · 방죽포 해수욕장 · 고니도래지 · 하멜공원 · 향일암 등 • 진도주변 : 저도 · 작도도 · 송도 · 혈도 · 손가락섬 · 발가락섬 · 방고도
부산	• 해운대 · 광안리 · 다대포 · 송정 · 송도 · 태종대유원지 · 동백섬 · 광안대교 · 영도등대 · 부산대교 · 오륙도
울산	• 울산연안 고래탐방

표 8-31 | 동해안 유람선 운항지역 주변 자원

구분	섬, 바다, 등대
강원	• 강릉 해돋이 공원 · 남항진 해변 · 정동진 · 경포해변 · 등명 해수욕장 · 염전해변 · 강문해변 · 백도섬 · 자작도섬 · 해안 기암괴석 · 사근진 해변 등
경북	• 사동 · 퉁구미 · 남양 · 구양 · 현포 · 공암 · 추신 · 천부 · 삼선암 · 관음도 · 저도 등

(3) 전국 유선 및 유람선 현황

유선사업은 전국적으로 216명의 사업자와 330척의 선박이 운항되고 있다. 남해청은 전체의 44.8%(148척)로 가장 높은 비율을 차지하고 있으며, 다음은 인천서로 98척(29.6%), 서해청 41척(12.4%), 동해청은 6척인 3.3%로 가장 낮은 비율을 점유하고 있다. 대부분의 유선은 30톤 이하로 운영되고 있어 연안크루즈항해의 역할을 하기에는 한계가 있다. 관할청별로 30톤 이상에서 100톤 미만을 소유한 곳은 인천서가 43.7%로 가장 높은 비율을 차지하고 있으며, 남해청(28.1%), 동해청(18.7%)으로 나타났다.

100톤 이상 보유현황은 남해청이 18척으로 47.3%, 서해청이 42.1%로 가장 높았다. 서해청은 전체 보유척수 73척 중 37.2%가 100톤급 이상으로 나타나 완도·목포·군산·태안지역이 대규모의 관광유람선을 보유하고 있는 것으로 조사되었다.

표 8-32 | 전국 유선 및 관광유람선 현황

기관명	사업자(명)	보유척수					
		계	1톤 이상~5톤 미만	5톤 이상~10톤 미만	10톤 이상~30톤 미만	30톤 이상~100톤 미만	100톤 이상
합계	216	330	42	36	182	32	38
남해청	113	148	20	13	88	9	18
동해청	6	11	1	–	3	6	1
서해청	41	73	21	5	28	3	16
인천서	56	98	–	18	63	14	3

자료 : 한국문화관광연구원

(4) 지역별 관광유람선 운영 현황

「관광진흥법」에 등록된 관광유람선업은 전국적으로 30개, 크루즈 1개 업체가 등록되어 운항하고 있다(2010년). 일반 관광유람선은 100톤에서 1,500톤 미만의 선박으로 되어 있으며, 대부분 지역 내항에서 운항되고 있다. 지역을 벗어나 타 지역에서 운항하는 연안 유람선은 전무한 실정이다. 일반 관광유람선은 유람선 관광활동에 제약을 받고, 관광상품개발도 지역 간에 연계되지 않는 문제가 지적되고 있다.

표 8-33 | 지역별 일반 관광유람선 운영 현황(2010)

합계	서울	부산	대구	인천	광주	대전	울산	경기	강원	충북	충남	전북	전남	경북	경남	제주
31	1	3	–	5	–	–	–	–	1	–	2	5	4	–	4	6

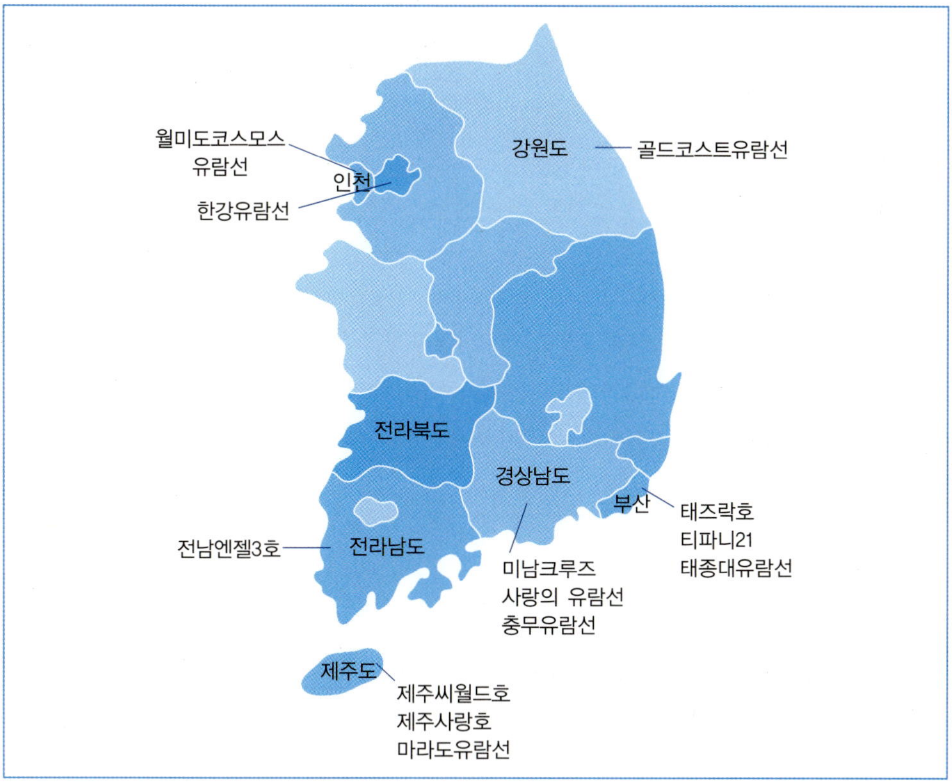

그림 8-12 | 전국 관광유람선 현황도

표 8-34 | 전국 일반 관광유람선 및 크루즈 운영 현황

지역	선박명	업체명	루트	규모(톤)	정원(명)	비고
서울	한강유람선	씨앤한강랜드	• 여의도~양화대교~여의도 외 6개 코스	125~430	200~585	일반관광 유람선업
	뷔페유람선		• 여의도선착장~동작대교~양화대교~여의도선착장			
	라이브유람선		• 여의도선착장/잠실선착장			
부산	누리마루호	테즈락 센트럴 베이 크루즈	• 중앙동~오륙도~이기대~용호만(편도)/용호만~광안대교~동백섬~용호만(왕복)/용호만~이기대~오륙도~중앙동(편도)	358	278	내항부정기여객운송사업
	팬스타 드림호	팬스타 라인닷컴	• 동삼동 국제크루즈 터미널~조도~태종대~몰운대~동백섬~광안리(광안대교)~동삼동 국제크루즈 터미널	9,690	680	크루즈업
	티파니21	부산 해상관광개발	• 해운대~이기대~오륙도~부산항~광안대교~해운대(주간) • 해운대~광안대교~부산항(야간)	300	327	일반관광 유람선업
	태종대유람선		• 부산대교~자갈치~태종대~오륙도~이기대~광안대교~동백섬~해운대	85	188	
충남	(합)부여 유람선	(합)부여 유람선	–	–	–	
	(주)금강발전	(주)금강발전	–	–	–	
전북	카네이션호	월명유람선	• 횡경도~방축도~장자도~무녀도~선유도	212	333	
	새만금유람선	새만금유람선	• 횡경도~방축도~대장도, 장자대교~선유대교~선유도	–	131	
	선유도유람선	한림해운	• 신시도~선유도~무녀도~비안도	273	280	
	군산유람선 관광사	군산유람선 관광사	–	–	–	
	변산반도 관광유람선	변산반도 관광유람선	–	–	–	
전남	평화해운	평화해운	–	–	–	일반관광 유람선업
	다도해 유람선	국동 다도해 유람선	• 대교~장군도~오동도 왕복(무술목일주)	–	–	
	오동도유람선	오동도유람선	• 오동도 ↔ 돌산대교 왕복	–	–	

지역	선박명	업체명	루트	규모(톤)	정원(명)	비고
전남	울돌목 거북호	전남 개발공사	• 해남우수영~진도벽파진	368	174	
경남	해피킹호	통영 유람선협회	• 한려수도 일원	500	800	일반관광 유람선업
	미남 크루즈	뉴거제크루즈 해양관광(주)	• 고현~가조도~취도~고현 • 고현/예침도~칠천도~망와도~저도~고현	1,350	860	
	상주유람선	상주유람선	–	–	–	
	한려수도호	삼천포 유람선협회	• 대방(본사) 선착장(출발)~삼천포대교~실안죽방장~마도~저도~신도~단항대교~기타 섬~신수도~삼천포화력발전소~코끼리바위~남일대해수욕장 씨앗섬~대방(본사) 선착장(도착)	–	1,000	
	패밀리호		• 대방(본사) 선착장(출발)~씨앗섬~남일대해수욕장~코끼리바위~삼천포화력발전소~신수도~기타 섬~단항대교~신도~저도~마도~실안죽방장~삼천포대교 선착장(도착)	500	700	
제주	제주 씨월드호	(주)씨월드 제주마린 리조트	• 서빈백사~주간명월~용머리바위~후해석벽~말뚝바위~동안경굴 • 성산일출봉~독수리바위~멧돼지벽화~공룡바위	191	330	
	제주사랑호			103	283	
	사랑의 유람선	그린크루즈	• 화순금모래해변~소금막~항만대~산방산~용머리~하멜상선~형제섬~진지동굴(송악산)~멧돼지바위~가파도, 마라도~두꺼비바위~용머리해안	191	330	
	샹그릴라	퍼시픽랜드	–	–	–	
	제주유람선	제주유람선	–	–	–	
	(주) 화영	(주)화영	–	–	–	
	김녕요트	김녕요트투어	–	–	–	
인천	월미도코스모스유람선	인천해양 관광페리	• 월미도~작약도~인천정유 앞~영종대교 밑~월미도	1,500	703	
	하모니호	현대해양레저 유람선	• 연안부두~월미도~영종도~인천국제공항~외항선경박지~팔미도~송도 앞바다~연안부두	700	550	

지역	선박명	업체명	루트	규모 (톤)	정원 (명)	비고
인천	해피투어	현대마린개발	• 승선~안전교육~체험낚시~바비큐뷔페~소원풍선~미니불꽃놀이~영상쇼~연안부두하선	199	506	일반관광 유람선업
	심청이관광 유람선	심청이관광 유람선	–	–	–	
	백령도유람선 협회	백령도유람선 협회	–	–	–	
강원	골드코스트 유람선	정동해운	• 금진항~헌화로~심곡마을~해돋이공원~모래시계공원~정동진역~등명해수욕장~금진항	52	146	

자료 : 관광협회중앙회 참고, 저자 작성

테즈락 센트럴 베이 크루즈의 경우 내항 부정기 여객운송사업으로 허가를 받았으며, 관광협회중앙회의 회원사로 등록되어 있다(「관광진흥법」상 일반관광 유람선업으로 등록되어 있지 않음).

2) 국내 연안크루즈 및 유사 크루즈 사례

(1) 한국의 크루즈선과 유사 크루즈선

현재 한국은 대양 항해용의 크루즈선은 없고, 대안형의 중소형 크루즈선이나 여객선, 유람선만이 운항되고 있다. 팬스타 크루즈선도 화물과 여객을 운송하는 용도인 '화객선'을 사용하고 있다.

① (주)팬스타 라인 닷컴

부산항에서 운항되는 연안크루즈 팬스타 드림호는 부산 1부두 및 국제여객 크루즈 터미널을 이용 1박 2일 원나잇 크루즈여행을 실시하고 있으며, 복합해상여객운송사업의 면허를 받아 운항 중으로 한국 최초의 연안크루즈여행이라는 의미를 갖고 있다.

② 테즈락 센트럴 베이 크루즈

테즈락 센트럴 베이 크루즈는 「관광진흥법」상 크루즈업으로 등록되지는 않았으나 최초의 유럽형 범선 크루즈선으로서 의미가 있다. 19세기 네덜란드 선형을 그대로 복원한 크루저급 범선형 유람선으로 톤수 358톤, 마스트 포함 길이 60m, 승선정원 278명, 최대선속 13knot의 누리마루호(2009년 취항)를 운항하고 있다.

누리마루호의 코스는 A코스 : 중앙동→오륙도→이기대→용호만(편도), B코스 : 용호만→광안대교→동백섬→용호만(왕복), C코스 : 용호만→이기대→오륙도→중앙동(편도)로 안내되어 있다.

팬스타		테즈락 센트럴 베이 크루즈		하모니 크루즈	

• 2002년 4월 부산-오사카 간 여객운송면허 취득 • 2008년 4월 (주)팬스타라인닷컴 복합해상여객운송사업면허 취득 (정기 페리항로 및 크루즈 운항)		• 내항 부정기 여객선 • 19세기 네덜란드 선형을 그대로 복원한 크루즈 유람선인 누리마루호를 이용한 테마형 크루즈 여행 제공		• 2010년 12월 (주)하모니크루즈로 순항여객운송사업면허 취득 • 2012년 2월 클럽하모니 운항 시작	
취항연도	1997.3	취항연도	2009.12	취항연도	2012
전장	160m	전장	49.5m	전장	176m
정원	680명	정원	278명	정원	1,000명
총톤수	21,535(GT 9,690)톤	총톤수	359톤	총톤수	26,000톤
선폭	25m	선폭	10m	선폭	26m
선속	25.16knot	선속	13knot	선속	25knot

그림 8-13 | 한국의 유사 크루즈선

(2) 한국의 유람선

오하마나호	한강미라클호	대운 2호	핑크돌핀호

• 인천~제주를 13시간 만에 운항함 • 회의장, 이벤트실, 오락실 등 다양한 편의시설 갖춤	• 한강뚝섬~인천 앞바다까지 한강을 유람하며 선상공연도 즐길 수 있음	• 차돌바위, 산막이, 괴산댐, 도선장, 굴바위, 새뱅이까지 차례로 운항함	• 목포를 출발해서 벽파도, 추자도를 경유하여 제주도로 감

여객선명	오하마나호	여객선명	한강미라클호	여객선명	대운 2호	여객선명	핑크돌핀호
전장	141.5m	전장	58m	전장	11m	전장	33m
선폭	22m	선폭	12m	선폭	4m	선폭	11m
총톤수	6,322톤	총톤수	688톤	총톤수	16톤	총톤수	223톤
선속	21knot	선속	12knot	선속	12knot	선속	32knot
정원	945명	정원	300명	정원	45명	정원	250명

그림 8-14 | 한국의 현행 유람선(대형선사, 부록 참고)

(3) 한국의 쾌속 유람선

오션플라워호	드림플라워호	썬플라워호	씨플라워호

• 묵호에서 울릉도까지 2시간 30분 만에 운항함 • 국내 최초 HCS(고속선) CODE를 Full 적용	• 부산~대마도를 운항함 • FLAP 설치로 선체의 동요가 거의 없는 쾌적함 제공	• 포항~울릉도를 운항함. 최단거리(2:20분 87마일) • 추진기관이 KAMEWA워터제트형임	• 묵호~울릉도를 운항함 • 주기관은 PAXMAN엔진 2대(5,928HP)

취항연도	2001.9.6	취항연도	2007.9.21	취항연도	1995.8.15	취항연도	2005.4.8
여객선명	오션플라워호	여객선명	드림플라워호	여객선명	썬플라워호	여객선명	씨플라워호
전장	52m	전장	31m	전장	80m	전장	52m
총톤수	445톤	총톤수	303톤	총톤수	2,394톤	총톤수	439톤
선속	41knot	선속	38knot	선속	45knot	선속	32knot
정원	445명	정원	300명	정원	920명	정원	403명

그림 8-15 | 한국의 쾌속 유람선(대형선사, 부록 참고)

(4) 한국의 페리선

한일 카훼리 3호		세종 5호		카훼리 레인보우호		오렌지호	

• 제주도~완도, 완도~추자도, 추자도~제주도 운항함		• 삼목, 신도, 장봉 차례로 운항함 • 신도~삼목 운항함		• 목포~제주를 운항함 • 추자도 근해에서 환상적인 낙조를 볼 수 있음		• 장흥 노력항~제주 성산항 사이를 운항함 • 복원력이 뛰어남	
여객선명	한일 카훼리 3호	여객선명	세종 5호	여객선명	카훼리 레인보우호	여객선명	오렌지호
전장	51.6m	전장	49.28m	전장	115m	전장	80m
선폭	14m	선폭	14m	선폭	21m	선폭	19m
총톤수	606톤	총톤수	409톤	총톤수	5,000톤	총톤수	2,357톤
선속	15knot	선속	13.5knot	선속	23knot	선속	43knot
정원	255명	정원	290명	정원	642명	정원	564명

그림 8-16 | 한국의 현행 페리선(대형선사, 부록 참고)

5. 크루즈관련 국내 주요 항만의 여건

한국의 경우 국제크루즈선을 접안하기 위한 전용 부두로는 부산의 동삼동 국제크루즈 터미널이 있으며, 시설보완이 이루어지면 효과적인 시설로 발전될 것이다.

국내에는 무역항 31개소, 연안항 26개소가 있으며 이 중 부산항, 인천항, 평택항, 군산항, 목포항, 제주항, 울산항, 동해항 등에 국제여객선 터미널이 조성되어 있다. 선석 길이나 수심확보 등의 문제로 대규모 크루즈선박은 접안이 어려우며 컨테이너와 화물을 중심으로 운영되는 한국의 항만여건상 선석을 확보하는 일 또한 쉽지 않다. 각 항만별 크루즈선의 입항실적을 보면 부산, 제주 순으로 나타나는데 부산과 제주 모두 2005년을 기점으로 점차 증가추세를 보이고 있다. 부산항은 2005~2009년 기간 동안 해외 크루즈선이 총 151회 입항하고 119,297명의 승객이 하선하였고, 제주는 동기간 동안 총 129회 입항하여 100,425명이 하선한 것으로 나타났다. 국제크루즈선의 입항횟수는 감소하는 추세를 보이다가 2005년부터 회복 추세를 보이고 있으며,

국내 항만 가운데 부산과 제주가 가장 많은 국제크루즈선 기항지로 떠오르고 있다. 부산, 제주지역을 중심으로 크루즈선의 입항이 지속적으로 증가할 것으로 전망된다.

표 8-35 | 부산 국제크루즈 터미널

부산 영도 국제크루즈 터미널

운영개시일	2007. 4. 2
소재지	부산시 영도구 동삼동 1125번지
접안 능력	8만G/T × 1척
부두길이	360m

표 8-36 | 전국 어항 및 항만 현황

시·도	어항				항만			
	합계	국가 어항	지방 어항	어촌 정주어항	합계	무역항 국가 관리항	무역항 지방 관리항	연안항
서울	–	–	–	–	1	–	1	–
부산	21	3	13	5	2	1	–	1
인천	51	5	15	31	3	1	–	2
울산	15	2	4	9	1	1	–	–
경기	15	1	5	9	1	1	–	–
강원	52	14	14	24	6	1	4	1
충남	52	8	29	15	6	2	2	2
전북	24	6	12	6	1	1	–	–
전남	203	31	91	81	15	4	1	10

시 · 도	어항				항만			
	합계	국가어항	지방어항	어촌정주어항	합계	무역항		연안항
						국가관리항	지방관리항	
경북	46	14	23	9	5	1	–	4
경남	423	19	61	343	9	1	7	1
제주	70	6	18	46	7	–	2	5
합계	972	109	285	578	57	14	17	26

자료 : 지방해양항만청

표 8-37 | 국제크루즈선의 입항실적

연도별		계	부산	인천	여수	제주	울산	동해	마산	군산	목포	포항
계	횟수	358	151	24	3	129	39	6	2	1	2	1
	여객 수	245,974	119,297	14,507	1,040	100,425	5,725	2,315	1,062	218	799	586
05	횟수	40	29			6	2	2			1	
	여객 수	29,683	24,852			3,205	421	800			405	
06	횟수	67	36			23	7			1		
	여객 수	33,340	20,928			11,265	929			218		
07	횟수	66	23	3	1	24	13	1			1	
	여객 수	36,809	14,289	1,955	426	17,285	2,055	405			394	
08	횟수	88	29	6	2	39	10	1	1			
	여객 수	69,454	32,484	3,620	614	30,523	1,281	400	532			
09	횟수	97	34	15		37	7	2	1			1
	여객 수	76,688	26,744	8,932		38,147	1,039	710	530			586

자료 : 국토해양부

1) 인천항

인천항은 한국에서 중국 연안도시를 연결하는 국제여객선의 출항지 기능을 특화하고 있고 9개의 선사가 10개의 항로에서 운항하고 있다. 인천항에는 현재 국제 여객터미널 2개가 제1터미널과 제2터미널로 분리되어 운영되고 있다. 2개의 터미널로 이원화되어 있기 때문에 각 터미널별로는 세관 및 법무부 직원들의 수가 적어질 수밖에 없어서 자연히 출입국수속에 시간이 많이 소요되는 편이다. 시외버스 터미널이나 지하철 등이 터미널과 상당히 떨어져 있기 때문에 접근성도 좋지 않으며, 터미널 부근의 숙박시설, 편의시설 등의 시설이 낙후되었으며 부족한 실정이다. 입항실적은 1998년부터 집계되고 있는데, 큰 변화 없이 저조한 것으로 나타나고 하선율은 관광차 입항하므로 95% 이상인 것으로 알려졌다. 2000년 이전까지는 스카이 프린세스호(Sky Princess)의 입항이 잦았는데 스카이 프린세스호는 46,087톤으로 입항 시 1,000여 명이 하선한 것으로 알려져 있으며, 인천항을 통한 크루즈선의 입항이 2006년에 세 차례 이루어지는 등 크루즈선 기항지로서의 가능성을 보여주고 있어서 향후 인천항 국제크루즈 터미널이 건설될 경우 크루즈선 기항이 보다 증가할 것으로 예상된다.

인천항을 통해 입국한 국제여객은 2008년 약 38만 명으로 총 방한항만 입국자 107만 명 중 약 35.5%를 차지하여 가장 많은 외국인이 입항하는 곳이다. 내국인 이용객 수는 2006년을 기점으로 점차 감소하는 반면, 외국인 이용객들은 2004년을 기준으로 2008년까지 연평균 40.8%로 증가하는 추세이다. 2008년의 경우 총 여객 수에서 외국인 비중이 가장 높은 51.5%를 차지하는 것으로 나타났다. 반면 내국인 여객 수는 약 35만 천 명으로 최소수준을 기록하고 있다.

자료 : 인천국제여객터미널 홈페이지

그림 8-17 | 인천국제여객터미널 운항 항로

그림 8-18 | 인천항

표 8-38 | 연도별 인천항 국제여객 내외국인 수송실적(2004~2008)

구분 / 연도별	총계	전년대비 증감률(%)	내국인	비중(%)	외국인	비중(%)
2004	586,296	83.6	442,646	75.5	143,650	25.5
2005	789,509	34.7	570,214	72.2	221,295	27.8
2006	883,963	12.0	499,510	56.5	331,101	43.5
2007	766,739	-13.3	454,510	59.3	312,229	40.7
2008	733,442	-4.3	355,475	48.5	377,966	51.5
연평균 증가율(%)	6.3		-4.9		40.8	

자료 : 인천항만공사(2009), 내부자료

표 8-39 | 인천항 국제여객선 여객 수송실적

(단위 : 명)

터미널	항로	2003	2004	2005	2006	2007	2008	연평균 증가율(%)
	총계	319,402	586,290	789,509	883,963	766,739	733,442	21.8
1 터미널	다롄(대련)	44,377	62,427	94,199	97,896	76,652	91,393	21.2
	단둥(단동)	5,907	83,573	93,614	104,038	96,364	98,091	312.1
	옌타이(연태)	64,349	103,679	106,497	95,987	86,138	79,063	22.9
	스다오(석도)	31,592	65,841	105,757	114,896	89,677	84,445	29.7
	잉커우(영구)	17,541	40,426	39,365	40,302	42,882	40,085	25.7
	친황다오(진황도)	-	10,274	36,421	46,558	50,066	51,903	101.3
소계		163,766	366,220	475,853	499,677	441,779	444,980	34.3
2 터미널	웨이하이(위해)	81,016	104,257	124,202	158,701	120,087	102,719	5.4
	칭다오(청도)	37,932	60,173	75,869	85,594	79,579	80,724	22.6
	톈진(천진)	36,688	55,576	68,905	73,997	56,689	44,563	4.3
	롄윈강(연운항)	-	64	44,680	65,994	68,605	60,456	11.8
소계		155,636	220,070	313,656	384,286	324,960	288,462	17.1

자료 : 인천항만공사(2009), 내부자료

표 8-40 | 인천항 한 · 중 항로현황(2009)

터미널	항로	사업자	선명	수송능력	운항 횟수
1터미널	다롄(대련)	대인훼리(주)	대인	555명(140t)	주 3회
	단둥(단동)	단동해운(거림해운)	동방명주2	599명(130t)	주 3회
	옌타이(연태)	(주)한중훼리	향설란	392명(293t)	주 3회
	스다오(석도)	화동해운(주)	화동명주	599명(132t)	주 3회
	잉커우(영구)	범영훼리(주)	자성향	332명(228t)	주 2회
	친황다오(진황도)	진인해운(주)	욱금향	348명(228t)	주 2회
소계	6개 항로	6개 선사		2,825명(1,151t)	주 16회
2터미널	웨이하이(위해)	위동해운(주)	뉴골든브릿지Ⅱ	731명(250t)	주 3회
	칭다오(청도)	위동해운(주)	뉴골든브릿지Ⅴ	660명(280t)	주 3회
	톈진(천진)	(주)진천국제객화항운	천인	800명(279t)	주 2회
	롄윈강(연운항)	연운항훼리주식회사	자옥란	392명(293t)	주 2회
소계	4개 항로	3개 선사		2,583명(1,102t)	주 10회

자료 : 인천항만공사

2) 부산항

한국을 대표하는 해양도시이자 세계적인 항구도시라는 브랜드를 지닌 부산은 세계 5위 무역항으로서의 위상과 함께 국제크루즈항로상 매우 유리한 지정학적 조건을 갖추고 있다. 국제해상여객터미널, 국제공항을 비롯한 국내의 고속국도, 철도의 기종점으로서 크루즈 관광산업 경쟁력의 가장 중요한 요건인 국내외로 이어지는 육·해·공 접근성이 매우 양호하다.

부산항 국제크루즈선박 입항 현황은 2006년 7월 준공된 한국 최초의 국제크루즈 전용터미널인 부산 동삼동 국제크루즈 부두 개장 이후 국제크루즈선박의 입항이 지속적으로 증가(2007년 25척, 2008년 29척, 2009년 31척 등)해 왔다. 동삼동 국제여객 터미널은 크루즈이용객의 특성을 고려하여 철골조의 단층구조의 형태로 510평 규모로 대합실 출입국 대기실 및 심사대 등의 시설로 조성되었다.

퀸 빅토리아호(영국, 세계일주 운항, 9만 톤급, 탑승객 2,626명), 레전드 오브더

시(Legend of the Seas), 다운 프린세스 아자마라(Dawn Princess, AZAMARA) 등과 같은 세계일주용 대형 크루즈선박이 입항(11척)하고 있다. 세계 유수의 국제크루즈선사들이 부산항 기항을 늘리는 등 부산항 크루즈관광 진출에 많은 관심을 보이는 것은 부산이 관광목적지로서 매력도가 높고, 경제성 확보가 유리하다고 판단되기 때문이다. 2010년 3월과 7월에는 부산항에 한국 최초로 세계 굴지의 국제크루즈선사인 RCI 'Legend of the seas'호(2010. 3. 26) 및 Costa 'Romantica'호(2010. 7. 6)가 준모항 형태로 입항하는 등 국제크루즈 모항으로서의 입지를 구축해 나가고 있다. 부산 북항 재래부두 재개발사업은 재래부두 재배치를 위하여 시행하는 사업으로 2005년 2,700백만 원 규모로 착수하여 2020년 완공할 예정이다.

부산항에 입항하는 크루즈선의 입항시기를 보면, 4월과 5월이 가장 많고, 그 다음은 9월부터 12월까지 고르게 분포되는 가운데 상대적으로 여름과 겨울이 비수기로 나타났다.

그림 8-19 | 부산항

표 8-41 | 부산항 입항 크루즈선별 통계(2001~2005)

크루즈선명	총톤수	입항횟수	크루즈선명	총톤수	입항횟수
Astor	20,606	1	Norwegian Wind	50,760	2
Asuka	28,856	8	Olivia	15,791	1
Clipper Odyssey	5,218	31	Orient Venus	21,884	4
Columbus	14,000	1	Pacific Princess	30,277	3
Dolphin	16,514	1	Pacific Venus	26,518	14
Diamond Princess	116,000	3	Prinsendam	37,845	2
Europa	28,890	2	Regal Princess	70,285	10
Fuji Maru	23,340	10	Royal Princess	44,588	1
Hanseatic	8,378	1	Rus	12,798	1
Maxim Gorkiy	24,220	1	S.S Universe Explorer	22,162	2
MS Asuka	28,856	2	Sapphire Princess	115,875	3
MS Fuji Maru	23,235	7	Sea Bourn Spirit	9,975	2
Nippon Maru	21,903	2	Universe Explorer	22,162	1
크루즈선(종)	26		총횟수(회)	116	

자료 : 문화관광정책연구원

표 8-42 | 연도별 부산항 국제크루즈 현황

연도별	2003	2004	2005	2006	2007	2008	2009	2010
입항횟수	21	26	26	40	25	29	31	70
입항인원	13,496	16,060	24,810	21,670	17,700	41,290	34,417	150,000
증가율(%)	6.2	19	54.5	12.7	37.5	133	16.6	335

주 : 관광객, 승무원 포함 인원

표 8-43 | 부산항 연안 유람선 현황(2010년 기준)

선명	운항코스	구분	시간	금액(원)
티파니21 (298톤, 325명)	해운대-동백섬-이기대- 오륙도-광안대교-해운대	런치	12:00~14:00	60,000원
		쿠키	15:30~17:00	40,000원
		디너	19:00~21:00	88,000원 (Live공연)
		나이트	22:30~00:30	69,000원 (Live공연)
동백 (32톤, 120명)	해운대-동백섬-광안대교- 이기대-오륙도-해운대	오륙도 3대	주간 : 09:00~ 일몰까지 야간 : 일몰 이후 ~22:00	대인 18,000원 소인 11,000원 (25개월~초등학생)
누리마루 (358톤, 278명)	중앙동-오륙도-이기대- 해운대-중앙동	일 4회 12:00, 14:30, 17:00, 19:50 출발 2시간 정도 소요		대인(중학생 이상) 19,500원 소인(초등학생, 아동) 13,000원
카멜리아 (85톤, 188명/ 184명)	부산대교-오륙도-해운대- 오륙도-부산대교(중앙동- 태종대-중앙동)	자갈치 2대	08:30~15:00 (3시간 간격)	중학생, 대인 18,000원 (15,000원) 만 2세~초등학생 9,000원(7,500원)
태종대 관광유람선 (29톤, 99명)	태종대-남항-태종대	총 7대	성수기 08:30~17:30 평일 09:00~17:30	대인, 중학생 10,000원 만 2세, 초등학생 6,000원

자료 : 부산광역시 내부자료

3) 제주항

제주항 국제크루즈선은 2001년에 28회 입항하였으나 2002년 8회로 급격히 감소한 이후 낮은 입항횟수를 보였다. 2006년부터 급증하는 추세를 보이면서 2009년에는 37회 입항하였다.

현재 제주항을 통하여 국제크루즈선이 입항할 경우 국제여객터미널이 위치하는 제6부두에 입항하고 있으나 제6부두는 초대형 크루즈선이 접안하기에는 적절치 않은 규모이다. 제주항은 대규모 크루즈 전용터미널의 수요에 따라 2006년 8월 크루즈 전용부두를 착공하였으며 제주 국제크루즈 전용부두는 10만 톤급 규모 2선석 규모로

2015년에 완공될 예정이다. 대형 선박의 항내 접안을 위해 사용되는 예산이 부족하여 대형선이 입항할 때마다 여수지역에서 임차하여 오기 때문에 크루즈선박의 기항지 여건으로써는 여러모로 불리한 실정이다. 제주항은 부산항에 비하여 상대적으로 적은 숫자의 크루즈선이 입항하나, 제주항 역시 국제크루즈선의 입항이 꾸준히 이루어지고 있다. 제주항의 향후 개발 콘셉트의 가장 중요한 개념은 내륙의 도시 중심지로부터 격리되어 있는 도서지역으로서의 불리한 점과 비수기 및 후발 항구로서의 낮은 인지도에 의한 약점을 보완하는 방법으로서 크루즈와 요트 겸용 항구로의 개발이 효과적이라 할 수 있다.

표 8-44 | 제주입항 국제크루즈선박 현황(2004~2010)

연도	선명	항로	국적	총톤수 (G/T)	입항 횟수	관광객 (명)
2010	Seabourn Pride	부산-제주-목포	바하마	9,975	4	50,000여 명 추정
	Asuca Ⅱ	부산-제주-일본	-	28,000	1	
	Nippon Maru	일본-제주-부산	일본	21,903	1	
	Silver Shadow	인천-제주-일본	바하마	28,253	1	
	Amsterdam	중국-제주-일본	네덜란드	60,874	1	
	Pacific Venus	일본-제주-부산	일본	26,561	2	
	Legend	상하이-제주-부산	바하마	69,130	2	
	Costa Romantica	톈진-제주-후쿠오카	이탈리아	53,049	21	
	Costa Classica	후쿠오카-제주-상하이	이탈리아	52,926	20	
	계				53	
2009	Panstar Honey	일본-제주-인천	파나마	14,036	1	333
	Fujimaru	일본-제주-일본	일본	23,235	1	362
	Nippon Maru	일본-제주-일본	일본	21,903	2	789
	Silver Whisper	인천-제주-부산	미국	28,258	1	248
	Clipper Odyssey	상하이-제주-포항	바하마	5,218	1	42
	Volendam	중국-제주-일본	미국	60,906	1	1,400
	Hanseatic	인천-제주-부산	-	8,378	1	134
	Costa Allegra	일본-제주-상하이	이탈리아	28,430	7	5,679
	Costa Classica	중국-제주-일본	이탈리아	52,926	22	29,160
	계				37	38,147

연도	선명	항로	국적	총톤수 (G/T)	입항 횟수	관광객 (명)
2008	Rhapsody of the seas	중국-일본-제주	바하마	78,491	6	10,726
	Panstar Honey	부산-완도-제주	파나마	14,036	7	636
	Fuji Maru	일본-제주-일본	일본	23,235	2	711
	Nippon Maru	일본-제주-일본	일본	21,903	1	363
	Costa Allegra	중국-일본-제주	이탈리아	28,610	21	17,525
	Bremen	미국/일본/부산/제주/대만	바하마	6,752	1	129
	Pacific Venus	일본-제주-일본	일본	26,518	1	433
	계				39	30,523
2007	AMADEA	세계일주	바하마	28,856	1	336
	Fuji Maru	일본-제주-일본	일본	23,235	1	337
	Costa Allegra	중국-일본-제주	이탈리아	28,610	19	14,991
	Nippon Maru	일본-제주-일본	일본	21,903	1	293
	Amsterdam	세계일주	네덜란드	60,874	1	1,225
	Sprit of Oceanus	일본-제주-중국	바하마	4,200	1	103
	계				24	17,285
2006	The World	세계일주	바하마	43,188	1	126
	Fuji Maru	일본-제주-일본	일본	23,235	1	370
	Costa Allegra	중국-일본-제주	이탈리아	28,610	20	10,480
	Nippon Maru	일본-제주-일본	일본	21,903	1	289
	계				23	11,265
2005	Pacific Venus	일본-제주-일본	일본	26,518	2	685
	Nippon Maru	일본-제주-일본	일본	21,903	1	402
	Fuji Maru	일본-제주-일본	일본	23,235	1	380
	Asuka	일본-제주-일본	일본	26,856	1	458
	Amsterdam	세계일주	네덜란드	60,874	1	1,280
	계				6	3,205
2004	Fuji Maru	일본-제주-일본	일본	23,235	1	452
	Nippon Maru	일본-제주-일본	일본	21,903	1	301
	계				2	753

자료 : 해사신문 2009.01.09/조선일보 2010.07.19

그림 8-20 | 제주항

4) 평택항

평택 국제여객터미널의 연건평은 1층 1,582평, 2층 315평, 별관 130평으로 총 2,027평이며 3,600평에 이르는 주차장을 갖추고 있다. 2006년 실적은 승객 231,065명 컨테이너 화물 44,191TEU이다. 국내에서 세 번째 규모를 가지고 있는 평택국제여객터미널 이용객의 목적별 비율을 살펴보면 상인 94%, 관광객 5%, 업무 등 기타 이용객이 1%이다. 상인 비율이 각각 40%와 10%로 작아지고 있는 인천과 부산에 비하면 엄청나게 높은 수준이다. 대부분의 초기 카페리항로들이 상인들에 의해 지탱되다가 점차 관광객 비율이 증가하는 수순을 밟기 때문에 일반적인 현상으로 볼 수도 있다. 평택국제여객터미널은 시설이 깨끗하고 여객선까지 이동하는 부두가 잘 정돈되어 있어 쾌적한 편이다.

그림 8-21 | 평택항

5) 동해항

동해항을 중심으로 주DBS 크루즈 훼리가 동해~사카이미나토 동해~블라디보스토크 간의 항로를 개척하여 2009년 6월 29일 정식 출항하였다. 북부두는 금강산유람선이 출항하던 부두였으며 현재 DBS크루즈페리의 이스턴드림호를 위한 국제여객터미널 재정비공사를 완료하였다. 동해항도 5만 5톤급 크루즈선을 유치할 수 있는 기반이 마련되었다.

표 8-45 | 강원도 동해안 크루즈선 입항 현황

기항지	선박명칭	입항일	규모(톤)	관광객 수
속초항	ASUKA	2005.09.25	28,000	770명
속초항	PACIFIC VENUS	2005.10.29	26,000	480명
속초항	NIPPON MARU	2007.04.09	21,000	560명
속초항	NIPPON MARU	2008.09.29	21,000	250명
속초항	PACIFIC VENUS	2009.07.30	26,000	500여 명

6) 속초항

속초항은 신부두 관광선부두 1선석, 관광선부두 1선석, 물양장 등 4개 4의 부두로 조성되어 있다. 지금까지 속초항에 입항한 크루즈선은 관광선 부두에 접안하였다. 속초항 국제여객터미널의 연 입항객 수는 2006년 64,118명을 정점으로 점차 감소추세를 보이고 있다. 외국인 비중은 약 40% 내외를 차지하고 있으며 95% 이상이 러시아인이다. 총 여객 수는 감소하는 반면 일반인의 비중이 높아지고 있다. 이는 백두산 관광객의 증가로 인한 것으로 추정된다. 소무역상의 비중은 점차 감소하여 2008년 여객중소무역상이 차지하는 비중이 24%이다. 이는 인천항의 40%, 평택항의 95%에 비해 매우 낮은 편이다. 속초항 개발계획에 의하면 2011년까지 여객부두 3만 3톤급 1선석 270m를 확충했고, 2012~2015년까지 여객부두 3만 3톤급 1선석 270m를 추가 확충하고 여객터미널 1식을 확충할 계획이다. 속초항에는 2015년까지 3만 톤급의 소형 크루즈선만이 입항 가능한 상태이다.

그림 8-22 | 동해, 속초항

그림 8-23 | 속초항을 중심으로 한 동북아 훼리 항로

제2절 한국의 연안크루즈 활성화방안

1. 연안크루즈 모델선박 구축

1) 경인운하 연계 국립공원 연안크루즈의 필요성

최근 국민소득수준이 향상됨에 따라 삶의 질에 대한 관심이 높아지고 있으며, 주 5일 근무제의 확산과 2012년부터 시행된 각 학교의 주 5일제 수업으로 여가활동에 대한 관심이 증가됨으로써 크루즈 관광시장이 급격히 확대될 전망이다. 크루즈 관광시장의 확대는 국가경쟁력을 국제적으로 확대함과 동시에 내수경제를 활성화함으로써 국가경제발전의 큰 역할을 수행한다.

크루즈 관광시장은 친환경적이라는 측면에서 해외의 선진국들이 지속적으로 투자

하는 대상임을 고려할 때, 한국도 친환경적인 관광상품의 개발과 보급에 보다 적극적일 필요가 있다. 최근에는 4대강의 관광자원적 가치와 경인 아라뱃길에 대한 관심이 증가하고 있으며, 경인 아라뱃길-서해를 연결하는 관광레저기능에 대해서도 주목하고 있다. 한국의 관광시장 여건을 고려할 때, 한강-경인 아라뱃길-서해를 연결하는 새로운 관광상품의 개발을 통한 국민복지의 증대 잠재력은 상당할 것으로 기대된다. 강에서 배를 갈아타지 않고 바다로 바로 나간다는 개념은 한국의 해양산업과 관광산업의 면모를 일신하고, 수도권 시장을 대상으로 하는 연안크루즈업의 성장을 촉진할 것이다.

2) 서해연결 국립공원 연안크루즈의 성격

경인 아라뱃길과 연계하여 경인 아라뱃길-서해의 국립공원을 연결하는 새로운 연안크루즈선이다. 각종 편의시설이 갖추어져 있으며 배 안에서 식사와 음료가 판매되고 음악회, 콘서트, 선상회의, 결혼식 등의 프로그램이 제공되면서 경인 아라뱃길, 인천연안 관광명소 및 서해안 주요 해안·해양국립공원 지역을 경유하면서 생태관찰 및 보호의식을 높이는 항해여행으로 정의할 수 있다.

그림 8-24 | 서해연결 유람선 개념도

3) 경인 아라뱃길 주변 유람선 운항 현황

(1) 한강 유람선 이용객 추이

2002~2007년까지의 이용객은 -3.91%의 감소를 보이는 것으로 분석되었으며, 2007년 현재 연간 약 67만 명이 유람선을 이용하는 것으로 나타났다.

표 8-46 | 한강 유람선 이용객 추이

(단위 : 인/년)

구분	2000년	2001년	2002년	2003년	2004년	2005년	2006년	2007년	증가율(%)
이용객	1,407,728	754,255	822,211	849,276	763,571	745,052	567,879	673,649	-3.91

자료 : 씨앤 한강랜드, 한강사업본부

표 8-47 | 유람선 운항 현황 및 제원

<table>
<tr><th colspan="7">한강 유람선</th></tr>
<tr><td>제원</td><td colspan="3"></td><td colspan="3">• 무게 및 정원
- 125톤(216명), 135톤(183명)
241톤(300명), 277톤(300명)
302톤(400명), 430톤(500명)
• 선속 : 24노트(약 44km/h)</td></tr>
<tr><td>선착장수</td><td colspan="6">7개(여의도, 잠실, 양화, 뚝섬, 상암, 서울숲, 잠두봉)</td></tr>
<tr><td>운항횟수</td><td colspan="6">총 48회 운항(여의도 : 20회, 잠실 : 11회, 뚝섬 : 11회, 양화 : 3회, 선유도 : 3회)</td></tr>
<tr><td rowspan="6">운항코스 및 요금</td><td colspan="3">회항코스</td><td colspan="3">편도코스</td></tr>
<tr><td>노선</td><td>소요 시간</td><td>이용요금 (어른)</td><td>노선</td><td>소요 시간</td><td>이용요금 (어른)</td></tr>
<tr><td>여의도 → 양화 → 여의도</td><td>50~ 60분</td><td>11,000원</td><td>여의도 → 잠실 (or 뚝섬)</td><td>50~ 60분</td><td>11,000원</td></tr>
<tr><td>잠두봉 → 양화 → 여의도 → 잠두봉</td><td>50~ 60분</td><td>11,000원</td><td>잠실(or 뚝섬) → 여의도</td><td>50~ 60분</td><td>11,000원</td></tr>
<tr><td>양화 → 한강대교 → 양화</td><td>50~ 60분</td><td>11,000원</td><td>여의도 → 서울숲</td><td>40분</td><td>8,000원</td></tr>
<tr><td>상암 → 여의도 → 상암</td><td>50~ 60분</td><td>11,000원</td><td>서울숲 → 여의도</td><td>40분</td><td>8,000원</td></tr>
</table>

운항코스 및 요금	잠실 → 뚝섬 → 서울숲 → 한남대교 → 잠실	50~60분	11,000원	잠실(또는 뚝섬) → 서울숲	20~30분	8,000원
	여의도 → 여의도 (라이브)	80~90분	16,000원	서울숲 → 잠실 (또는 뚝섬)	20~30분	8,000원
	뚝섬 → 서울숲 → 한남대교 → 잠실 → 뚝섬	50~60분	11,000원	–	–	–
노선도	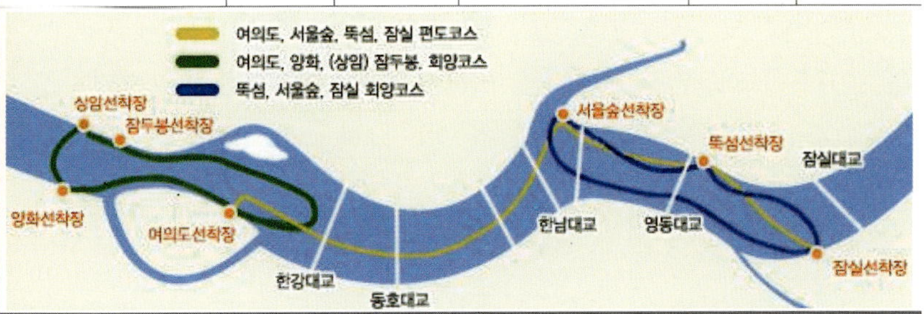					

자료 : 씨앤 한강랜드

(2) 인천 코스모스 유람선 운항 현황

코스모스 유람선은 인천 월미도에서 운항 중인 유람선으로 4층 규모에 954명이 승선할 수 있으며, 운항시간은 80분으로 하루 4회 운항하며 월미도를 출발하여 약 20km의 해상코스를 22km/h의 속도로 운항하여 다시 월미도로 회항하는 코스이다.

표 8-48 | 인천 코스모스 유람선 운항 현황 및 제원

인천 코스모스 유람선		
제원		• 무게 : 1,500톤 • 규모 : 4층 • 전장 : 74m • 선폭 : 13m • 선고 : 14m • 정원 : 954명 • 선속 : 12knot(약 22km/h)

<table>
<tr><td rowspan="2">층별시설 현황</td><td></td><td></td><td></td><td></td></tr>
<tr><td>1층 월미프라자
(라이브 공연장)</td><td>2층 갤럭시홀
(대형 레스토랑)</td><td>3층 카페/연회실
(단체 행사용 장소)</td><td>4층 전망대/조타실
(전망 감상)</td></tr>
<tr><td>이용요금</td><td colspan="4">• 소인 : 8,000원, 대인 : 15,000원
• 단체 : 14,000원(대인, 20인 이상), 7,000원(소인, 20인 이상)</td></tr>
<tr><td rowspan="2">운항코스 및 시간</td><td colspan="2" rowspan="2"></td><td colspan="2">• 운항시간 : 80분
• 하루 4회 운항
11:30~13:00, 13:30~15:00
15:30~17:00, 17:30~19:00
19:30~21:00(특별)</td></tr>
<tr><td colspan="2">월미도 → 영종도, 인천국제공항 → 경인 에너지, 화력발전소 → 영종대교 → 작약도 → 월미도(약 20km)</td></tr>
</table>

자료 : 코스모스 유람선 홈페이지(www.cosmoscruize.co.kr)

(3) 인천 하모니 유람선 운항 현황

하모니 유람선은 3층과 700톤 규모의 유람선으로서 553명이 승선할 수 있고 선속은 약 31km/h이다. 운항시간은 80분으로 하루 4회 운항하며 매주 토요일 19:00마다 운항하는 120분 운항시간의 디너크루즈 노선이 있다. 운항코스는 연안부두를 출발하여 월미도, 작약도, 인천국제공항을 경유하여 다시 연안부두로 회항하는 코스이다.

표 8-49 | 인천 하모니 유람선 운항 현황 및 제원

<table>
<tr><th colspan="3">인천 하모니 유람선</th></tr>
<tr><td>제원</td><td></td><td>• 무게 : 700톤
• 규모 : 3층
• 전장 : 60m
• 선폭 : 10.6m
• 정원 : 553명
• 선속 : 17노트(약 31km/h)</td></tr>
</table>

층별시설 현황			
	1층 다이아몬드홀 (공연 및 단체행사)	2층 사파이어홀 (뷔페 및 친목행사)	3층 라운지 (전망 감상)
이용요금	• 일반 : 6,000원(소인), 13,000원(대인) • 이벤트유람선 : 35,200원(소인), 55,000원(대인)		
운항코스 및 시간	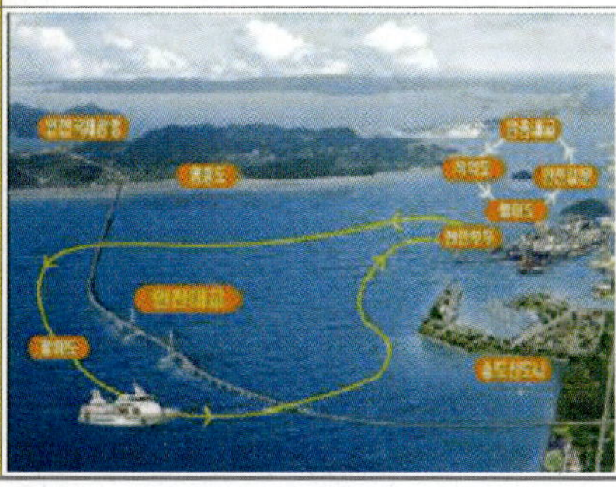	• 운항시간 : 일반 80분, 이벤트 120분 • 하루 4회 운항 : 11:30, 13:30, 15:00, 16:30	
		연안부두 → 인천갑문 → 월미도 → 작약도 → 인천대교 → 영종도 → 인천국제공항 → 팔미도 → 송도신도시 → 연안부두	

자료 : 하모니 유람선

2. 연안크루즈 모델선박 결정

1) 경인 아라뱃길 현황

(1) 사업구간

① 인천 서구 오류동[서해]~서울 강서구 개화동[한강]

주요 시설물은 인천시 서구 경서동으로부터 서울시 강서구 개화동까지 관문 포함 총 19km(저폭 80m, 수심 6.3m)의 주운수로, 인천터미널(약 280만m^2) 및 서해갑문 3기, 김포터미널(약 200만m^2) 및 갑문, 횡단교량, 연장 15.6km(4차로)의 남측 제방도로 등으로 구성되어 있다.

그림 8-25 | 사업구간

(2) 항만 부두시설

부두 20선석 중 1단계로 16선석을 개발한다. 인천터미널의 경우 9선석으로 컨테이너 2선석, 여객 2선석[175m], 일반화물 5선석이다. 김포터미널은 7석으로 컨테이너 1선석, 여객 3선석[300m], 일반화물 3선석으로 이루어진다.

그림 8-26 | 터미널

(3) 갑문

선박이 안전하게 정박하여 여객과 화물을 내리고 실을 수 있는 터미널이 건설되며, 해상교통에서 육상교통으로 전환되는 거점역할을 수행한다. 서해갑문(인천)은 갑실

210m×28.5m, 수심 : 8.2m형식의 갑문 2실이고 한강갑문은 갑실 150m×22m, 수심 : 5.4m형식의 갑문 1실을 설치한다.

그림 8-27 | 갑문

(4) 마리나

김포터미널에는 수상레포츠를 즐길 수 있는 마리나와 테마파크가 조성된다. 198만m² 규모로 갑문 1개, 11선석 규모의 부두가 들어서며 2선석 규모 컨테이너 부두, 4선석 규모 해사부두 등이 들어서고 하루 1,000여 명 규모의 여객수송이 가능하도록 건설된다. 한편에는 요트 등을 정박해 놓을 수 있고 마리나시설이 들어서며 컨벤션센터 및 호텔 등 수변공원도 조성된다.

그림 8-28 | 수변공간

(5) 경인항 접근항로

인천 제1항로에서 경인항 갑문 입구까지를 일컫는다. 총길이는 7.5km이고, 폭은 300m(영종대교 통과 전후 약 700m 구간은 200m 예상)이다. 준설 수심은 DL-8m이다.

(6) 물류단지

203만m^2[인천T 116만m^2, 김포T 87만m^2]의 면적으로 화물의 하역, 보관, 선적, 여객 수송 및 휴식공간의 제공을 목적으로 입지적 특성을 고려하여 관광레저, 도심물류 거점으로 개발된다.

2) 관광자원 및 상륙 이용시설

(1) 수향 8경

국토해양부와 K-water는 경인 아라뱃길을 역사와 문화가 흐르는 아름다운 수변문화공간으로 조성하기 위해 '경인 아라뱃길 친수경관 조성공사'에 본격 착수한다고 밝혔다.

그림 8-29 | 수향8경 예상도

(2) 파크웨이

뱃길 남측을 따라 길이 15.6km, 폭 30~60m 지역에 수변공간을 조성한다. 다채로운 휴식공간, 친환경적 생태공간 등 특색 있는 공간으로 구성되어 문화허브의 역할을 하게 된다. 구간별로 갯벌 생태계를 조성한 조형갯벌, 야생화가 펼쳐지는 해안들판, 시천 워터파크, 안개협곡, 야생화 테라스, 풍경을 조망하는 들판도크 등이 조성된다.

표 8-50 | 수향8경과 파크웨이 시설 현황

구분	주요시설	특징
수향8경	제1경 서해(장래계획)	서해 수상레저시설
	제2경 인천터미널	섬마을 테마공원, 여객터미널 광장
	제3경 시천교 워터프런트	선착장, 수상무대, 수변스탠드
	제4경 리버사이드파크	폭포, 경관전망대
	제5경 만경원	전통누각, 담장, 나루터
	제6경 두물머리 생태공원	천변저류지 생태공원, 생태체험학습
	제7경 김포터미널	마리나 테마파크
	제8경 한강(장래계획)	한강 수상레저시설
파크웨이	경관도로	아라뱃길 남측 15.6km
	자전거, 인라인, 보행로	아라뱃길 양측 41.3km
	포켓파크(쌈지공원)	22개소

3) 아라뱃길 제한사항

(1) 목적

터미널 및 갑문으로 구성되어 서해와 한강을 운하로 연결하여 화물・여객의 운송 및 한강 르네상스 등 인근 개발계획과 연계, 레저공간 창출을 목적으로 한다.

(2) 폭

평균수로의 폭은 80m이며 단독통행 시 주관적 운항 난이도는 위험하지 않은 것으로 나오나 교행 통항 시는 위험한 것으로 예상된다. 차후에도 운하폭의 확폭이 이루어지지 않으면 교행에 제한사항이 불가피할 것이다.

(3) 수심

평균 수심은 6.3m이며 보통 흘수 4.5m의 선박이 통항할 것으로 예상되어 UKC는 1.8m(40%)가 된다.

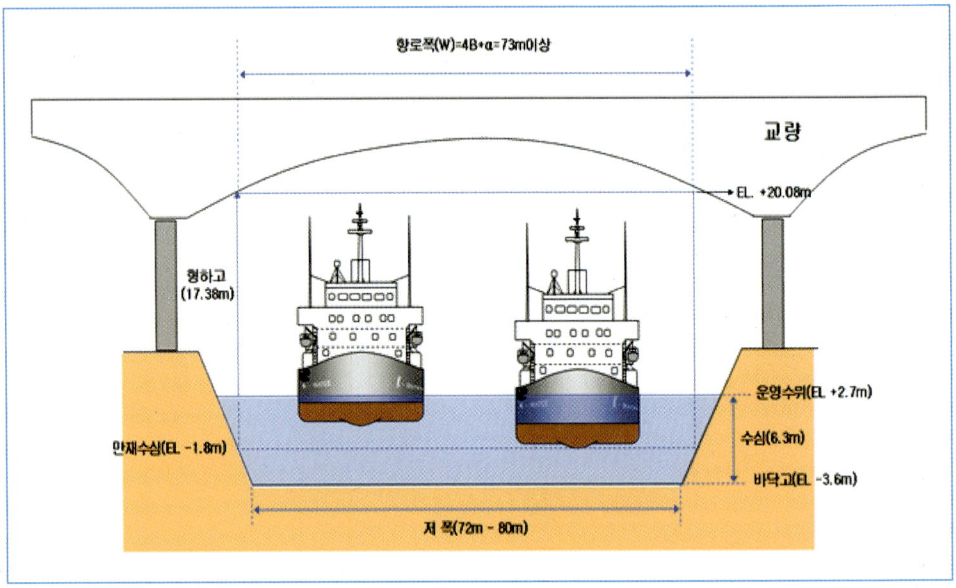

그림 8-30 | 주운수로

4) ARA MAX

(1) ARA MAX에 충족한 선형

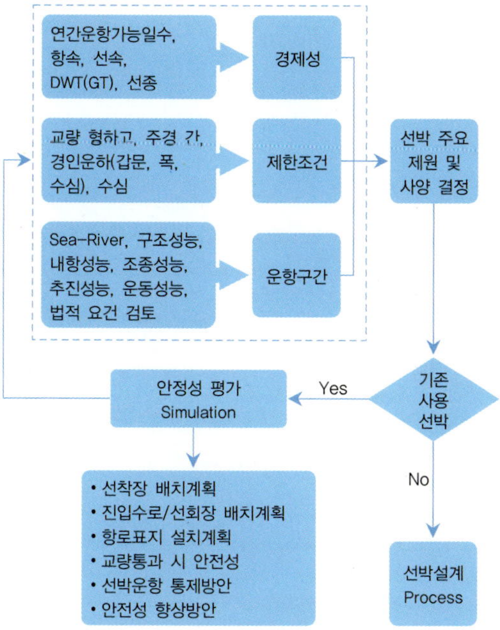

구분 / 종류	톤수 (GT)	전장 (L)(m)	형폭 (B)(m)	만재흘수 (d)(m)	비고
일반 여객선	2,000	83	15.6	4.0	이상
	4,000	107	18.5	4.9	이하
	7,000	130	21.2	5.7	
	10,000	147	23.2	6.6	
	20,000	188	27.5	6.6	
	30,000	217	30.4	6.6	

통항 예상 선박	
컨테이너 선박 (1,000TEU)	180M(길이)×25M(폭)×9.0M(흘수) 인천터미널 외항 부두에만 기항
모델선박(250TEU)	100M이하×25M이하×4.5M이하
자동차 운반선 (7,000G/T급)	140M×22M×6.5M 인천터미널까지 운항
해사바지선 (2,250CBM)	135M×16M×4.5M 김포터미널까지 운항
철강선(7,500DWT급)	120M×20M×6.5M 인천터미널까지 운항
한강르네상스여객선 (5,000G/T)	전 구간 운항
연안여객선 (2,000G/T)	전 구간 운항
요트(중형)	11M×3.8M×1.2M 전 구간 운항
어선	20M×5M×2M 전 구간 운항

그림 8-31 | 모델선박 제한사항

구분	내용
선폭 선고 선저	• 평균 수로의 폭은 80M(저폭 72M) • 선폭(Beam)은 30M 이하 • 선고(Height)는 17M 이하 • 선저 최대 6.3–최소 1.8M
수심	• 평균 수심은 6.3M이며 보통 흘수 4.5M의 선박이 통항할 것으로 예상되어 UKC는 1.8M(40%)가 된다.

그림 8-32 | 터미널 고려사항

제3절 국내 연안크루즈사업타당성 분석

1. 프로그램 분석

1) 크루즈 프로그램 기획

Cruise 프로그램 기획		
선상이벤트	다양한 강좌	• 유람선 및 크루즈 여행 중 선상 프로그램의 진행으로 보다 가치 있는 여행 유도(댄스, 컴퓨터, 스포츠, 골프 프로그램 등) • 타깃별로 어필할 수 있는 각종 커뮤니케이션 방식을 통해서 고객들의 능동적인 참여를 유도
	세미나	• 기업/단체의 다양한 행사 시 선상에서 보다 빠르고 정확한 업무 처리에 도움이 될 수 있도록 한다. • 대학생 단체에 특별 주제 선정, 대학MT, 취업박람회 등을 통해 크루즈에 대한 새로운 인식 도모
	크루즈 내 공연장시설	• 화려한 볼거리 제공, 대형극장을 통해 수준 높은 공연을 무료로 감상할 수 있도록 한다. • 크루즈 내 고객들이 볼 수 있는 무료 영화상영을 공연장 내에서 볼 수 있도록 한다.
	어린이 프로그램	• 유람선 및 크루즈의 모든 여행객들이 즐길 수 있도록 다양한 어린이 프로그램을 개발하여 유아 및 청소년들 각 타깃별 맞춤 프로그램을 제공 • 기항지 여행 시 필요한 생태환경에 대한 이해를 각종 뮤지컬이나 쇼를 통해 인식 도모
상륙여행 이벤트	기항지 프로그램	• 목적별, 타깃별 기항지 관광안내를 통한 고객만족 서비스 제공 • 서해안 일대 유명 먹거리, 볼거리 정보제공을 토대로 수준 높은 기항지 관광 제공
	해양생태 탐방안내	• 국립공원지역 상륙여행지 내 생태환경에 대한 이해와 환경보호 교육 및 가치에 관한 인식 도모

2) 효율적 프로그램

다양한 유, 무료 강좌의 개발은 수익성 높은 크루즈상품을 만들 수 있다. 댄스강좌는 1시간에서 1시간 30분 정도 진행하며, 왈츠, 살사, 스윙 등 각 주제별로 강좌가 진행된다. 컴퓨터 강좌는 전용컴퓨터실에서 수준에 맞춘 유익한 수업을 제공한다. 게임 레슨 : 카지노에서 필요한 포커, 룰렛, 블랙잭, 슬롯머신 규칙 등을 강습한다. 스포츠관련 강좌는 피트니스센터에서 진행하며, 스트레칭, 에어로빅 등과 같은 몇 개의 프로그램은 무료로 운영하며, 별도 유료 프로그램으로는 요가, 필라테스, 실내 사이클링, 그 밖의 스쿠버다이빙, 윈드서핑 등을 만들 수 있다. 골프레슨, 동양의학 및 치위생관련 강좌 등 의료관련 강좌, 냅킨 접기, 꽃꽂이 등이 있다.

표 8-51 | 상품개발(안) : 상설 프로그램/옵션 프로그램

상설 프로그램	옵션 프로그램	
• 한국의 철새관찰 • 해양 동·식물 탐사 • 선상음악회	• 요리교실 • 참가자와 함께하는 선상이벤트 • 각종 레저스포츠(낚시, 요트, 갯벌체험) • 변장이벤트(이순신 장군, 해적)	• 승객 가요경연 및 장기대회 • 예능 체험교실 • 캐리비안의 해적 체험

표 8-52 | 선상프로그램 및 다양한 강좌

구분	선상 콘텐츠	비고
댄스강좌	1시간에서 1시간 30분 동안 진행되며, 왈츠, 살사, 스윙 등 각 주제별로 강좌가 진행된다. 별도의 사전 예약은 필요 없으며, 동행이 없더라도 즉석에서 인원에 맞춰 커플이 이루어지므로 부담 없이 참석이 가능하다. 초보자를 기준으로 기본적인 동작 및 스텝을 배우므로 새로운 춤을 쉽게 접할 수 있는 기회가 된다.	각 대학 스포츠 댄스학과 활용
컴퓨터강좌	1시간가량 전용 컴퓨터실에서 진행되는 강좌는 초보(메일 보내기, 윈도우 사용방법) 및 중급 수준의 컴퓨터 활용을 비롯해 디지털사진 강좌, 포토샵 강좌 등 다양하게 준비되어 있으며, 별도의 비용은 없으나, 사전 예약이 필요하다.	충분한 인력 확보 가능 (각 대학 관련 전공과)
게임레슨	카지노를 보다 잘 즐기기 위해서는 기본적인 게임의 룰을 알아야 한다. 포커, 룰렛, 블랙잭, 슬롯머신 규칙 등을 30분에 걸쳐 강습하며, 별도의 비용을 필요로 하지 않는다.	카지노 딜러 교대업무 가능
스포츠/미용 관련 강좌	피트니스센터에서 진행되며, 스트레칭, 에어로빅 등은 무료이다. 별도 유료 프로그램으로는 요가, 필라테스, 실내 사이클링 등이 있으며, 그 밖에 스쿠버다이빙, 윈드서핑 등의 해양스포츠는 별도의 비용을 수수하여 선사의 수익이 될 수 있다. 이외에도 골프레슨, 동양의학 및 치위생관련 강좌 등 의료관련 강좌, 냅킨 접기, 꽃꽂이 등 다양한 강좌가 마련되어 있다.	레저스포츠 학과 및 이·미용 전문가 활용 가능

3) 프로그램 사례

(1) 외국 연안크루즈 선사의 선내 프로그램

표 8-53 | 주요 유럽의 선사

선박의 유형	선박의 종류	서비스 내용
Major European Cruise	Classic cruises	• 소규모 소형배, 요트 제공 • 개인의 취미를 반영하는 기내에서의 자유시간 • 저녁시간 동안의 항구, 해안가에서의 자유시간 • 무료로 제공되는 와인, 맥주
	Fred. Olsen cruise line	• 카바레 스타일의 엔터테인먼트 서비스 제공 • 뮤지컬, 영국 스타일의 코미디, 라이브공연과 댄스타임 프로그램 제공 • 교육적 프로그램 제공 • 매주 금요일 싱글 여성을 위한 댄스파티
	Hapag-Lloyd	• 영어로 제공되는 데일리 프로그램 서비스, 안내문 • 개인적인 e-mail 사용을 위한 연결 제공 • 개인 베란다, 스파, 카지노 시설 제공
	Kristina Cruises	• 저녁시간 동안의 음악, 영화, 식사 제공 • 2인용 다이닝룸 서비스 제공 • 작은 사이즈의 사우나시설
	Society expeditions	• 11월~2월 남극을 항해하는 탐험선박 운항 • 미개척지로 항해하는 모험 크루즈선박 운항
	Thomason cruises	• 2개의 레스토랑, 라운지, 수영장과 4개의 바 시설 제공 • 아이들을 위한 시설 제공 • 헬스장, 사우나, 마사지룸, 도서관 등의 시설 제공
	Sailing vessels	• 시내 또는 바닷가 근처의 정박 • 원하는 해상스포츠 참가 가능 • 가재요리를 포함한 다양한 음식 제공 • 오락시설과 다이닝룸의 풀서비스 제공
	Club med cruises	• 구매 가능한 프리미엄 와인, 그릴 푸드 제공 • 해변가에서의 프로그램 제공 • GO'S 스태프들에 의해 제공되는 MGM 스타일의 오락프로그램 제공
	Sea cloud cruises	• 금으로 만들어진 시설과 프랑스산 침대 등의 고급스러운 시설 제공

자료 : The Total Traveler Guide to Worldwide Cruise, pp. 566-597

표 8-54 | 유럽의 강상 크루즈(River Cruises)/유럽의 운하 크루즈(Canal Cruises) 선사

선박의 유형	선박의 종류	서비스 내용
River Cruises in Europe	• 크루징 동안의 공연과 갑판무대 위의 무대시설 등 제공 • 여느 크루즈선사와 동일한 수준의 식사 제공 • 서커스, 오페라, 영화, 발레 등을 관람하기 위한 저녁 외출시간 제공 • 포괄운임-맥주, 하우스 와인, 소프트드링크, 독일산 스파클링 와인 등을 모두 포함하는 운하서비스	
European Canal Cruises	Abercrombic & Kent	• 프랑스, 네덜란드, 벨기에, 영국, 아일랜드, 스코틀랜드, 영국의 와인 테이스팅과 골프 프로그램 제공
	Continental waterways	• 프랑스, 네덜란드, 벨기에의 와인 테이스팅과 골프 프로그램 제공
	Elegant cruises	• 남프랑스 부르고뉴 지방의 골프상품 제공
	European waterways	• 프랑스, 영국, 아일랜드, 스코틀랜드의 여행일정 제공
	French country waterways	• 특색 있는 와인 시음기회 제공 • Michelin-starred 레스토랑에서의 저녁식사 제공
	Expedition vessels	• 전 세계의 작거나 외딴 지역에의 탐험기회 제공
	World explorer cruises	• 헬스장, 도서관시설 제공 • 지속적인 교육 제공
	Star cruises	• 타일랜드 크루즈 : 3~4가지의 야간골프 프로그램 제공 • 갬블링 카지노시설 • 다양한 언어구사가 가능한 스태프 • 자유로운 스타일의 식사 트렌드 • class system 제공(예약자 상태의 맞춤형 선실) • admiral 승객들에게 특권 제공
	Oceanic cruises LTD	• 2개 국어를 사용하는 스태프 • 다이닝 룸에서 제공되는 일본과 미국의 특선요리 • 일주일의 일본 여행일정 제공
	공통사항	• 선사 위에서의 조깅 가능한 트랙시설 제공 • 칵테일, 와인, 해안가 프로그램을 포함(와인은 항상 식사 가격에 포함) • 영어 구사가 가능한 스태프

자료 : The Total Traveler Guide to Worldwide Cruise, pp. 566-597

(2) 팬스타 크루즈 프로그램

팬스타 크루즈에는 다음과 같은 프로그램이 있다.

- 승선 시 웰컴이벤트 환영인사 및 공연
- 스크린 영상과 함께하는 마술쇼, 중국 무예쇼, 전속 밴드공연, 트럼펫, 색소폰 연주, 벨리댄스팀 공연, 팬스타 드림호 승무원밴드 공연
- 원나잇 크루즈 야간 불꽃놀이
- 노래 경연대회
- 외국어 안내서비스(영어, 일어)
- 기타 사항 : 부록 참고

(3) 뉴질랜드 '와일드라이프 투어(Wildlife tour)' 프로그램 사례

1983년부터 시작되었으며 뉴질랜드 관광부분 최고상 3회를 수상한 경력이 있다. 오타고반도의 아름다움과 야생조류 및 동물을 관찰할 수 있다. 오타고반도를 따라 미니버스를 타고 시닉 드라이브를 할 수 있고 옵션으로 펭귄 서식지나 'larnach'성을 방문할 수 있으며 최종적으로 연안크루즈를 타고 탐사를 즐긴다. 세계에서 가장 큰 새 '알바트로스', 뉴질랜드 물개 '옐로아이드펭귄', '바다사자' 등을 배를 타고 최대한 피해를 주지 않는 선에서 가까이 다가가 관찰할 수 있게 한다. 1인당 망원경과 윈드재킷을 대여해 주며 스낵과 기념품 구매, 커피나 뉴질랜드 차가 제공된다. 생태관광지로는 세계적인 명성을 가지고 있다.

표 8-55 | 와일드라이프 투어(Wildlife Tour)

		One hour	Half day	Full day
코스		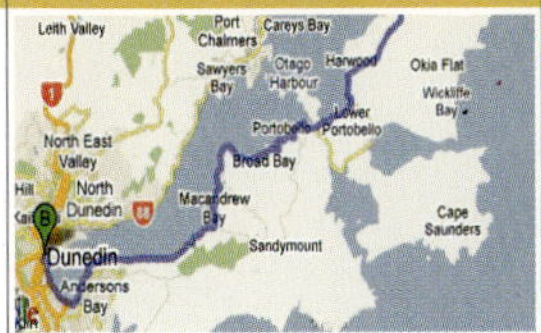	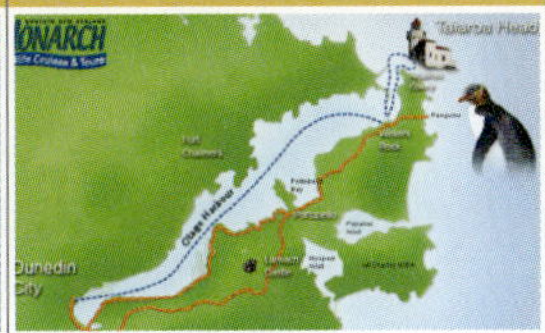	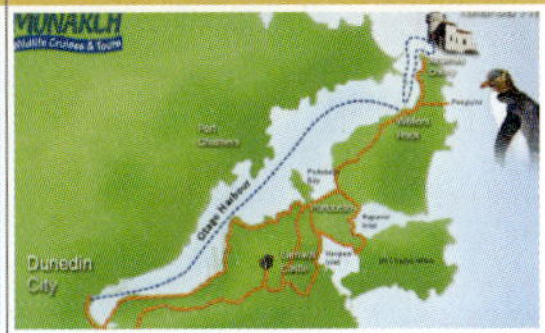
이용 수단		• 전용 미니버스	• 전용 미니버스 • Monarch cruise	• 전용 미니버스 • Monarch cruise
탐사내용		• 시닉 드라이브 • 알바트로스 알 보금자리 • 해안 물개 서식지(환경에 따라 펭귄이나 야생조류 관찰 가능)	• 시닉 드라이브 • 옵션에 따른 'larnach' 캐슬 혹은 펭귄 서식지 방문 • 크루징(알바트로스 및 야생조류 관찰, 물개, 펭귄, 바다사자 등)	• 시닉 드라이브 • 펭귄 서식지 • 알바트로스 서식지 및 센터 • 크루징(알바트로스 및 야생조류 관찰, 물개, 펭귄, 바다사자 등)
계절 및 시간	여름	10:30am/12:00pm/2:00pm/3:15pm/4:30pm	9:00am~12:30pm/3:30pm~7:00pm	10:30am~7:00pm
	겨울	2:30pm/3:30pm (요청 시)	1:00pm to 5:00pm (크루즈로만 운항)	10:30am~6:00pm
가격	어른	$46	$87 (펭귄투어 추가 시 $133)	$215 (캐슬 추가 시 1시간 연장 $236)
	아이	$20 (5세~15세)	$30 (펭귄투어 추가 시 $51)	$108 (캐슬 추가 시 1시간 연장 $118)

부두 오피스

해안가에서 쉬고 있는 물개

알바트로스 새

옐로아이드펭귄

미니버스

모나크 크루즈

그림 8-33 | 모나크 와일드 투어 모습

표 8-56 | 선박 제원

Monarch 와일드라이프 투어

전장	16.5m
선폭	4m
흘수	1.8m
속도	9knots
건조연도	1952

4) 한국 연안크루즈선상 프로그램 구축방안

(1) 다양한 서비스와 효율적 프로그램

우리나라의 연안크루즈선에 다음과 같은 프로그램을 운영한다면 보다 큰 성공을 거둘 수 있을 것이다.

- 항로코스 안내물 배치(한국어, 영어, 일본어, 중국어, 프랑스어, 독일어, 스페인어)
- 철새나 물범 등 계절별 야생동물들 생태관찰
- 야생조류 및 동물, 자연경관 사진 찍기 대회
- 놀이용 바다 낚싯대(쓰레기 수거 외 바다낚시)
- 섬, 해안, 해식애, 암벽 등 자연자원 해설
- 배 위나 기항지에 야생조류 관찰을 위한 먹이 설치대 마련
- 생태 둘레길 등 기항지의 짧은 트레킹 코스 마련
- 선상 위 한국의 '차' 혹은 '커피' 제공
- 바다날씨에 대비한 윈드재킷 대여 및 개인 망원경 대여
- 배지와 같은 무료 기념품 제공
- 철새 및 물범 등 각종 조류 및 어류 생태교육 실시(동영상 자료 및 안내자 설명)

2. 연안크루즈 관련제도 및 법규

1) 크루즈 관련법규

(1) 크루즈 관련법규

크루즈사업 관련법은 인・허가에 대해 해운법, 「관광진흥법」, 선박・선원에 대해 「선박법」, 「선원보험법」, 「국제선박등록법」, 「선원법」, 입출항에 대해 「개항질서법」, 「검역법」, 「관세법」, 「출입국관리법」, 환경・안전에 대해 「해양환경관리법」, 「선박안전법」, 「해상교통안전법」, 그리고 기반시설과 관련하여 「국토이용관리법」, 「해양개발기본법」, 「항만법」, 「민간투자법」이 있다. 「해운법」의 입출항, 도선, 출입국, 선원 관련 등에서 법제도의 정비가 필요하다. 현행 「해운법」은 화물운송, 여객운송, 해운부대사업 등을 주요 대상으로 하고 있으나 대부분이 화물운송과 관련된 내용이며, 여객운

송에 대한 내용은 일부에 국한되고 있다. 특히 크루즈에 대한 내용은 일부에 국한되고 있다. 또 사업형식에 대한 규정만 있을 뿐 실제사업과 관련된 내용은 거의 없다. 「선원법」도 화물선에 승선하는 선원에 대한 내용이 대부분이며, 여객선 및 크루즈선박에 승선하는 선원 및 승무원에 대한 규정은 별로 없는 실정이다. 화물선을 위주로 하는 현행 「선원법」을 크루즈선박에 적용할 경우 일반 승무원의 활동에 상당한 제약이 따르게 된다. 「항만법」에서는 크루즈선을 포함한 모든 여객선에 대해 선박 입출항료를 50% 감면하고 있다. 국내의 경우 화물선에 대해서는 볼륨 인센티브 등과 같은 추가 감면제도가 있으나 여객선에 대해서는 단일한 항비를 적용하고 있어 입항횟수가 많은 선사와 선박에 대한 혜택이 없다. 국내의 항만 입출항료가 외국에 비해 높은 수준은 아니지만 일정기간 동안 정기적으로 입항하는 선사의 입장에서는 부담이 될 수 있다. 현행 도선법에 따르면 국적선의 선장이 동일선박을 일정횟수 이상 운항 후 입항 시에는 강제도선을 면제할 수 있도록 하고 있다. 국내에 크루즈선박이 없는 상황에서 한국인 크루즈 선장을 찾기가 쉽지 않아 크루즈선박의 경우 적용이 쉽지 않고, 외국 크루즈선박을 유치해야 하는 한국의 입장에서는 유치활동에 장애가 될 수 있다. 크루즈관광은 수송보다 관광 자체가 목적이고, 크루즈승객도 특정 항만에서 하선하더라도 입국이 목적이 아니기 때문에 관광 후 재승선을 한다. 외국의 주요 크루즈항만에서는 크루즈승객에 대한 무비자통과(Transit Without VISA : TWOV)를 적용하고 있으나 한국은 이를 적용하지 않고 있어 크루즈선박 유치에 장애가 될 수 있다.

표 8-57 | 크루즈관광 사업추진 관련법 현황

관련분야	관련법규	주요 관련 내용
기반 시설	국토이용관리법	• 항만구역 등 지정통보(규칙 제3조) • 공공시설 등의 설치 협의(령 제21조) 등
	해양개발기본법	• 항로 · 항만개발 등 해양공간자원의 이용(제9조, 령 제10조) 등
	항만법	• 항만의 신설 · 개축 · 유지 및 보수(제9조) • 종합여객시설 점용허가(제36조) • 항만운영 전산망 구성 및 운영(제70조의 3) • 항만시설 사용 및 요금징수(령 제20조의 2) 등
	민간투자법	• 사회간접자본 시설의 정의(제2조) 등

관련분야	관련법규	주요 관련 내용
인허가	해운법	• 해상여객 운송사업의 종류 · 면허(제3, 4조) • 해운중개업, 해운대리점업, 선박대리점 및 선박관리업(34조) • 계획조선자금지원(제46조) 등
인허가	항만운송사업법	• 항만운송관련 사업(제2조 ②) 등
	관련진흥법	• 관광객이용시설업 규정(제3조) • 관광유람선업 등록기준(령 제7조) 등
선박 · 선원	선박법	• 선박의 국적(제2, 3조)
	선원보험법	• 보험제도(각 조항)
	선원법	• 선원의 직무(제6조 16조) • 선원의 근로조건(령 제2, 3조) 등
	국제선박등록법	• 국제선박에 대한 지원(제9조) • 등록대상 선박(령 제2조) 등
입 · 출항	개항질서법	• 입 · 출항의 신고(제5조) • 수리 또는 개선(제7조) 등
	출입국관리법	• 선박 등의 검색(제69조) • 출 · 입항 예정 통보(제86조) 등
	검역법	• 검역조사(제9조), 무전검역(제22조) 등
	관세법	• 입 · 출항 절차(제44, 45, 46조) 등
환경 · 안전	선박안전법	• 구비시설과 장비(제4조 2,3) • 검사(제5조) • 국제협약 등에 따른 각종 통제(제13조) 등
	해양오염방지법	• 선박으로부터의 폐기물의 배출 규제(제33조) 등
	해양교통안전법	• 해상안전 및 해상교통관리(제6조) • 해상교통관리교육훈련(제7조) • 항로의 지정(규칙 제8조) 등

자료 : 한국문화관광정책연구원

(2) 인허가 관련법규

크루즈사업 인허가와 관련된 법률로는 「해운법」, 「유선 및 도선사업법」, 「관광진흥법」 등이 있다. 「해운법」은 해상운송의 질서유지, 해상운송사업의 건전한 발전 도모를 위하여 제정된 것으로, 해상여객운송사업, 해상화물운송사업, 해운중개업, 해운대리점업, 선박대여업 및 선박관리업으로 분류되며 이 중 크루즈는 해상여객사업 중 기타 여객운송사업에 해당된다. 「유선 및 도선사업법」은 면허 또는 신고, 영업구역 및 영업시간, 승선정원, 크루즈사업자의 안전운항 의무, 안전검사 및 안전관리, 요금 및 운임 등에 대하여 규정하고 있다. 크루즈는 도선사업법 중 유선사업에 해당한다. 크루즈사업은 「관광진흥법」 상으로는 관광객이용시설업의 관광유람선업에 해당된다.

표 8-58 | 인허가 관련법

구분		내용
관광 진흥법	분류	• 관광유람선 사업은 「관광진흥법」 중 관광객 이용 시설업에 속함
	정의	• 「해운업법」에 의한 해상 여객운송사업 면허를 받는 자 또는 「유선 및 도선산업법」에 의한 유선업 영업신고를 한 자로서 선박을 이용하여 관광객에게 관광을 할 수 있도록 하는 일
	등록기준	• 구조 : 선박안전법의 규정에 의한 구조 및 설비를 갖춘 선박일 것 • 선상시설 : 이용객의 숙박 또는 휴식에 적합한 시설을 갖추고 있을 것 • 위생시설 : 수세식 화장실과 냉 · 난방 설비를 할 것
유선 및 도선 사업법	정의	• 유선사업은 유선 및 유선장을 갖추고 하천, 호수 또는 바다에서 어업, 관광, 기타 유락을 위하여 선박을 대여하거나 유락하는 사람을 승선시키는 것을 영업으로 하는 사업
	면허 또는 신고	• 바다 : 해양경찰청장의 면허를 받거나 시도지사 또는 해양경찰청장에게 신고 • 하천과 바다에 걸쳐 있거나 2개 이상의 시도에 걸쳐 있는 경우 : 유람선을 주로 매어두는 장소를 관할하는 시도지사 또는 해양경찰청장의 면허를 받거나 시도지사 또는 해양경찰청장에게 신고
해운법	분류	• 크루즈 관광사업은 해양여객운송사업과 관련이 있음
	정의	• 해상 또는 해상과 인접한 내륙수로에서 여객선으로 사람 또는 사람과 물건을 운송하거나 이에 수반되는 업무를 처리하는 사업으로써 항만운송사업법 규정에 의한 항만운송관련사업 이외의 것을 의미
	분류	• 내항정기여객운송사업 : 국내항 간에 일정한 항로 및 일정표에 의하여 운항하는 해상여객운송사업 • 내항부정기여객운송사업 : 국내항 간에 일정한 항로 또는 일정표에 의하지 아니하고 운항하는 해상여객운송사업 • 외항정기여객운송사업 : 국내항과 외국항 간 또는 외국항 간에 일정한 항로 및 일정표에 의하여 운항하는 해상여객운송사업 • 외항부정기여객운송사업 : 국내항과 외국항 또는 외국항 간에 일정한 항로 및 일정표에 의하지 아니하고 운항하는 해상여객운송사업 • 기타 여객운송사업 : 이 이외의 해상여객운송사업

자료 : 한국문화관광정책연구원

1단계

해운업 또는 유선사업 면허 취득

해운법	유선 및 도선사업법
해상여객운송사업	
순항여객운송사업	
내항부정기 여객운송사업	

사업면허/신고/제출서류/기준

대통령이 정한 규모 2천 톤 이상일 것	면허를 받거나 관할청에 신고할 것 (제3조 참조)
5조제1항제2호 및 제5호에 따른 시설을 갖출 것	사업의 양도, 양수시 관할청장에 신고할 것
장관 또는 항만청장에게 사업계획서를 첨부한 신청서 제출할 것(별지 1호서식 이용)	대통령 기준에 맞는 선박, 시설, 장비, 인력을 갖출 것(선박안전법시설기준 또는 안전검사받은 선박)
사업시작전수송수요 기준에 맞을 것 (제4조 참조)	대통령이 정한 바에 따라 보험에 가입할 것
국토해양부령으로 정한 여객선보유량과 선령이 기준에 맞을 것(별표2 참조)	
국토해양부장관에게 미리 운임과 요금을 신고할 것	국토해양부장관에게 미리 운임과 요금을 신고할 것

그 외 주요사항

정부는 대통령령으로 정하는 바에 따라 자금의 일부를 보조 또는 융자하게 하거나 융자를 알선할 수 있다.	영업구역은 선박검사 시 정해진 항해구역 내 관할청장이 지정한 구역 또는 안전검사 시에 정하여진 구역 또는 거리 이내이다.
해운업경영을 위해 선박수입을 하거나 건조하는 자에게 해당선박의 소유권 취득 후 선박담보로 융자가능	

2단계

관광유람선업에 등록(관광진흥법)

일반관광유람선업	크루즈업
해운법에 따른 해상여객운송사업의 면허를 받은 자	해운법에 따른 해상여객운송사업 면허를 받은 자
유선사업의 면허를 받거나 신고한 자	해운법에 따른 복합해상여객운송사업 면허를 받은 자

사업면허/신고/제출서류/기준

(법 제4조1항/시행령 제3조제1항)에 따라 자치구의 구청장에게 관광사업등록신청서를 제출

등록사업자는 사업자 상호, 대표자성명, 주소 및 소재지, 선박의 척수, 선박의 제원이 기재되어야 함

그 외 주요사항

〈카지노의 허가요건〉

- 우리나라와 외국 간을 왕래하는 여객선 1만 톤급 이상일 것
- 전년도 수송실적이 문체부장관이 공고하는 기준에 맞을 것 등
- 시행규칙 제5조1항에 따른 허가신청서를 문화체육관광부장관에게 제출
- 시행규칙 제23조1항에 따라 기준에 맞는 시설 및 기구를 갖출 것

3단계

관련법률 검토

항만법 검토

〈항만시설의 사용〉

- 선박료
- 화물료
- 여객터미널이용료
- 항만시설전용사용료

국토해양부장관의 허가
위임 또는 위탁받은 자와 임대계약체결
임대계약체결자의 승낙
국토해양부장관이 정한 항만 사용 시
국토해양부장관에게 신고할 것

〈항만시설사용료의 면제〉

- 행정목적의 국가나 지방자치단체
- 「해운법」에 따른 해상여객운송사업자
- 국토해양부장관이 정하는 해운 및 항만 관련 비영리법인

선박안전법 검토

「해운법」 제3조제1호 및 제2호에 따른 내항정기여객운송사업 또는 내항부정기여객운송사업에 사용되는 선박에게 적용되어 용도에 따른 기준에 맞는 검사, 검정, 승인을 받아야 함

그림 8-34 | 법률인허가 단계

(3) 기타 크루즈관련 법규 검토

표 8-59 | 기타 크루즈 관련법

구분	내용
「해운법」	• 현행 해운법은 화물운송과 관련된 내용이 대부분이다. • 크루즈에 대해서는 사업 종류에 대한 규정만 있을 뿐 사업 내용은 거의 없다.
「선원법」	• 크루즈선박에 승선하는 선원과 승무원에 관한 규정이 별로 없다. • 현행 선원법을 크루즈선박에 적용할 경우 일반승무원의 활동에 제약이 있다.
항비	• 화물선에 대해서는 볼륨 인센티브 등과 같은 추가 감면제도가 있으나 여객선에 대해서는 단일항 항비를 적용한다. • 일정기간 동안 정기적으로 입항을 하는 선사의 입장에서는 부담이 된다.
강제 도선	• 국적선의 선장이 동일 선박을 일정횟수 이상 운항 후 입항 시에는 강제도선을 면제할 수 있다. • 한국인 크루즈 선장을 찾기 쉽지 않아 크루즈선박의 경우 적용하기가 어렵다.
무비자 통과	• 한국 크루즈승객에 대해 무비자통과(Transit Without VISA : TWOV)를 적용하지 않아 크루즈선박 유치에 장애가 될 수 있다.

2) 입출항 관련제도

(1) 항비

크루즈선 관련 항만시설사용료는 선박입출항료, 접안료, 정박료 등으로 구분해 볼 수 있다. 무역항의 항만시설 사용 및 사용료에 관한 규정(국토해양부 고시)에 의해 국제 유람선(크루즈선)에 대하여 항만시설 사용료 감면을 적용한다(선박입출항료는 50% 감면, 접안료, 정박료는 2006년까지 시한을 두고 50% 감면). 입항실적에 따라 화물에 대해서는 볼륨 인센티브(Volume Incentive)와 같은 혜택이 있는 데 반해, 크루즈선에 대해서는 인센티브제도가 없어서 상대적으로 불이익을 받고 있다고 볼 수 있다. 한국의 항만은 컨테이너 화물 중심이어서 화물입항료가 외국의 항만보다 저렴하나 선박입출항료, 접안료 등은 외국의 항만보다 높게 책정되어 있는 것으로 알려져 있고, 외국의 경우 정박료는 징수하지 않는 경우가 대부분인 것으로 나타났다.

자렛(Jarrett)은 아시아에서 여객을 모집하는 것과 관련한 비용은 미국과 카리브해보다 2~3배가량 많이 든다고 보고한 바 있다(Jarrett, 1997). 일부 아시아 국가에서는 비자 발급비용이 많이 들고 관광상품들이 비싸며, 한편 또 다른 아시아 국가는 항만시설 이용료가 비싼 경우도 있다고 지적했다.

표 8-60 | 항만시설 사용료

구분	요율	징수기관
선박 입출항료	1회 입항 또는 출항 시(1톤당) : 128원	정부
접안료	총톤수 150톤 이상의 선박 • 기본료(10톤, 12시간당) : 외항선 340원, 내항선 114원 • 초과사용료(10톤, 1시간당) : 외항선 28.4원, 내항선 9.5원	지방자치단체
정박료	총톤수 150톤 이상의 선박 • 기본료(10톤, 12시간당) : 외항선 178원, 내항선 58원 • 초과사용료(10톤, 1시간당) : 외항선 14.9원, 내항선 4.9원	정부

자료 : 한국문화관광정책연구원

(2) 입출항 절차(입국심사)

제2-1조 "20인 이상 단체여행객 사전세관신고"는 크루즈승객의 입국편의와 관련하여 큰 의미가 없을 것으로 판단된다. 현재도 관세청 "여행자 및 승무원 휴대품 통관에 관한 고시"에 의하면, 유람선을 이용하여 일시 입국하는 외국인여행자는 대표자 1인의 일괄신고가 가능하도록 되어 있다. 제3국 여행 통과객은 입국사증을 소지하고 미국, 일본, 캐나다, 호주, 뉴질랜드로 가는 자와 유럽 입국사증을 소지하고 유럽으로 가는 중국인으로 입국심사 시에 항공권, 목적지 입국사증 등을 확인하여 허가요건에만 부합하면 입국을 허가하고 있다. 외항 크루즈선이 국내의 여러 항구에 입항하는 프로그램인 경우 기항지마다 출입국심사를 반복하는 일이 발생할 수 있으므로 이 경우 처리방법을 확정할 필요가 있다. 현재는 첫 기항지에서 입국과 출국 절차를 마치고, 두 번째 기항지 이후에는 이동 인원만 확인하는 임시방편적인 방법을 이용하고 있다. 한번 입국심사를 받으면 국내지역에서는 다시 추가적인 입국심사를 받지 않도록 하는 시스템이 필요하다. 외국의 경우 크루즈선 탑승객의 입국심사의 편의를 위해 선상수속을 확대해 가는 추세이다. 세계 대부분의 국가에서는 크루즈여행객을 유치하고자 하는 노력의 일환으로 관광관련 행정당국에서 CIQ 관련당국에 사전협조를 의뢰하여 간편한 절차로 CIQ를 거치도록 하는 경우가 많다. 크루즈선박의 입항에 대해

호의적인 국가에서는 대개의 경우 다수의 CIQ 관리들이 항구 외항의 도선사들이 탑승하는 도선위치까지 예인선에 동승하여 선박에 선탑하고 도선되어 정박할 선석까지 유도되는 동안 일괄적으로 선상에서 입국수속을 진행한다.

표 8-61 | 상황별 상하선 수속절차

구분	상황	절차
육상수속	크루즈 전용터미널이 있는 경우	수하물 체크인→CIQ 개별수속→편의시설이 있는 버퍼존(중립지대)→승선
	크루즈 전용터미널이 없는 경우	임시여객수속장에서 CIQ 개별수속→도보 또는 셔틀버스로 선석으로 이동→승선
선상수속	CIQ 직접면접이 없는 선상수속	도선위치 접근 시부터 선실에서 대기→선내 라운지에서 직접 대면 없이 CIQ 일괄수속→하선→버퍼존→입국
	CIQ 직접면접이 있는 선상수속	도선위치 접근 시부터 선실에서 대기→선내 라운지에서 안내에 따라 개별적으로 CIQ수속→하선→버퍼존→입국

자료 : 한국문화관광정책연구원

(3) 각종 신고

선박의 입·출항 절차는 각 나라마다 행정체계나 행정서류의 양식 그리고 행정처리 관행에 따라 다소 차이가 있으나 기본적으로 세관업무, 출입국관리업무, 검역업무로 구분된다. 대부분의 입출항 선박은 이와 관련된 구체적 행정처리를 해운대리점을 통해서 대행하고 있다.

최근의 국제추세는 입·출항 시 요구되는 각종 제출서류 및 서식은 국제해사기구(IMO)의 FAL협약(Convention on Facilitation of International Maritime Traffic) 기준으로 통일되고 있는 상황이며, 한국의 경우 2001년 3월 협약에 가입하여 2001년 5월에 발효되었다.

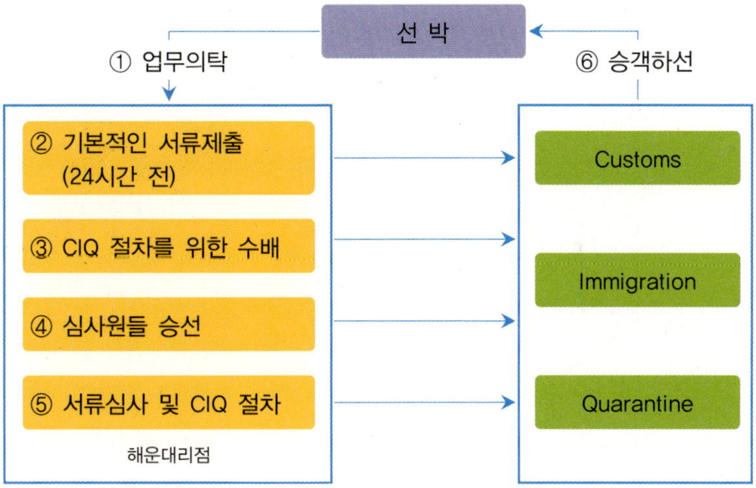

자료 : 한국문화관광정책연구원

그림 8-35 | 입·출항 시 해운대리점의 위탁업무 내용 및 절차

(4) 관련 제도 및 법규 검토

그림 8-36 | 관련제도 및 법규 검토 흐름도

부 록

APPENDIX 1 세계의 크루즈선 제원 분석표

순위	크루즈선사	선사 이름	총톤수 (GT)	전장 (m)	전폭 (m)	건조연도 취항연도	수용인원 (명)	운항속도 (knots)	Draft (m)
1	스타크루즈	SuperStar Virgo	76,800	268.0	32.0		1,960	24.0	
2		SuperStar Libra	42,000	216.0	28.0		1,480	19.0	
3		Star Pisces	40,053	177.0	29.0		1,287	18.0	
4		SuperStar Gemini	19,093	164.0	23.0		800	17.5	
5		MegaStar Aries	3,341	85.5	14.0		66	12.5	
6		MegaStar Taurus	3,341	85.3	14.0		66	12.5	
7	NCL	Norwegian Crown	34,242	187.1	28.1		1,104	20.0	7.3
8		Norwegian Dawn	92,250	294.1	32.0	2002	2,224	25.0	
9		Norwegian Dream	50,764	229.8	28.6	1992	1,748	21.0	7.0
10		Norwegian Jewel	92,000	294.1	32.0	2005	2,376	25.0	8.2
11		Norwegian Majesty	40,876	207.2	27.7	1992	1,462	20.0	
12		Norwegian Spirit	77,000	268.2	32.3		1,966	24.0	7.9
13		Norwegian Star	91,000	294.1	32.0	2001	2,240	25.0	8.5
14		Norwegian Sun	78,309	258.4	32.9	2001	2,002	23.0	7.9
15		Norwegian Wind	50,760	229.8	28.6	1993	1,748	21.0	7.0
16		Pride of Aloha	77,104	259.9	32.9	2004	2,002	23.0	7.9
17		Pride of America	81,000	280.0	32.0		2,138	22.0	8.0
18		Pride of Hawaii	92,000	295.0	33.0		2,376	25.0	8.0
19	Cruise Ferries	Wasa Queen	16,546	155.7	22.0	2001	608	17.0	
20	오리엔트 라인	Marco Polo	22,080	176.2	23.6			19.5	8.2
21	로열캐리비언 인터내셔널	Freedom Of The Seas	160,000	338.9	56.1		3,634	21.6	8.5
22		Adventure Of The Seas	138,000	310.9	48.0	2001	3,114	23.7	8.8
23		Explorer Of The Seas	138,000	310.9	48.0	2000	3,114	23.7	8.8
24		Mariner Of The Seas	138,000	310.9	48.0	2003	3,114	22.0	8.8

순위	크루즈선사	선사 이름	총톤수 (GT)	전장 (m)	전폭 (m)	건조연도 취항연도	수용인원 (명)	운항속도 (knots)	Draft (m)
25	로열캐리비언 인터내셔널	Navigator Of The Seas	138,000	310.9	48.0	2002	3,114	23.7	8.8
26		Voyager Of The Seas	138,000	310.9	47.5	1999	3,114	23.7	8.8
27		Brilliance Of The Seas	90,090	293.2	32.2	2002	2,501	25.0	8.1
28		Jewel Of The Seas	90,090	293.2	32.2	2004	2,501	25.0	8.1
29		Radiance Of The Seas	90,090	293.2	32.2	2001	2,501	25.0	8.1
30		Serenade Of The Seas	90,090	293.2	32.2	2003	2,501	25.0	8.1
31		Enchantment Of The Seas	80,700	301.7	32.3	1997	2,446	25.0	6.7
32		Grandeur Of The Seas	74,000	279.1	32.3	1996	2,446	22.0	7.6
33		Legend Of The Seas	70,000	264.2	32.0	1995	2,076	24.0	7.5
34		Rhapsody Of The Seas	78,491	278.9	32.2	1997	2,435	22.0	7.6
35		Splendour Of The Seas	70,000	264.2	32.0	1996	2,076	24.0	7.3
36		Vision Of The Seas	78,491	278.9	32.2	1998	2,435	22.0	7.6
37		Majesty Of The Seas	73,941	268.2	32.3	1992	2,744	19.0	7.6
38		Monarch Of The Seas	73,941	268.2	32.3	1991	2,744	19.0	7.6
39		Sovereign Of The Seas	73,192	268.2	32.3	1988	2,852	19.0	7.6
40		Empress Of The Seas	48,563	210.9	30.5	1990	2,020	19.5	7.6
41	셀러브리티 크루즈	Zenith	47,255	207.9	29.0	1992	1,368	21.4	7.3
42		Century	70,606	248.4	32.0	1995	1,770	21.5	7.6
43		Galaxy	77,713	264.0	32.2	1996	1,896	21.5	7.6
44		Mercury	77,713	264.0	32.2	1997	1,884	21.5	7.8
45		Constellation	91,000	294.1	32.2	2002	2,034	24.0	7.3
46		Infinity	91,000	294.1	32.2	2001	2,034	24.0	7.3
47		Millennium	91,000	294.1	32.2	2000	2,032	24.0	8.0
48		Summit	91,000	294.1	32.2	2001	2,034	24.0	
49		Celebrity Xpedition	2,329	90.2	13.1	2001	94	17.0	
50	카니발	Carnival Conquest	110,000	290.2			2,974	21.0	
51		Carnival Destiny	101,353	272.2			2,642	21.0	
52		Carnival Glory	110,000	290.2			2,974	21.0	
53		Carnival Legend	88,500	293.5			2,124	22.0	
54		Carnival Liberty	110,000	290.2			2,642	21.0	
55		Carnival Miracle	88,500	293.5			2,124	22.0	
56		Carnival Pride	88,500	293.5			2,124	22.0	
57		Carnival Spirit	88,500	293.5			2,124	22.0	
58		Carnival Triumph	101,509	272.2			2,758	21.0	
59		Carnival Valor	101,509	272.2			2,758	21.0	
60		Carnival Victory	101,509	272.2			2,758	21.0	

순위	크루즈선사	선사 이름	총톤수 (GT)	전장 (m)	전폭 (m)	건조연도 취항연도	수용인원 (명)	운항속도 (knots)	Draft (m)
61	카니발	Celebration	47,262	223.4			1,486	21.0	
62		Ecstasy	70,367	260.6			2,052	21.0	
63		Fantasy	70,367	260.6			2,052	21.0	
64		Fascination	70,367	260.6			2,052	21.0	
65		Holiday	46,052	221.6			1,452	21.0	
66		Imagination	70,367	260.6			2,052	21.0	
67		Inspiration	70,367	260.6			2,052	21.0	
68		Paradise	70,367	260.6			2,052	21.0	
69		Sensation	70,367	260.6			2,052	21.0	
70	프린세스 크루즈	Caribbean Princess	113,000	289.6		2004	3,100	20.0	
71		Pacific Princess	30,200	181.0		2001	682	20.0	
72		Coral Princess	88,000	293.8		2002	1,950	24.0	
73		Regal Princess	69,845	247.2		1991	1,590	22.5	
74		Crown Princess	113,000	289.6		2006	3,100	20.0	
75		Sapphire Princess	116,000	289.9		2004	2,600	tba	
76		Dawn Princess	77,499	261.3		1997	1,950	21.0	
77		Sea Princess	77,499	261.3		1998	1,950	21.0	
78		Diamond Princess	113,000	289.9		2002	2,600	tba	
79		Star Princess	109,000	290.0		2002	2,600	24.0	
80		Golden Princess	109,000	290.0		2001	2,600	24.0	
81		Sun Princess	77,499	261.3		1998	1,950	21.0	
82		Grand Princess	109,000	290.0		1998	2,600	24.0	
83		Tahitian Princess	30,000	181.0		1999	700	20.0	
84		Island Princess	88,000	293.8		2002	1,970	24.0	
85	홀랜드 아메리카	ms Amsterdam	61,000	237.4	32.2		1,380	22.5	
86		ms Maasdam	55,451	219.5	30.8		1,258	22.0	
87		ms Noordam	82,500	289.6	32.3		1,918	24.0	
88		ms Oosterdam	85,000	289.9	32.2		1,848	24.0	
89		ms Prinsendam	38,000	203.9	32.3		793	22.0	
90		ms Rotterdam	59,652	237.1	32.2		1,316	25.0	
91		ms Ryndam	55,451	219.5	30.8		1,258	22.0	
92		ms Statendam	55,451	219.5	30.8		1,258	22.0	
93		ms Veendam	55,451	219.5	30.8		1,266	22.0	
94		ms Volendam	60,906	237.7	32.2		1,440	23.0	
95		ms Westerdam	85,000	289.9	32.2		1,848	24.0	
96		ms Zaandam	60,906	237.7	32.2		1,440	23.0	

순위	크루즈선사	선사 이름	총톤수 (GT)	전장 (m)	전폭 (m)	건조연도 취항연도	수용인원 (명)	운항속도 (knots)	Draft (m)
97		ms Zuiderdam	85,000	289.9	32.2		1,848	24.0	
98	커나드	Queen Mary 2	150,000	345.0	41.0		2,620	30.0	
99		Queen Elizabeth 2	70,327	293.5	32.0		1,791	25/32.5	9.8
100	Seabourn	Seabourn Pride	10,000	134.1	19.2	1988	208	16.0	5.0
101		Seabourn Spirit	10,000	134.1	19.2	1989	208	16.0	5.0
102		Seabourn Legend	10,000	134.1	19.2	1996	208	16.0	5.0
103	Windstar Cruises	Wind Star	5,350	134.0	15.8	1986	148	8.5/14	4.1
104		Wind Spirit	5,350	134.0	15.8	1988	148	8.5/14	4.1
105		Wind Surf	14,745	187.0	20.0	1990	308	15.0	
106	Costa Cruises Line	Costa Concordia	112,000	290.0	36.0	2006	2,860	20.0	
107		Costa Magica	105,000	271.3	37.8	2004	2,672	20.0	
108		Costa Fortuna	105,000	271.3	37.8	2003	2,720	20.0	
109		Costa Mediterranea	86,000	292.6	32.3	2003	2,114	24.0	
110		Costa Atlantica	86,000	292.6	32.3	2000	2,114	24.0	
111		Costa Victoria	76,000	252.4	32.2	1996	1,928	23.0	
112		Costa Europa	54,000	243.2	30.8	1986/ 2002	1,494	19.0	
113		Costa Romantica	53,000	220.0	31.1	1993/ 2003	1,356	18.5	
114		Costa Classica	53,000	220.0	31.1	1991/ 2001	1,308	18.5	
115		Costa Allegra	28,500	187.8	25.6	1992/ 2001	820	21.5	
116		Costa Marina	25,500	187.8	25.6	1990/ 2002	760	20.5	
117	P&O Cruises	Arcadia	83,000	285.0	32.3	2005	1,952	22.0	7.9
118		Artemis	45,000	230.0	32.5	1984	1,118	20.0	
119		Aurora	76,000	270.0	32.3	2000	1,874	24.0	7.9
120		Oceana	77,449	261.3	32.3	2000	2,016	21.0	7.9
121		Oriana	69,153	260.0	32.3	1995	2,016	24.0	
122	P&O Cruises Australian	Pacific Sky	46,000	240.0		1984	1,550	21.0	
123		Pacific Sun	47,000	223.0		1986	1,896	21.0	
124		Pacific Star	35,000	205.0		1982	1,400	19.0	
125		Pacific Princess	30,200	181.0		2001	682	20.0	
126	Swan Hellenic	Minerva 2	30,277	181.0		2001	700	18.5	6.0
127	AIDA	AIDAcara	38,531	193.3	27.6	1996/ 2005	590	20.0	6.0

순위	크루즈선사	선사 이름	총톤수 (GT)	전장 (m)	전폭 (m)	건조연도 취항연도	수용인원 (명)	운항속도 (knots)	Draft (m)
128	AIDA	AIDAvita	42,289	202.9	28.1	2002	633	20.0	6.2
129		AIDAaura	42,289	202.9	28.1	2003	633	20.0	6.2
130		AIDAblu	70,310	245.1	32.3	1990/ 2004	840	20.0	8.2
131	Ocean Village	Ocean Village	63,000	246.9	32.3	1987	1,624	21.0	8.2
132	Crystal Cruises	Crystal Symphony	51,044	238.0	30.2		940	20.0	7.6
133		Crystal Serenity	68,000	249.9	32.3		1,080	21.0	7.6
134	Disney Cruise Line	Disney Magic	83,000	293.8	32.3	1998/ 2005	1,750	21.5	7.7
135		Disney Wonder	83,000	293.8	32.3	1999/ 2004	1,750	21.5	7.7
136	MSC Cruises	MSC Armonia	58,600	251.2	28.7		1,566	21.0	
137		MSC Lirica	58,825	251.3	28.8		1,560	21.0	
138		MSC Melody	35,143	204.7	30.2		1,492	18.0	
139		MSC Monterey	20,046	171.6	24.5		617	18.0	
140		MSC Musica	89,600	293.8	32.2		2,550	23.0	
141		MSC Opera	59,058	232.6	25.6		1,700	21.0	
142		MSC Rhapsody	16,852	164.9	23.1		766	18.0	
143		MSC Sinfonia	16,852	164.9	23.1		766	18.0	
144	Norwegian Coastal Voyage Inc.	MS Midnatsol	15,000	135.7	21.5	2003	674	18.0	
145		MS Finnmarken	15,000	138.5	21.5	2002	643	18.0	
146		MS Trollfjord	15,000	135.7	21.5	2002	674	18.0	
147		MS Kong Harald	11,200	121.8	19.2	1993	490	18.0	
148		MS Nordkapp	11,386	123.3	19.5	1996	490	18.0	
149		MS Nordlys	11,200	121.8	19.2	1994	482	18.0	
150		MS Nordnorge	11,386	123.3	19.5	1997	464	18.0	
151		MS Polarlys	12,000	123.0	19.5	1996	482	18.0	
152		MS Richard With	11,205	121.8	19.2	1993	490	18.0	
153		MS Narvik	6,257	108.6	16.5	1983/ 1995	318	18.0	
154		MS Vesteralen	6,261	108.6	16.5	1983/ 1995	318	18.0	
155		MS Lofoten	2,621	87.4	13.5	1964	171	16.0	
156		MS Nordstjernen	2,568	87.4	13.2	1956	114	14.0	
157	Oceania Cruises	Insignia	30,200	181.0	25.5	1998/ 2004	684	18.0	5.9
158		Nautica	30,200	181.0	25.5	1998/ 2003	684	18.0	5.9

순위	크루즈선사	선사 이름	총톤수 (GT)	전장 (m)	전폭 (m)	건조연도 취항연도	수용인원 (명)	운항속도 (knots)	Draft (m)
159	Oceania Cruises	Regatta	30,200	181.0	25.5	1998/ 2003	684	18.0	5.9
160	Radisson Seven Seas Cruises	Seven Seas Voyager	46,000	204.2	28.8		700	20.0	7.0
161		Seven Seas Mariner	50,000	216.1	28.3		700	20.0	6.4
162		Seven Seas Navigator	33,000	170.7	24.7		490	20.0	6.4
163		Paul Gauguin	19,200	156.5	21.6		320	18.0	5.2
164		Explorer II	12,500	132.9	20.1		394	16.0	5.8
165	Silversea Cruises	Silver Cloud	16,800	156.7	21.5	1994/ 1995	296	20.5	
166		Silver Wind	16,800	156.7	21.5	1994/ 1996	296	20.5	
167		Silver Shadow	28,258	186.0	24.9	2000/ 2001	382	21.0	
168		Silver Whisper	28,258	186.0	24.9	2000/ 2002	382	21.0	
169	Fred Olsen	Black Watch	28,613	205.5	25.2	2005	807	20.0	
170		Boudicca	28,388	205.5	25.2	2006	839	20.0	
171		Black Prince	11,209	143.5	20.3	2004	412	18.5	
172		Braemar	19,089	163.8	22.5	2001	727	19.0	
173	Island Cruises	Island Escape	40,132	185.0	27.0		1,740	18.0	
174		Island Star	46,811	208.0			1,875	18.0	
175	Thomson	Thomson Spirit	34,000	214.6	27.1	1983/ 2002	1,254	18.0	7.5
176		Thomson Celebration	33,930	214.7	27.3		1,250	18.0	
177		The Emerald	26,000	182.6	25.6	1958	1,000	17.0	8.4
178		Thomson Destiny	37,500	214.9	28.4	1982	1,450	19.0	6.8
179	Louis cruise Lines	Calypso	11,162	135.6	19.2	1968/ 2000	486	16.0	6.4
180	Star Clippers	Royal Clipper	5,000	133.8	16.5	2000	227		5.5
181		Star Clipper	2,298	109.7	15.2	1992	170		5.8
182		Star Flyer	2,298	109.7	15.2	1991	170		5.8
183	Discovery World Cruises	MV Discovery	20,186	168.6	24.4		750	17.5	7.6
184	Sea Dream Yacht Club	Sea Dream I	4,260	104.9	14.3	1984/ 2002	110	17.0	
185		Sea Dream II	4,260	104.9	14.3	1984/ 2003	110	17.0	
186	EasyCruise	easyCruiseOne	4,077	88.3		1990/ 2005	170	14.5	

순위	크루즈선사	선사 이름	총톤수 (GT)	전장 (m)	전폭 (m)	건조연도 취항연도	수용인원 (명)	운항속도 (knots)	Draft (m)
187	미쓰이여객선	Nippon Maru	21,903	166.6	24.0	1990	600	18.0	6.6
188		Fujimaru	23,235	167	24.0	1989	600	18.0	6.6
189	NYK Cruises	Asuka	28,856	192.8	24.7	1991	592	21.0	6.7
190	Japan Cruise Line	Orient Venus	21,906	175	24.0	1990	600	18.5	6.5
191		Pacific Venus	26,518	183.4	25.0	1998	696	20.8	6.5
192		Ishikari	14,275	192.5	27.0	1991	854	21.5	6.7

	총톤수(GT)	전장(m)	수용인원(명)
전체 평균	57,040	225	1,495
스타크루즈 그룹 평균(20)	54,028	221	1,561
로열캐리비언 그룹 평균(29)	88,665	276	2,366
카니발 그룹 평균(82)	69,407	247	1,725
중소크루즈 그룹 평균(55)	26,368	171	752

5만 톤 이하급, 250m 이하	86	107
10만 톤 이상급, 300m 이상	24	8

APPENDIX 2 크루즈 구직정보

EMPLOYMENT AGENCIES

- **Cruise Line Appointment**

  142 Parkwood Road
  Bournemouth
  Dorset BH5 2BW
  UK
  Phone 01202-418787
  Fax 01202-433464
  Attn : Derek Houghton

- **CTI Recruiting & Placement Agency**

  SE 17th Street
  Ft. Lauderdale, FL 33316
  Phone (954) 728-9975
  Fax (954) 728-9697
  Attn : Nicky Bruce

- **Cruise Crew & Crew On Call**

  Cognewaugh Road
  Cos Cob, CT 06807
  Phone (203) 622-5899

- **Helsa Shipping**

  144 Kolokotronis Street
  185 36 Piraeus, Greece

Fax Only 011-30-1-4536803
Attn : Peter Bachtis

- **International Shipping Partners**

4700 Biscayne Blvd.
Miami, FL 33133
Phone (305) 573-6355
Fax (305) 573-5177
Attn : Personnel
(hire for Sea Escape & Regal Cruises, all positions)

- **Oceans Away**

4747 Hollywood Blvd.
Suite 205
Hollywood, FL 33021
Phone (954) 894-2213
Fax (954) 894-2213
Attn : Rosemary

- **Sea Employment Inc.**

330 Biscayne Blvd.
Miami, FL 33132
Phone (305) 530-1415

- **The Bren Group**

7610 E. McDonald Drive
Suite B
Scottsdale, AZ 85350
Phone (602) 483-7656
Fax (602) 483-8106

- **Ships Services International**

370 W. Camino Gardens Blvd.
Boca Raton, FL 33432
Phone (407) 391-5500
Attn : Gino Gambato

DIRECTORY OF CONCESSIONAIRES

Art Auctioneers

- **Art Waves Auctons at Sea**
  7100 W. Commercial Blvd., Suite 106
  Ft. Lauderdale, FL 33319
  Phone (305) 746-5554
  Fax (305) 746-5244
  Attn : Bill Panhoff

- **Fine Art Sales**
  1160 NW 163rd Drive
  Miami, FL 33169
  Phone (305) 625-9566
  Fax (305) 625-4489
  Attn : Ilan Shachar

- **Park West Gallery**
  29469 Northwestern
  Southfield, MI 48034
  Phone (810) 354-2343
  Fax (810) 354-0387

Casino Staff

- **Atlantic Maritime Services**
  990 NW 199th St.
  Miami, FL 33169
  Phone (305) 625-7113

- **Casinos Austria Maritime**
  4651 Sheridan Street, Suite 303
  Hollywood, FL 33021
  Phone (800) 397-4434
  (305) 377-2117
  Fax (954) 964-4246

Attn : Beth Murphy

- **Casino Entertainment Ltd.**

999 S. Bayshore Drive
Tower One, Suite 608
Miami, FL 33131
Phone (305) 372-2943
Attn : Personnel

- **Creater Atlantic Casinos**

1050 Lee Wagener Blvd.
Ft. Lauderdale, FL 33335
Phone (954) 359-0001
Fax (954) 359-2797
Attn : Karen Armstrong

- **Shore Side Consultants/Tiber Entertainments Group**

1007 North America Way, Suite 305
Miami, FL 33132
Phone (305) 926-5858
(305) 381-9544

Computer Consultants

- **Marine Computer Enterprises**

119 Walnut Drive
Tenafly, NJ 07670

Cruise Staff

- **Blue Seas International Cruise Services Inc.**

122 West 26th Street, Suite 1202
New York, Ny 10001
Phone (212) 255-3326

- **Floating Fleet Ltd.**

P.O. Box 4216
Portland, ME 04101

Phone (207) 773-7457
Fax (207) 773-3967
Attn : Director of Personnel

- **Global Ship Services**

141 NE 3rd Avenue, Suite 203
Miami, FL 33132
Phone (305) 374-8649
Fax (305) 374-4342
Attn : Lori Watson

- **Seven Seas Cruise Ship Placement Service**

530 East 84th Street, Suite 5-R
New York, NY 10028
Phone (212) 734-7156

- **Ship Services International Inc.**

370 West Camino Gardens Blvd., #301
Boca Raton, FL 33432
Phone (407) 391-5500
Fax (407) 750-7959
Attn : Gino Gambato

Doctor/Nurse/Medical Consultant

- **Cruise Line Medical Consultant**

P.O. Box 853
Aiea, HI 96701
Attn : Dr. Wes Young

- **Carnival Cruise Lines**

Sea Chest Division
3655 NW 87th Avenue
Miami, FL 33178
Attn : Dr. Hertzenhorn
Medical Crops Leader

- **Clinical Consulting Services**

  3099 SW 8th Street
  Miami, FL 33135
  or
  1200 South Pine Island Road
  Suite #600
  Ft. Lauderdale, FL 33324
  Phone (305) 859-9718
  Fax (305) 859-9718

- **Ship Med Health Care**

  2000 S. Dixie Hwy., Suite 209
  Miami, FL 33133
  Phone (305) 856-1388
  Attn : Connie Thomson
  Regional Secretary
  or Dr. Wm. Heymann
  Medical Director

- **Cedars Medical Center**

  1400 N.W. 12th Avenue
  Miami, FL 33136
  Phone (305) 325-5511

Deck & Engineering

- **Bay Ship Management Inc.**

  270 Sylvan Avenue
  Englewood Cliffs, NJ 07632-2513
  Phone (201) 871-8900
  Fax (201) 569-8596

- **Crew Service Marine Personnel**

  104 Freret Street
  Morgan City, LA 70380
  Phone (504) 385-0650
  Fax (504) 384-9774

- **Marine & Mercantile Enterprises Inc.**
  6925 Biscayne Blvd.
  Miami, FL 33138
  Phone (305) 759-5900

- **Maritime Crewing Inc.**
  2504 Dauphin St., Suite G
  Mobile, AL 36606
  Phone (334) 471-1100
  Fax (334) 471-1169

- **Global Ship Services**
  141 NE 3rd Avenue, Suite 203
  Miami, FL 33132
  Phone (305) 374-8469
  Fax (305) 374-4342
  Attn : Lori Watson

- **Sawgrass Marine Crewing Inc.**
  3226 Talleyrand Avenue
  Jacksonville, FL 32206
  Phone (904) 355-8007
  Attn : Personnel

- **Seaboard Ship Management Inc.**
  Sawgrass Corporate Parkway
  Davie, FL 33325
  Phone (954) 846-1377
  Fax (954) 846-9266
  Attn : Mr. Mentzoni

Entertainment Staff

- **Bramson Entertainment**
  1501 Broadway, Suite 2300
  New York, NY 10036
  Phone (212) 354-9575

Fax (212) 354-9507
Attn : Linda

- **Costa Cruise Line**

1 Bayfront aplaza
100 South Biscayne Plaza
Miami, FL 33131
Phone (305) 358-7325
Attn : Jodie Lunsford or Maggie Rossi,
Entertainment Department

- **Fiesta Fantastica**

230 SW 8th Street
Aiami, FL 33130
Phone 44-181-643-8375

Fitness Staff

- **Maritime Salon & Spa**

8052 NW 14th Street
Miami, FL 33126
Phone (305) 592-6460

- **Nouveau You**

1007 North America Way
Miami, FL 33132
Job Information Line (305) 358-8379

- **Golden Door Spa At Sea**

777 Deer Spirings Road
Escondido, CA 92033

Food & Beverage Staff

- **Canberra Cruise Ship Catering Services (CSCS)**

100 South Biscayne Blvd., Suite 700
Miami, FL 331331
Phone (305) 277-4510

- **Stevedoring Services Of America**
  1525 Pier F Avenue
  Long Beach, CA 90802
  Phone (310) 519-1495

- **Triton Cruise Services Inc.**
  1040 Port Blvd., Suite 400
  Miami, FL 33131
  Phone (305) 374-2491
  Fax (305) 377-4512
  Attn : Personnel Manager

Gentlemen Hosts

- **Lauretta Blake Agency**
  4277 Lake Santa Clara Drive
  Santa Clara, CA 95054-1330
  Phone (408) 727-9665

Gift Shop Staff

- **Apollo Ship Chandlers**
  1775 NW 70 Avenue
  Miami, FL 33126
  Phone (305) 592-8790

- **Bass Mohammid**
  8021 NW 14th Street
  Miami, FL 33126
  Phone (305) 592-6460

- **Soncoast Cruise Services**
  2335 NW 107th Avenue
  Miami, FL 33172
  Phone (305) 591-1763

Hotel Department

- **Apollo Ship Chandlers**
  1775 NW 197th Avenue, Box 121
  Miami, FL 33126
  Phone (305) 592-8790

- **The Floating Fleet Ltd.**
  P.O. Box 4216
  Portland, ME 04101
  Phone (207) 772-7457

Lecturers

- **Expert Lecture Service**
  P.O. Box 510
  Cresskill, NJ 07626

- **Expert Lecture Service**
  P.O. Box 604
  Cresskill, PR 00709

- **Expert Lecture Service**
  P.O. Box 16098
  Cresskill, CA 94116

Musicians

- **Ade Weinstein**
  P.O. Box 37725
  Honolulu, HI 07626
  Phone (808) 653-4227

- **Hire Notes**
  2200 South Pioneer Way
  Las Vegas, NV 89117
  Phone (702) 255-2087

- **Paul McEvoy**
  8880 NW 20th Street
  Suite M
  Miami, FL 33172
  Phone (305) 592-2933

Photographers

- **Bass Mohammid**
  8021 NW 14th Street
  Miami, FL 33126
  Phone (305) 592-6460

- **Cruise Ship Picture Company**
  1177 South America Way, Suite 200
  Miami, FL 33132
  Phone (305) 539-1903
  Fax (305) 539-1603
  Attn : Paul Smith

Port Lecturers

- **On Board Promotions Group**
  777 Arther Godfrey Blvd., Suite 320
  Miami Beach, FL 33441
  Phone (305) 673-0400

- **Panoff Publishing Inc.**
  10 Fairway Drive, Duite 200
  Deerfield Beach, FL 33441
  Phone (305) 426-0046

Salon Staff

- **Allders International Ltd.**
  1510 17th Street

Ft. Lauderdale, FL 33316
Phone (305) 763-8551

- **Maritime Salon & Spa**
  8052 NW 14th Street
  Miami, FL 33126
  Phone (305) 592-6460

- **Steiner Group**
  1602 Alton Road #521
  Miami Beach, FL 33139
  Phone (305) 539-3109

Shore Excursions Staff

- **Travel & Tourist Service, Inc.**
  2800 Biscayne Blyd., Ste., 530
  Miami, FL 33137

- **Kloster Cruise Ltd.**
  Human Resources Dept.
  95 Merrick Way
  Coral Gables, FL 33134

Water Sports Staff / Dive Instructors

- **Aqua Fun Adventures Services Inc.**
  5821 NE 15th Avenue
  Ft. Lauderdale, FL 33334
  phone (305) 776-1469
  Fax (305) 776-6510
  Attn : Personnel

- **Dive In Program / Norwegian Cruise Line**
  Shallow Water Development
  1717 N. Bayshore Dr., #1654
  Miami, FL 33132

Reference
참고문헌

1. 국내문헌

김천중, 『크루즈사업론』, 학문사, 1999.

_____, 「제주 크루즈전용항 개발방안」, 연구용역보고서, 2006.

_____, 「해양관광 활성화를 위한 해양크루즈사업의 과제」, 국회보고자료, 2006.

이경모, 『크루즈산업의 이해』, 대왕사, 2004.

하인수, 『크루즈산업의 이해』, 현학사, 2004.

한국해양대학교, 「크루즈 전용터미널의 개발 방향과 해양관광산업의 발전 방안에 관한 연구」, 2002.

한국문화관광정책연구원, 「크루즈산업 육성을 위한 관광진흥계획 수립」, 2006.

한국해양수산개발원, 「크루즈 관광산업 발전기반 조성방안」, 2006.

2. 국외문헌

Blum, Ethel, *Worldwide Cruising*, 14th Edition, Travel Publications, Inc., 2003.

Cudahy, Brain J., *The Cruise Ship Phenomenon in North America*, Cornell Maritime Press, 2001.

Dawson, Philip, *Cruise Ship; An Evolution in Design*, Conway Maritime Press, 2000.

Dervaes, Claudine, Selling Cruises, Thomson Delmar Learning, 2003.

Dickinson, Bob & Andy Vladimar, *Selling the Sea ; An Inside Look at the Cruise Industry*, John Wiley & Sons, Inc., 1997.

Douglas, Norman, N. Douglas & R. Derrett, *Special Interest Tourism*, Australia : John Wiley & Sons Ltd., 2001.

Gold, Hal, *The Cruise Book*, Delmar Publishers Inc., 1990.

Hall, C.M. & B. Weiler, *Special Interest Tourism*, London : Bellhave Press, 1992.

Hughes, Gwyn, "The Developing Market in the Fast East," Seatrade Asia Pacific Convention Marketing the Product Seminar, Singapore, 1991.

Israel, Giora & Laurence Miller, *Dictionary of the Cruise Industry*, Seatrade Cruise Academy Publisher, 2002.

Lloyd Harvey, *VOYAGES : The Romance of Cruising*, Del Mar California : Tehabi Books, 1999.

Mancini, Marc, Ph.D., *Cruising : A Guide To The Cruise Line Industry*, Delmar, 2000.

Maring, Richard B., *Cruise Ship Jobs : The Insiders Guide to Finding and Getting Jobs on Cruise Ship Around the World*, Protofino Publishing, 1998.

Miller, Mary Fallon, *Cruise Chooser*, Miller, 2001.

Millier, William H., *The Cruise Ship*, London : Conway Maritime Press, 1998.

Scull, Theodore W., *100 Best Cruise Vacations*, Globe Pequot Press, 1999.

Vipond, Anne, *The Complete Cruise*, Vancouver, Canada : Ocean Cruise Guides Ltd., 2000.

3. 인터넷 사이트

1) 크루즈관련 조직 · 기구

www.crusing.org(Cruise Line International Association)

www.f-cca.com(Florida Caribbean Cruise Association)

www.iccl.org(International Council of Cruise Lines)

www.imli.org(IMO International Maritime Law Institute)

www.imo.org(International Maritime Organization)

www.jamri.or.jp(Japanese Maritime Research Institute)

www.jasnet.or.jp(The Japanese Shipowners, Association)
www.1r.org(Lloyd's Maritime Information Services)
www.momaf.go.kr(국토해양부)
www.nacoaonline.com(Seatrade Cruise Shipping Convention)
www.singaporemaritimeportal.com(Singapore Maritime Portal)
www.singstat.gov.sg(Statistics Singapore)
제주해양관리단, http://jeju.monaf.go.kr

2) 크루즈관련 사이트

[예약사이트]

www.4cruise.com
www.amasafari.com
www.cruise411.com
www.cruisecritic.com
www.cruisemates.com
www.cruise-news.com
www.cruiseweb.com
www.cruisewest.com
www.smallshipcruises.com

[크루즈선사]

www.cruisehawaii.com(아메리카하와이선사)
www.bergenline.com(미국 베르겐선사)
www.canival.com(카니발 크루즈선사)
www.celebrity-cruises.com(셀러브리티 크루즈선사)
www.commodoreruise.com(코모도어 크루즈선사)
www.costacruises.com(코스타 크루즈선사)
www.cunardline.com(커나르드선사)
www.disneycruise.com(디즈니 크루즈선사)
www.hollandamerica.com(홀랜드아메리카선사)
www.ncl.com(노르위전 크루즈선사)

www.orientlines.com(오리엔트 크루즈선사)
www.royalcaribbean.com(로열캐리비언 크루즈선사)
www.premiercruise.com(프리미어 크루즈선사)
www.royalolympiccruises.com(로열올림픽 크루즈선사)
www.princesscruises.com(프린세스 크루즈선사)
www.seabourn.com(시번 크루즈선사)
www.rssc.com(래디슨 세븐시 크루즈선사)
www.silversea.com(실버시 크루즈선사)
www.regalcruises.com(리갈 크루즈선사)
www.windstarcruises.com(윈드스타 크루즈선사)
www.asukacruise.co.jp(Asuka Cruise)
www.crystalcruises.com(Crystal Cruises)
www.mol.co.jp(Mitsui O.S.K Lines)
www.mopas.co.jp(Mitsuk O.S.K. Passenger Line)
www.venus-cruise.co.jp(Japan Cruise Line)

저자약력

김천중 金天中

현재) 용인대학교 관광학과 교수
용인대학교 산학협력단 부설(크루즈&요트마리나 연구소 소장)
대한요트협회 자문교수
경기국제보트쇼 및 코리아 매치컵 세계요트대회 조직위원회 위원(경기도)
중앙항만정책심의회 위원(국토해양부)
전라북도 해양레저전문가회의 위원

【주요저서】

1. 관광학 관련분야
   관광정보론(1998, 대왕사) 외 15권
2. 크루즈 및 요트마리나 관련분야
   해양관광과 마리나산업(2012, 백산출판사)
   마리나와 해양레저관광(2010, 백산출판사)
   마리나의 이해와 경영(2010, 백산출판사)
   요트항해 입문(2008, 백산출판사)
   요트관광의 이해(2008, 백산출판사)
   크루즈관광의 이해(2008, 백산출판사)
   요트의 이해와 항해술(2007, 상지피엔아이)
   크루즈사업론(1999, 학문사)

【요트면허】

2004년 뉴질랜드
2005년 부산 03-00081-00

【E-mail 및 홈페이지】

centersky@hanmail.net
www.cruise.or.kr
www.요트관광.com

해양관광과 크루즈산업

2012년 8월 20일 초판 1쇄 인쇄
2012년 8월 25일 초판 1쇄 발행

저 자 김 천 중
발행인 寅製 진 욱 상

발행처 백산출판사
서울시 성북구 정릉3동 653-40
등록 : 1974. 1. 9. 제 1-72호
전화 : 914-1621, 917-6240
FAX : 912-4438
http://www.ibaeksan.kr
editbsp@naver.com

값 30,000원
ISBN 978-89-6183-597-8